연결 어미의 형성에 관한 연구

연결 어미의 형성에 관한 연구

이 용

도서출판 역락

머리말

이 책은 지난 2000년 2월 서울시립대학교 대학원에 제출했던 저자의 박사학위논문 「연결 어미의 형성에 관한 연구」를 다듬은 것이다. 논문을 쓰면서 마음에 들지 않은 곳이 한두 군데가 아니어서 나중에 책으로 펴낼 때에는 제대로 고쳐서 내고 싶었지만, 결국은 오자나 바로잡고 표현이 어색한 부분을 고치는 데 그치고 말았다. 제대로 고쳐서 내려고 하다가 시간만 흐르고 고치지도 못하고 내려니 자신의 우매함만 자랑한 것 같아서 부끄럽기 그지없다.

저자가 연결 어미에 관심을 갖게 된 것은 어쩌면 우연한 기회를 통해서였는지 모르겠다. 저자는 중세국어를 공부하면서 책 세 권을 비교적 열심히 읽었다. '중세국어의 시상과 서법'(고영근), '문법 형태의 역사적 연구'(김영욱), '중세국어 구문연구'(이현희)가 그것이다. 그 중에서도 '중세국어의 시상과 서법'은 정말로 소중한 책이었다. 통합 관계와 계열 관계를 기초로 한 형태 분석은 객관적인 분석의 틀을 가지고 싶어했던 저자에게 매우 요긴한 것이었다. 이 책은 인생의 등대 같은 책이다. 그런데 처음 이 책을 보면서 '-거늘'을 분석하지 않는 것이 매우 생소하였다. 그 후 분석될 가능성이 있지 않을까 하는 의문을 가지고 있었다. 그런데 박사과정 3학기 때 정재영 선생님께 석독 구결 강의를 듣다가 연결 어미로 쓰이는 '-ㄱ乙(늘)'이 있다는 것을 발견하고는 15세기 국어의 '-거늘'을 염두에 두고 논문을 쓴 바가 있었다. 후에 '-거든'도 유사한 면이 있다는 것을 발견하고서는 이에 대해서도 논의를 한 바가 있었다. 계속해서 다른 연결 어미도 다루게 되고 그만 이러한 작업이 발전해서 박사학위논문이 이루어졌다.

이 책에서는 '문법화'라는 용어 대신 '문법 형태화'라는 용어를 쓰고 있다. 다루고 있는 내용은 좁게 말하면 '연결 어미화'에 관한 것인데 이를 '문법화'라는 용어로 다룬다는 것은 문제가 있다는 생각이다. '문법화'라는 용어가 포괄적으로 쓰이고 있어 심지어는 '어휘화'까지도 '문법화'라는 용어로 설명을 하고 있는데, 이는 필자가 생각하는 문법화와는 달랐다. 그래서 문법화라는 용어 대신에, 통사적 구성이 단어 및 형태소의 경계가 무너지면서 하나의 문법 형태가 되는 것을 '문법 형태화'라는 용어를 써서 구분하였다. 이러한 문법 형태화라는 용어 아래 연결 어미가 형성되는 과정을 관찰해서 연결 어미의 형성의 일반적인 틀을 마련해 보려는 것이 처음의 의도였다. 이것이 물론 제대로 성취되지 않았지만, 그래도 앞으로 나아갈 바의 초석을 마련하지 않았나 위안을 삼는다.

논문을 쓸 당시에는 국어사 분야에서 석독 구결에 대한 연구가 매우 활발하였다. 석독 구결에 대한 연구는 석독 구결 시기의 연구에만 국한된 것이 아니라 국어사 분야 전반에 새로운 계기를 마련해 주었다. 석독 구결 연구를 위해서는 다른 시기의 자료에 대한 지식이 필요했지만, 한편으로는 석독 구결 연구가 다른 시기의 자료들을 되돌아 볼 수 있는 계기를 마련해 주기도 하였다. 그리고 석독 구결 연구에 있어서는 구결학회 회원들의 도움을 많이 받았다. 월마다 행해지는 '월례발표회', 학기마다 행해지는 '학술논문발표회'가 없었다면 저자는 이 정도의 논문마저도 쓰지 못했을 것이다. 구결학회 회원 여러분께 고마움을 표시하지 않을 수가 없다.

쓸모없는 책이지만 그래도 이 책을 쓰기까지 참으로 많은 분의 도움을 받았다. 특히 성기철 선생님은 받은 것이 너무나 많다. 선생님은 학문적으로는 엄격하고 까다롭기 이를 데 없지만 그 밖의 부분에서는 트인 성격을 지니신 분이셨다. 이런 분을 지도교수로 모신 것은 행운이었다. 그리고 김영욱 선생님은 박사 3학기 때 오셔서 많은 도움을 주셨다. 때로는 집에서 보낸 시간보다 김영욱 선생님과 학교에서 보낸 시간이 더 많기도 하였다. 두 분의 은혜를 무슨 수로 갚아야 할지 난감하다. 심사위원으로 조언을 많이 해 주신 정재영, 이현희, 박성종 선생님께도 이 자리를 빌어 감사의 말씀을 올린다. 현재 저자가 몸담고 있는 서울대 한국문화연구소의 이병근 선생님 이하 다른 분들께도 감사의 말씀을 올린다. 한국문화연구소에서 와서 저자에게는 세세한 것까지도 조금은 볼 줄 아는 눈이 생긴 것 같다.

보잘것없는 연구를 한답시고 학문의 길을 걸어오는 과정에서 가족들에게 너무나도 많은 폐를 끼치고 말았다. 지금도 못난 자식 때문에 불철주야 걱정하고 계시는 아버지, 어머니께는 죄송한 마음뿐이다. 그리고 흰이, 은이 두 말썽쟁이의 엄마에게 이 자리를 빌어 고마운 뜻을 전한다. 지금 문 밖에는 흰이, 은이 두 놈이 시끄럽다.

그리고 동숭학술재단에도 감사의 말씀을 올린다. 박사학위논문을 쓰면서 동숭학술재단의 지원을 받았다. 지금도 마찬가지이지만, 당시 시간강사를 하느라 형편이 넉넉지 않았던 필자로서는 이 재단의 지원이 적잖이 도움이 되었다. 지금은 없어진 이 지원이 다시 생겼으면 하는 아쉬움이 있다.

마지막으로 흔쾌히 출판을 허락하고 채근하고 다듬어주신 역락 출판사의 이대현 사장님 이하 관계자 여러분께도 감사의 말씀을 올리는 바이다.

2003년 9월

李 勇

차 례

연결 어미의 형성에 관한 연구

제4장 결 론

239

제1장

서 론

1. 연구 목적

교착어에 속하는 국어에서 어미가 중요하다는 것은 익히 알려진 사실
이다.[1] 특히 연결 어미는 절과 절을 연결하여 더 큰 절을 만들어 내는 기
능을 하며 복합문을 구성한다는 점에서 그 중요성을 달리 언급할 필요가
없을 정도이다. 그러므로 연결 어미는 공시태와 통시태를 막론하고 통
사·의미론적인 측면에서 다양하게 기술되어야 할 필요가 있다. 이러한
국어의 현실을 반영하듯, 연결 어미에 대한 논의가 비교적 활발하게 이루
어져 왔다. 그리고 연결 어미와 관련된 통사·의미적 제 양상들에 대한
기존의 설명이 국어의 문법을 설명하는 데 도움을 주었던 것도 사실이다.

---

1) 교착어인 국어에서 어미가 차지하는 위치는 시제, 서법, 동작상 등의 다양한 문
   법 범주가 선어말 어미에 의해서 나타나는가 하면, 국어가 가진 중요한 특성 중
   의 하나인 대우법이 대부분 선어말 어미와 종결 어미를 통해서 나타난다는 것
   등을 통해서 잘 드러난다.

그렇지만 연결 어미와 관련된 언어 현상들의 적지 않은 부분이 아직도 제대로 체계화되거나 설명되지 못한 채 남아 있다. 그 주된 이유의 하나로 대부분의 연구가 공시적 연구에 한정되어 있었다는 것을 들 수 있다. 공시적 연구는 통시적 연구의 토대가 되기는 하지만, 변화를 전제로 하고 있는 언어의 본질을 밝히는 데는 근본적으로 한계를 지닐 수밖에 없기 때문이다. 한편, 이러한 한계를 극복하기 위한 일환으로 연결 어미에 대한 통시적인 연구가 어느 정도 이루어지고 있지만, 아직도 그 변화의 양상이 지니는 일반적 원리의 설정에까지는 이르지 못하고 있는 실정이다.

본고에서는 이 같은 상황에 대한 인식을 바탕으로 '-ㄴ', '-ㄹ', '-ㅁ' 등의 명사형 어미 또는 관형사형 어미와 관련을 맺고 있는 통사적 구성들이 연결 어미가 되는 과정을 통시적으로 살펴보게 될 것이다.[2] 통사적 구성들이 어떠한 조건에서 어떠한 과정을 거쳐 문법 형태인 연결 어미가 되는지가 관심의 대상이 된다. 즉 본고에서는 언어 변화의 측면과 관련이 있는 문법 형태화(文法形態化) 현상을 다루게 된다.[3] 또한 어미화 현상을

---

2) '-ㄴ', '-ㄹ', '-ㅁ' 등 기원적으로 명사형 어미나 관형사형 어미와 관련된 연결 어미들을 다루게 된 주된 이유는 다음과 같다. 첫째, 연결 어미가 형성되는 과정을 보면, 연결 어미 중 많은 예가 동명사 어미나 관형사형 어미와 관련된 통사적 구성이 문법 형태화한 것이다. 둘째, 명사형 어미나 관형사형 어미와 관련된 통사적 구성이 연결 어미화한 예는 그 과정이 문헌 속에서 확인 가능하다. 이와 관련되지 않은 연결 어미들로는 '-고', '-어', '-며' 등이 있다. 그런데 여기에 속하는 연결 어미들은 대체로 그 기원에 대한 파악이 어렵다.

3) 본고에서는 '문법화'라는 용어 대신에 '문법 형태화'라는 용어를 사용하게 될 것이다. 국어 연구에서 '문법화'라는 용어는 대체적으로 그 결과가 문법 형태 등의 단위로 드러나게 된 것을 대상으로 하였다. 그러나 최근 들어 서구의 문법화 이론이 들어오면서 범주의 변화가 없어도 문법화 과정에서 나타나게 되는 의미의 축소나 분포의 축소만 보이면 문법화에 포함시키는 논의들이 등장하고 있다. 이에 따라 문법화에서 다루는 영역이 넓어지고 그 용어에 대한 정의가 막연해진 면이 적지 않다. 이지양(1998:816)의 지적처럼 '문법화'라는 용어가 필자들의 효용에 따라 편리하게 사용되고 있는 것이다. 그런데 본고에서 다루는 대상들은 통사적 구성을 보이던 것들이 문법 형태가 되는 것들이므로, 이를 문

중심으로 언어 변화의 양상을 기술하며 이러한 변화가 어떠한 경향을 띠고 전개되는지도 살펴보기로 한다. 그리고 이를 바탕으로 문법 형태화가 보이는 변화의 양상을 적절히 담을 수 일반화의 틀을 모색해 보기로 한다.

앞에서도 언급했지만, 연결 어미의 형성에 대한 통시적 연구는 공시적 연구가 지닌 한계를 보완해 주는 한 방안이 된다. 그리고 통시적 연구는 다만 통시적 현상의 기술에만 그치는 것이 아니라, 그 일반적 경향이나 원리의 설명에까지 도달하는 정도가 되어야 한다. 이러한 일반적 경향이나 원리를 설명하려는 노력은 단지 연결 어미의 형성에 대한 연구에만 머무르는 것이 아니라, 국어 문법 형태화 양상 일반에 대한 이해에도 적지 않은 도움을 줄 것으로 기대된다.

여기에서 논의되는 것들은 근래 들어 국내외에서 이루어지고 있는 문법화 현상에 대한 논의에 힘입은 바 크다.4) 근래에 들어 공시적 언어 연구가 지니는 한계에 대한 인식이 확산되었고, 이의 보완을 위한 방법으로 문법화 현상에 대한 연구가 활발히 진행된 바 있다. 이에 속하는 연구로 국외에서는 대표적으로 Traugott & Heine(1991), Hopper & Traugott (1993), Bybee & Paguliuca(1994) 등을 들 수가 있다.

이러한 국외의 양상을 반영하듯, 국내에서도 문법화 현상에 대한 연구가 활발히 이루어지고 있다. 정재영(1996), 고영진(1997), 안주호(1997) 등에서 이루어진 문법화 현상에 대한 논의들이 바로 그것이다.5) 이 논의들

법화라는 다소 막연한 용어를 사용하여 다루기보다는 '문법 형태화(文法形態化)'라는 용어를 사용하여 다루게 될 것이다.

4) 영어에서 문법화에 대응되는 용어로는 'grammaticalization'이 있다. 이것은 두 가지의 의미를 가진다. 하나는 역사적인 전망을 강조하는 것이다. 다른 하나는 공시적인 변화에 관심을 두고 통사・화용론적 현상으로 보는 것이다. 후자는 전자와 구별하여 'grammaticization'이라고 부르기도 한다. 본고에서는 이미 연결 어미화한 것들에 관심을 쏟게 되므로 전자가 논의의 주 대상이 된다.

5) 정재영(1996), 고영진(1997), 안주호(1997)에서는 각각 '의존 명사 'ᄃᆞ'의 문법 형태화, 용언의 문법 형태화, 명사의 문법 형태화'에 대하여 다루고 있다.

에서는 문법화 현상에 대한 연구가 언어가 지닌 변화적 속성을 설명하는데 있어서 얼마만큼 유효할 수 있는지를 보여 주고 있다.

국내에서 이루어진 연구들은 그 내용에 따라 대략 두 가지의 부류로 나누어 볼 수가 있다. 하나는 국어의 자료를 비교적 정확하게 관찰하여 기술한 것이다.[6] 이러한 부류의 논의들은 아직 그 작업이 언어 변천의 양상을 체계화하는 데는 미처 이르지 못하고 있다. 그러나 이후에 이루어질 연구의 토대를 제공한다는 점에서 그 의의를 찾을 수 있다.

다른 하나는 외국의 이론을 국어에 적용시킨 것이다.[7] 이 부류에 속하는 논의들은 외국의 언어학 이론 체계에 국어를 경직되게 적용시킨 면이 없지 않다. 이런 연구들에서는 국어의 자료에 대한 해석에서 다소 자의적인 면이 적지 않게 발견되기 때문이다. 그러나 국어도 다른 언어들과 마찬가지로 문법 형태화의 논의에 있어서 언어 보편적인 특성을 공유하고 또한 문법 형태화 과정의 체계화가 가능하다는 것을 밝혔다는 점에서는 그 의의를 지닌다.

둘 다 장단점을 지니고 있기에, 이들 연구 각각이 지닌 단점을 버리고 장점을 취하면 본고에서 지향해야 할 작업의 방향이 자연스럽게 결정될 것이다. 본고에서 생각하는 문법 형태화에 대한 이상적인 연구는 국어 자료에 대한 정확한 이해를 바탕으로 그것을 체계화하는 것이다. 자료가 바탕이 되지 않고, 자료에 대한 올바른 이해가 전제되지 않는 연구는 사상누각이 될 수 있기 때문이다. 그러므로 본고에서는 연결 어미의 변천 양상을 논의함에 있어서 먼저 국어 자료를 정확하게 이해하는 데 중점을 두게 된다. 그리고 이를 바탕으로 그 체계화와 일반화에 관심을 기울이기로 한다. 문법 변화에 대한 체계화와 일반화는 통시적 연구에 있어 궁극적인 목표가 되는 것이라고 할 수 있다. 본고의 논의는 기존의 문법화 현

---

6) 이에 속하는 연구로는 이태영(1988), 정재영(1996) 등을 들 수가 있다.
7) 이에 속하는 연구로는 고영진(1997), 안주호(1997) 등을 들 수가 있다.

상에 대한 논의들이 지닌 한계를 극복하여 국어 문법 현상에 대한 올바른 이해에 다가서는 한 방향을 제시하려고 한다.

『舊譯仁王經』의 발견 이래 석독 구결과 음독 구결의 계속적인 발견을 통해 전기 중세국어의 자료들이 풍부하게 되었다. 이제 연구자들이 이전에 이루어진 다른 시기에 대한 연구를 바탕으로 이들 자료에 대한 해석을 시도하고 고대나 전기 중세국어의 특성들을 하나씩 설명해 나가고 있는 상황이다. 또한 마찬가지로 이러한 자료들에 대한 발견과 연구는 다른 시기 자료들에 대한 연구에도 도움을 주고 있다. 본고에서 이루어지는 연구는 이처럼 상호보완적인 연구를 통해 이루어진 성과에 힘입은 바 크다.

이제는 상호보완적인 성과를 얻는 데서 더 나아가 고대에서 근대에 이르기까지 국어사의 모든 자료들을 아우르는 성과를 낼 수 있는 시기가 되었다. 그러므로 본고에서는 역사적 단계별로 존재하는 다양한 자료들을 문법사적인 연속성을 고려하여 살펴보려고 한다. 우리 국어학계에서도 이제는 다양한 시기의 자료들을 적극적으로 수용할 준비가 되어 있으므로, 어떤 현상에 대한 기술과 그것에 대한 일반적 설명까지도 충분히 가능하게 되었다고 생각하는 것이다. 자료를 중심으로 통사적 구성이 연결 어미화하는 과정에 대한 실상과 과정, 그 변화의 요인 등이 밝혀짐으로써, 국어 문법 체계 변화의 한 양상이 체계적으로 설명될 수 있을 것이기 때문이다. 여기서 이루어지는 연결 어미의 형성에 대한 연구는 나아가서는 문법 형태의 변화에 대한 일반적 경향이나 원리를 발견하고, 국어 문법사 기술의 연속성을 구축하는 데도 도움이 될 것이다.

2. 연구사

연결 어미의 형성은 크게 두 가지의 기원을 가진다고 할 수 있다. 하나
는 이른바 명사구 보문 구성이나 명사화 구성을 이루는 것과 관련된 것
들이고,[8] 다른 하나는 이와 관련이 있다고 보기 어려운 것들이다.[9] 이 중
에서 전자는 문헌을 통해 그 형성 과정을 살펴볼 수 있으나 후자는 문헌
을 통해 그 형성 과정을 확인하기 어려운 것들이어서, 연결 어미의 형성
과정에 관한 연구는 주로 전자와 관련하여 이루어져 왔다.

기실 연결 어미의 형성과 관련된 직·간접적인 연구는 그 수가 적지
않다. 그렇지만 이를 총체적으로 다룬 연구는 거의 없는 것으로 보인다. 비
교적 총체적으로 다룬 최근의 업적으로는 정재영(1996)과 서태룡(1997) 정
도를 들 수 있다. 정재영(1996)은 '드'의 문법화를 다루면서 기원적으로
의존 명사 '드'와 관련된 연결 어미의 형성에 대하여 논의하고 있다. 서태
룡(1997)은 이른바 동명사 어미와 의존 명사를 모두 연결 어미화의 대상
으로 다루고 있다.

연결 어미의 형성과 관련하여 '드'를 언급한 초기의 논의로는 양주동
(1939:136~139)를 들 수 있는데, 이 논의에서는 '드'와 'ᄉ'가 '원시추상
명사'로 언급되었다. 이후 의존 명사 '드'와 관련된 논의는 주로 이것의
기능 파악과 의존 명사 '드' 구성이 어미로 변화하는 과정에 대한 논의로

---

8) 국어에서 내포문 구성은 동사구 내포문 구성과 명사구 내포문 구성으로 나뉜다.
이 중에서 명사구 내포문은 명사 없이 명사절을 구성하는 명사화 내포문 구성
과 명사와 함께 명사절을 구성하는 명사구 보문 구성이 있다. 현대국어에서 명
사화 구성을 이루는 것으로는 '-음', '-기'가 있고, 명사구 보문을 형성하는 보문
자로는 '-ㄴ', '-ㄹ'이 있다. 학자에 따라서는 '-음', '-기'를 명사구 보문의 보문
자로 처리하기도 한다. 이에 관련된 자세한 연구사에 대해서는 민현식(1990), 이
현희(1990)을 참조.
9) 그 기원을 명사구 보문 구성이나 명사화 구성과 관련시키기 어려운 연결 어미
로는 '-어', '-고', '-며', '-고져', '-다가', '-어도' 등을 들 수가 있다.

전개되어 왔다. 유창돈(1962, 1964:201~210)은 허사화와 관계되는 의존 명사에 대해 논의했다. 이러한 업적들은 신석환(1978), 김문웅(1979), 안효팔(1983), 정호완(1990:15~74) 등으로 이어지게 된다. 정재영(1996)에서는 이러한 연구들을 기반으로 'ᄃ'의 문법화에 대하여 비교적 포괄적이고 심도 있게 논의한 바 있다. 여기에서는 우선 의존 명사가 나타나는 환경을 네 가지로 파악하고,10) '(선어말 어미)+{-ㄴ, -ㄹ} # 의존 명사+조사'의 구성이 주로 연결 어미화하는 것으로 보았다.11)

정재영(1996)은 위의 명사구 보문 구성 중에서 일부는 15세기 국어에 나타나지 않는 것으로 보고 있다. 고려시대와 훈민정음 창제 이전의 국어 자료에서 생산적으로 사용되던 'ᄃ' 명사구 보문 구성은 의존 명사 'ᄃ'의 문법화와 명사형 어미 '-옴/움'의 발달로 인하여 15세기부터 그 사용이 점차로 줄어들었기 때문이다. 따라서 이미 15세기 국어에서는 'ᄃ' 명사구 보문 구성 중 일부는 문법화한 문법 형태의 화석으로만 남아 있게 되고, 'ᄃ' 명사구 보문 구성은 나타나지 않는 것으로 보고 있다. 이것들의 차이를 설명하기 위하여 어미 구조체와 통합형 어미를 구별하고 있다.12)

---

10) 정재영(1996)에서는 의존 명사가 나타나는 환경을 다음과 같이 네 가지로 파악하였다. ① 어간+(선어말 어미)+{-ㄴ, -ㄹ} # 의존 명사, ② 속격 {-ㅅ, -의/의} # 의존 명사, ③ 관형사 # 의존 명사, ④ 체언 # 의존 명사.

11) 정재영(1996:29)에서는 [[[-ㄴ, ㄹ] # ᄃ]+ -ㅣ], [[[-ㄴ, ㄹ] # ᄃ]+ -올], [[[-ㄴ, ㄹ] # ᄃ]+ -의]], 이런ᄃ로(<[[[-ㄴ, ㄹ] # ᄃ]+ -로], [[[-ㄴ, ㄹ] # ᄃ]+ -온], [[[-ㄴ, ㄹ] # ᄃ] +이-])을 명사구 보문 구성에 속하는 것들로 보았다. 이 중 일부가 연결 어미화하는 것으로 파악하였다.

12) 정재영(1996)에서는 '어미 구조체'와 '통합형 어미'를 다음과 같이 구분하였다.
어미 구조체 : 형태 분석의 방법으로 그 구성요소를 확인할 수 있는 복합 어미
통합형 어미 : 통사적 구성이 특정한 환경에서 인접한 통사적 구성 요소 간의 통합관계의 긴밀성 등으로 인하여 통합 구조체로 인식되고, 이 통합 구조체에서 존재했던 단어 및 형태소 경계가 소멸함으로써 하나의 어미로 굳어진 것. 통시적으로 문법화의 과정을 거쳐 생성된 어미.

이 논의에서는 '드' 명사구 보문 구성의 통합형 어미는 기원적으로 통사적 구성의 명사구 보문 구성이 특정한 환경에서 의존명사 '드'의 비자립성과 그 의미 기능 및 인접한 구성 요소들의 통합 관계의 긴밀성 등으로 인하여 언중들에게 통합 구조체로 인식되고, 그 통합 구조체에서 단어 및 형태소 경계가 소멸되면서 연결 어미 또는 종결 어미로 굳어진 것으로 파악된다. 의존 명사 '드'의 문법화는 이런 특정한 통사 구조 안에서 각각의 구성 요소들이 그 고유의 의미 기능의 잠재성을 발휘하여 새로운 통사적 기능을 수행하는 하나의 새로운 문법 형태로 변화한다는 것이다.

그런데 정재영(1996)에서는 어미 구조체와 통합형 어미 사이에 존재하는 역사적인 변화 양상을 밝히는 데 다소 미흡한 점이 발견되기도 한다. 이는 정재영(1996)의 연구가 통시적인 관찰을 통해서보다는 주로 15세기 국어에 대한 공시적인 고찰을 통해서 접근한 것과 관련이 있는 것으로 보인다. 어미 구조체와 통합형 어미의 공존은 비교적 매우 오랜 시기 동안 계속되었을 가능성이 크다. 이 둘의 공존은 현대국어에서도 그 예를 찾아볼 수 있다.13) 그런데도 이 둘의 공존에만 의존하게 되면, 연결 어미의 형성 시기를 실제 형성 시기보다도 후대로 추정할 수 있다는 점에서 문제가 생긴다.14)

---

13) 이것을 2장의 5. 4에서 제시할 분화의 원리에 의해서 설명해 볼 수 있다. 문법화하기 이전의 구성과 이것이 문법 형태화한 결과물이 같은 시기의 자료에 나타나기도 하는데, 이것을 '분화의 원리'라고 한다.

14) 정재영(1996:269)에서는 15세기 국어에는 '드' 명사구 보문 구성과 이것이 문법화하여 생성된 통합형 어미들이 서로 공존하고 있는 것도 있고, 기원적인 통사적 구성은 이미 존재하지 않으나 이것과 역사적으로 관련이 있는 통합형 어미들이 다양하게 쓰이고 있다고 밝히고, 이런 현상은 문법화의 과정이 완료되었거나 문법화 과정이 진행 중에 있음을 보여 주는 것으로 파악하였다. 즉 이러한 현상은 언어가 역동적으로 살아 움직이고 있음을 보여 주는 것으로 판단하였다. 그러나 이런 파악은 명사구 보문 구성과 이것이 문법화하여 생성된 통합형 어미들이 공존하는 것을 확대해서 해석한 감도 없지 않다. 예를 들어서, 현대 국어에도 연결 어미 '-는데'와 명사구 보문 구성 '-는 데'가 모두 존

연결 어미 전체를 대상으로 사적 변화에 대하여 밝힌 논문으로는 서태룡(1997)을 들 수가 있다. 이 논문에서는 연결 어미화할 수 있는 구성을 크게 두 가지로 나누어 보고 있다. 하나는 기원적으로 동명사 어미 '-ㄴ', '-ㄹ', '-ㅁ' 계열에서 온 것과 다른 하나는 의존 명사 'ᄃ', 'ᄉ' 계열에서 온 것이다.

기원적으로 동명사 어미에서 온 것으로는 '-ㄴ', '-ㄹ', '-ㅁ' 계열을 들고 있다. 먼저 '-ㄴ' 계열로는 '-나', '-니', '-니와', '-늘/ᄂᆞᆯ'을 들고, 두번째 '-ㄹ' 계열로는 '-려'를 들고, 세번째 '-ㅁ' 계열로는 '-며', '-면', '-매', '-ᄆᆞ로'를 들고 있다. 그런데 여기서 우선 지적할 수 있는 것은 '-ㅁ' 동명사 어미의 어미 구조체라고 할 수 있는 예가 극히 드물거나 발견되기 어려운 시기에도 '-ㅁ' 동명사 어미가 연결 어미화한 예가 있다고 보는 것이다. 신라 시대나 고려 시대의 문헌 자료에서 볼 수 있는 '-며', '-면', '-매' 등이 '-ㅁ' 동명사 어미의 어미 구조체가 어미화하여 연결 어미가 이루어진 것인지는 조심스럽게 따져 보아야 한다.15) 그 형성 과정을 문헌의 용례를 보고 논증하기 어려운 상황인데도 '-며', '-면', '-매' 등이 '-ㅁ' 동명사 어미에서 왔다고 보는 것은 문법사의 연속성을 고려하지 않은 분석이라는 비판을 면하기 어렵다. 실제 문헌에 보이는 현상들에 확인과 고려가 반영되지 않은 분석이 국어를 설명하는 데 있어 어떤 도움을 주는지도 궁금하다.

다음으로 'ᄃ', 'ᄉ' 계열을 들고 있다. 'ᄉ' 계열이 '-ㄹ식', '-ㄹᄉᆞ록' 등 간단한 데 비하여 'ᄃ' 세열은 다양한 구성이 연결 어미화한 것으로 보고 있다. 다음이 그것이다.

재하는데, 이것을 근거로 '-는 데'가 현재 문법 형태화하는 과정 중에 있다고 설명하기는 어렵다.
15) '-매'에 대해서는 본고의 3. 8에서 다루게 될 것이다. '-매'는 명사형 어미 '-옴'에 처격 조사 '-애'가 결합하여 만들어진 것이다.

ㄴ	든	ㄴ든	ㄹ든
ㄹ	둘	ㄴ둘	ㄹ둘
이	디	ㄴ디	ㄹ디
이/의	디/대	ㄴ디/ㄴ대	ㄹ디/ㄹ대
ㅅ	둣	ㄴ둣	ㄹ둣
로	드로	ㄴ드로	ㄹ드로

그런데 '드'와 관련된 논의에서 우선 발견되는 문제점은 앞에서와 마찬가지로 위의 예들이 모두 자료를 통해서 논증될 수 있는 것들인가 하는 점이다. 체계로 보아서는 존재할 것 같은데도 실제 문헌상에는 존재하지 않은 예들이 있는데, 이를 어떻게 설명할지도 의문이다.

다음으로 현대어를 중심으로 한국어 명사의 문법화 현상을 다룬 안주호(1998)을 들 수 있다. 안주호(1998)에서는 국어 명사의 문법화 과정을 '의존 명사화 단계→접어화 단계→어미, 조사, 접미사화 단계'로 정리하고 의존 명사 구성의 어미화에 대하여 살펴보고 있다.16) 그러나 여기서도 이러한 문법화 단계의 가설이 실제 문헌을 통해서 문증이 되었는지 의문이다. 실제 다룬 예를 보면, 다만 의존 명사 구성과 어미밖에 보이지 않기 때문이다. 의존 명사와 접어가 어떠한 관련을 지니고 있는지, 그리고 혹 의존 명사가 접어라면 이것이 국어의 현상들을 설명하는 데 있어서 어떤 도움을 줄 수 있는지가 제대로 밝혀져야 한다.17) 또한 굴절어인 서구어를

---

16) 안주호(1997)에서는 의존 명사화 단계와 접어화 단계의 구별이 제대로 이루어지지 않고 있다. 안주호(1997:95)에서는 의존 명사는 특정한 요소와 의존적으로 쓰이므로 접어가 된다고 했는데, 그렇다면 의존 명사화는 접어화라는 등식이 성립하게 된다. 이때, 굳이 의존 명사화와 접어화를 구분할 필요가 있는지, 더욱이 의존 명사화의 단계와 접어화의 단계가 구분이 가능한지도 의심스럽다. 김양진(1999:132)에서는 의존명사를 접어로 보았다. 이처럼 의존 명사를 접어로 보게 되면 의존 명사화와 접어화를 따로 구분할 필요가 없게 된다.

17) 접어에 대한 논의들을 정리한 최근의 업적으로는 Halpern(1998:101~123)을 들

대상으로 만들어 낸 이러한 세 단계의 변화 가설이 교착어인 국어에서도 설정 가능한 것인지는 보다 세밀한 논의를 통해서 확인되어야 한다.

그리고 연결 어미의 형성에 관하여 개별적으로 다룬 논문도 많이 있다. 이에 대해서는 각각의 연결 어미를 다루면서 자세히 언급하게 될 것이다. 여기서는 대표적으로 황선엽(1995), 전병용(1995)를 들기로 한다.[18] 이 두 논문은 모두 '-니'의 형성에 대하여 다루고 있다. 먼저 황선엽(1995)는 '-니'가 '-니라'에서 '라'가 탈락하여 이루어진 것으로 파악하였다. 반면에 전병용(1995)에서는 '-ㄴ(관형사형 어미)+이(의존 명사)'에서 기원한 것으로 추정하였다.[19] 그러나 이 두 논문에서 생각해 보아야 할 것은 이러한 결론이 체계를 고려하여 얻어졌느냐 하는 것이다. 이러한 연구들이 보다 치밀해지기 위해서는 전반적인 연결 어미 형성 양상과 관련하여 천착되어야 할 필요가 있다.

결과적으로 보면, 기존의 논의들은 전반적으로 다음과 같은 문제를 지니고 있는 것으로 볼 수 있다. 하나는 문법화의 원리에 대한 체계적인 설명보다는 과정들에 대한 나열이 주가 되어 있다는 것이다. 다른 하나는 외국 이론을 국어에 반성 없이 적용했다는 것이다. 전자는 문법화에 관한 연구는 있지만 아직 원리를 설정하여 체계적으로 설명하고자 하는 노력이 미흡하다는 점과 관련을 있을 것으로 보인다. 후자는 국어의 예에 대한 실증적 연구가 부족한 데서 기인하는 것으로 보인다. 그렇지만 이들 연구는 모두 나름대로 가치를 가지고 있다. 전자가 체계화와 일반화를 위

수 있다. 여기에서는 접어를 단순 접어(simple clitics), 동사성 접어(verbal clitics), 2위 접어(second position clitics), 특수 접어(special clitics)의 네 가지로 나누어 설명하고 있다. 국어의 접어에 대한 최근의 논의로는 김양진(1999)를 들 수 있다. 여기에서는 의존 명사를 접어로 설정하고 있다.

18) 각각의 연결 어미에 대한 기존의 논의는 뒤에 가서 다시 자세하게 다루게 될 것이다.

19) 하나의 연결 어미에 대한 연구의 결과가 이처럼 상이한 것은 연결 어미의 형성에 관한 연구가 얼마나 어려운가를 단적으로 보여 주고 있다고 하겠다.

한 선행 작업으로서의 가치를 지닌다면, 후자는 국어의 문법 형태화를 보편 언어적인 양상 속에서 살펴볼 수 있도록 한다는 점에서 가치를 지닌다. 그러므로 이러한 기존의 업적을 바탕으로, 연결 어미가 형성되는 전반적인 과정을 고찰하고 이를 통해 일반적인 원리를 설정할 수 있다면, 국어의 문법 형태에 대한 설명은 더 진전될 수 있을 것이다.[20]

3. 연구 방법

본고에서는 먼저 각 시기의 언어가 보여 주는 현상들에 대하여 기능을 중심으로 구조적 측면을 고려하는 태도를 취하기로 한다. 이는 자료의 올바른 이해에 많은 도움을 줄 것이다. 또한 이러한 방법론을 통하여 나온 결과는 공시적인 체계를 바르게 인식할 수 있는 토대가 될 것이다. 그런 뒤에 이러한 공시적 체계에 대한 검토를 바탕으로 연결 어미의 형성이라는 사적인 발달의 과정에 접근하기로 한다. 구조주의적 방법의 장점은 현대국어의 직관이 통하지 않는 시기에 발간된 문헌에 대한 연구에서 비교적 설득력을 발휘할 수 있다는 데 있다. 일정 시점에서 언어가 보여 주는 구조적 특성을 객관적인 틀 위에서 파악하는 것이 통시적인 연구에 있어서는 출발점이 된다. 본고에서 연구의 출발점으로 구조주의적 방법을 택한 이유는 여기에 있다.

---

20) 이런 점에서 김영욱(1995)는 관심을 기울일 만하다. 여기에서는 국어 문법 형태들의 문법 기능에 대한 역사적인 변화를 체계적으로 이해하기 위한 이론적인 틀을 제시하고 있기 때문이다. 이러한 이론적인 틀은 연결 어미의 형성에 대한 연구에도 좋은 틀을 제공하고 있다고 할 수 있다. 연결어미의 형성도 문법 기능이 사적으로 변화하는 것을 전제로 하기 때문이다. 언어의 변화는 단지 부분에서의 변화가 아니라 전체와 관련된 변화일 것이다.

혹자에 따라서는 공시적인 연구 방법인 구조주의적 방법론으로 문법 형태화를 다루는 것은 내적인 모순을 일으키는 것이 아니냐고 반문할 수도 있다. 그러나 이는 결코 내적 모순을 지니거나 다른 문제를 야기하지는 않는다고 생각한다. 기본적으로 역사적인 연구란 공시에 대한 연구를 바탕으로 그 공시적 성과를 이어가는 것이기 때문이다.21) 곧 체계 속에서 문법 형태의 지위를 하나하나 파악해 가는 공시적 연구가 쌓여야 비로소 역사적 연구를 위한 토대가 마련되는 셈이다.22)

그런데 국어의 역사적 연구를 위해서는 다음의 두 가지를 철저하게 고려해야 한다. 첫째, 자료에 대한 올바른 이해가 있어야 한다는 것이다. 둘째, 이러한 자료에 대한 이해를 바탕으로 해서 나온 결과를 이론화하여 체계적으로 명시화하는 과정이 있어야 한다는 것이다.23)

먼저 자료를 중심으로 국어에서 연결 어미가 형성되는 과정을 보는 것은 국어에서 연결 어미의 이해하는 데 있어서 가장 기초적인 작업이 된다. 즉 국어에서 연결 어미가 형성되는 과정을 제대로 파악하기 위해서는 먼저 문헌 자료의 확인이 이루어져야 한다는 것이다. 문헌 자료에 대한 철저한 확인이 이루어지지 않은 채, 공시적인 형태에 대한 재분석만으로 어미화의 양상 일반에 대하여 성급한 결론을 내리는 것은 바람직하지 않다.24) 물론 이론적인 근거를 바탕으로 통시적 변화 양상에 대한 가설을

---

21) Nida(1949=1978:3)을 참조.
22) '역사적 연구'에서 '역사적'이라는 말은 두 가지 의미가 있을 수 있다. 하나는 현대 이전의 한 시기에 대한 공시적 연구에 대하여 현대어에 대한 연구와 구분하기 위한 것이고, 다른 하나는 통시적인 변화에 대한 연구이다. 여기에서는 '역사적'이라는 말을 후자에 한해서 쓰기로 한다.
23) 역사적 변화에 대한 연구와 이론의 부재, 언어 변화에 대한 체계적 어려움에 대해서는 김방한(1988:24~28)을 참조할 수가 있다.
24) 이에 대하여, 정재영(1996:49)에서는 기원적으로 통사적 구성이었던 구성 요소들의 통합구조체가 역사적인 변화로 인하여 문법 형태화될 때는 형태 구성의 변화뿐 아니라, 문법 범주나 의미 기능까지도 변하기 때문에 이들을 단순하게

세우는 것도 필요하지만, 이러한 것도 최소한의 자료 확인을 통해 검증이 이루어져야 한다. 곧 통사적 구성인 통합 구조체가 하나의 문법 형태인 연결 어미로 변화하는 과정과 실상이 실제의 문헌 자료를 통해 파악되어야 할 것이다.

이러한 실제 문헌 자료에 대한 파악이 지속적으로 이루어지게 되면, 기원적으로 통사적 구성이었던 통합구조체가 연결 어미화하는 경우, 이것이 어떤 과정을 통해 어떻게 굳어지는지가 어느 정도 밝혀질 것이다. 이러한 것을 바탕으로, 국어 연결 어미 형성 과정을 일반화하여 체계화해야 한다. 이러한 작업의 일환으로, 통시적으로 문법 형태화한 연결 어미들에 대해 이들 각각의 형태·통사적 제약이나 구문의 통사 기능과 의미 기능 등을 체계적으로 제시하기로 한다. 문법 형태화 이전의 구성과 문법 형태화 이후의 구성에 대한 정확한 파악은 국어 연결 어미의 이해에 적지 않은 도움을 주리라 보기 때문이다.

이 글에서는 15세기 국어를 공시적 체계에서 바라보면서 가졌던 의문에 많은 관심을 기울이게 된다. 15세기 국어는 그동안 사적 연구에서 관심의 초점이 되었던 시기이고, 그 연구의 성과가 적지 않았다. 본고에서는 많은 부분을 기존의 성과에 기대게 될 것이다. 한편, 15세기 국어의 논의들을 보면, 공시적으로는 표면상 설명이 되었다고 보이면서도 여전히 의문이 남는 부분들이 있었다. 여기에서는 통시적인 조망을 통해 이러한 것들을 설명해 보려고 할 것이다. 공시적인 연구를 통해서 는 다소 설명하기 어려웠던 것들이 사적(史的)인 관찰의 과정을 통하여 더 잘 설명될 수 있다면, 이는 환영할 만한 것이라고 본다. 우리가 언어를 연구하는 궁극적인 목표는 문법에 대한 설명에 있는 것이고, 사적인 연구가 문법의 설명에 도움을 줄 수 있다면 이를 피할 이유가 없기 때문이다.

재분석하는 것은 잘못하면 위험한 결론에 도달할 수도 있다고 하였다.

 문법 형태화가 어떤 일정한 원리나 규칙을 지니고 이루어지는 것과 마찬가지로 문법 형태화의 영역에 속하는 연결 어미의 형성도 원리나 규칙을 지니고 이루어지는 것이라고 추측해 볼 수 있다. 어미들이 형성되면서 생기는 형태, 통사적 제약이나 통사 기능, 의미 기능의 변화들이 여기에 속한다. 본고에서는 이러한 것들에 관심을 두고, 무엇보다도 문법 형태화의 일면으로서 어미화 과정이 지니는 원리의 설정에 관심을 기울이기로 한다. 문법사에서 일어나는 현상들의 원인을 밝히고 각 현상들 간의 상호 관련성을 포착, 기술하기 위해서는 규칙 중심적이기보다는 원리 중심적으로 접근하는 자세가 필요하다고 할 수 있다. 규칙을 중심으로 기술할 경우에는 동일한 현상에 대해 여러 가지 이질적인 규칙들이 나열될 수 있고 규칙과 이것의 적용을 가능케 하는 제약 조건 등이 개별 구문이나 형태에 국한될 위험을 안고 있지만 원리 중심적인 접근 자세는 이러한 단점을 극복할 수 있기 때문이다. 또한 이러한 원리들을 검증하는 데도 관심을 기울이기로 한다. 이러한 작업이 이루어진다면, 나아가서는 문법 형태화의 연구에도 일조를 할 수 있을 것이다.

4. 연구 자료

 본고에서는 사적인 모습에 관심을 가지므로 고대국어에서부터 근대국어에까지 이르는 자료를 포괄적으로 검토하게 된다. 이러한 자료들 중 15세기 국어의 자료는 우선적으로 살펴보기로 한다. 그리고 고려시대 석독 구결 자료나 음독 구결 자료는 그 자료의 풍부함과 시대적 가치로 말미암아 가장 주된 검토 대상이 된다. 본고에서 연구 대상으로 삼은 문헌들을 대강 각각의 성격과 시기에 따라 정리하면 다음과 같다.

4.1 이두 자료[25]

문헌명칭	연대	略號
淨兜寺五層石塔造成形止記	1031	淨兜
尙書都官貼	1262	尙書
松廣寺奴婢文書	1281	松廣寺奴婢
白嚴寺貼文	1357	白嚴寺貼文
慶州司首戶長行案	1361	慶州戶長
長城監務官貼文	1378	監務官貼文
南氏奴婢文書	1382	南氏奴婢文書

4.2 구결 자료

문헌명칭	연대	略號
大方廣佛華嚴經 卷14	11세기말~12세기초	화엄
合部金光明經 卷3	13세기초	금광
舊譯仁王經 卷上	13세기 중엽	구역
瑜伽師地論 卷20	13세기말	유가
엄동섭본 梵網經	14세기 초	엄동범
국립도서관본 梵網經	14세기 초	국립범

---

25) 고려시대 이두 자료들은 고대국어와 전기 중세국어를 반영했을 가능성이 높다. 그러므로 이두 자료는 고대국어와 전기 중세국어의 자료로서 활용할 수 있다. 이들 자료에 대한 검토로는 이승재(1992ㄱ)을 들 수가 있다. 조선시대 초기 이두 자료에 대한 검토로는 박성종(1996)을 들 수가 있다. 이두 자료는 원래 의고적인 면이 많으므로 조선초기 이두 자료에 대한 연구 역시도 이 점을 감안해야 한다.

한국정신문화원본 梵網經	14세기 초	정신범
남풍현본 楞嚴經	13세기 중엽	남풍능
남권희본 楞嚴經	13세기 중-말엽	남권능
기림사본 楞嚴經	1401년 이후	기림능
송성문본 楞嚴經	14세기 말 이후	송성능
가람문고본 楞嚴經	14세기 말 이후	가람능
일사문고본 楞嚴經	14세기 말 이후	일사능

　구결 자료에는 석독 구결 자료와 음독 구결 자료가 있다. 석독 구결 자료는 대체적으로 전기 중세국어의 언어를 반영하는 것으로 볼 수 있다. 그러므로 전기 중세국어에 대한 연구에서 석독 구결 자료를 활용할 수 있다. 그런데 석독 구결 자료 중에서도 특히 『舊譯仁王經』의 발견은 국어 문법사에서 중요한 의미를 지니고 있다.[26] 구결을 비롯한 여러 차자 표기들에 대한 연구가 아연 활기를 띠는 계기를 마련해 주었기 때문이다. 또한 음독 구결 자료는 대체로 13세기 중엽에서 15세기 초 사이에 구결이 기입된 것으로 대체로 전기 중세국어의 후대를 반영한 것으로 알려져 있다.[27] 이러한 구결 자료에는 문법 형태들이 구결 기입을 통해서 나타나고 있는데, 이것은 국어 문법 형태들의 변천 양상을 살펴보는 데 중요한 역할을 하고 있다.[28]

---

26) 『舊譯仁王經』에 대한 본격적인 소개는 남풍현·심재기(1976)에서 이루어졌다. 여기에서는 『舊譯仁王經』의 해제(解題)에서부터 해독까지 다양하게 다루고 있다.

27) 이들 음독 구결 자료에 대해서는 남풍현(1990), 이승재(1990, 1993ㄱ), 한상화 (1994), 정재영(1996ㄴ) 등을 통해서 소개된 바가 있다.

28) 석독 구결 자료의 발굴과 소개에 기여한 논의로는 남권희(1994, 1995, 1996)을 들 수 있다. 남권희(1994)에서는 『大方廣佛華嚴經疏 권35』, 남권희(1995)에서는 『金光明經 권3』, 남권희(1996)에서는 『大方廣佛華嚴經 권14』에 대한 서지

이들 자료의 발견은 국어 문법사를 통하여 공백기라고 할 수 있었던 전기 중세국어의 시기를 채워 주었을 뿐만 아니라, 국어사 연구의 새로운 전기를 마련해 주기도 하였다. 사실, 현재 국어 문법사 연구는 이 전기 중세국어의 자료들을 연구하는 데 많은 관심을 쏟고 있다. 또한 이를 바탕으로 신라 시대 또는 고려 시대의 향가 자료도 다시금 검토하고 있는 실정이기도 한다.

4.3 15·6세기 자료

문헌명칭	연대	略號
釋譜詳節	1447년	용가
月印千江之曲	1447년	월곡
龍飛御天歌	1447년	용가
月印釋譜	1447년	월석
楞嚴經諺解	1461년	능엄
法華經諺解	1463년	법화
牧牛子修心訣	1467년	목우
內訓	1475년	내훈
杜詩諺解初刊本	1481년	두초
金剛經三家解	1482년	금삼
續三綱行實圖	1514년	속삼
飜譯老乞大	1517년 이전	번노
飜譯朴通事	1517년 이전	번박

학적 분석이 이루어졌다. 남풍현(1993)에서는 『瑜伽師地論』에 대한 소개가 이루어졌다.

飜譯小學	1518년	번소
正俗諺解	1518년	정속
父母恩重經諺解	1553년	은중
小學諺解	1588년	소학
大學諺解	1590년	맹자
論語諺解	1590년	논어
中庸諺解	1590년	중용

4.4 16세기 언간 자료[29]

문헌명칭	연대	略號
淸州北一面順天金氏墓 出土 簡札	1565~1575년	청주간찰
晋州 河氏墓 出土 玄風 郭氏 諺簡	1602~1652년	현풍 곽씨 언간

4.5 근대국어 자료

문헌명칭	연대	略號
諺解痘瘡集要	1608년	두창
胎産集要諺解	1608년	태산
東國新續三綱行實圖	1617년	동삼
家禮諺解	1632년	가례

---

29) 『현풍 곽씨 언간』의 문건 번호는 김주필 선생의 판독을 따랐다. 자료를 제공
해 준 김주필 선생께 이 자리를 빌어서 깊은 사의를 표한다.

分類杜工部詩諺解(중간)	1632년	두중
老乞大諺解	1670년	노언
捷解新語	1676년	첩해
朴通事諺解	1677년	박언
譯語類解	1690년	역어
改修捷解新語	1748년	개첩
念佛普勸文(禪雲寺本)	1787년	권선
隣語大方	1790년	인어
敬信錄諺釋	1796년	경신
同文類解	1748년	동문
念佛普勸文(興律寺本)	1765년	권흥
三譯總解(改刊本)	1774년	삼역
小兒論(改刊本)	1774년	소아

제2장

기초적 논의

1. 문법 형태화와 공시태, 통시태

익히 알려진 바와 같이, 언어는 크게 두 가지의 축에서 연구될 수 있다. 하나는 공시태*(syncrony)의 축이고, 다른 하나는 통시태*(diacrony)의 축이다. 정적인 관점의 공시태와 동적인 관점의 통시태는 언어를 설명하는 두 가지의 축이고 이 둘은 상호보완적인 것이다. 앞에서도 언급했지만 이상적인 통시적 연구는 공시적인 연구를 바탕으로 그 성과를 이어나가는 것이라고 할 수 있다.

소쉬르 이후 언어 연구에서는 공시적인 틀을 중요하게 생각하게 되었다. 소쉬르는 언어를 정지 상태에 있는 것으로 보고 파악하는 공시적 입장은 언어를 과학적으로 연구할 수 있는 밑거름이 된다고 하였다.[1] 이러

---

1) 소두영(1990:31)에서는 소쉬르가 공시적인 방법을 강구하게 된 원인이 그가 언어의 역사적 연구를 포기했다기보다는 과학적 언어학 이론을 정립하기까지, 그래서 언어학의 전면적 개혁이 이루어질 때까지 통시적인 방법은 당분간 보류하

한 공시적인 틀에 대한 강조는 그 당시 언어 연구가들의 연구 방향이나 방법과 관련하여 볼 때는 최선의 방법이었다고 할 수 있다. 소쉬르 이전이나 소쉬르 당시 연구가들에게는 공시적이거나 통시적이고자 한 연구에서 공시태와 통시태에 대한 구별이 제대로 이루어지지 않은 상황이었고, 소쉬르는 이러한 점들을 잘 이해하고 있었다.2) 또한 기본적으로 역사적인 연구에서는 공시적인 차원에 대한 고려를 배제하는 것이 불가능하지만, 공시적인 연구에서는 역사적인 고려를 배제하는 것이 가능하다는 사실을 소쉬르는 인식하고 있었다. 언어 연구에 있어서는 통시냐 공시냐에 그 중요성이 있는 것이 아니라, 오히려 통시와 공시의 혼동에서 오는 비과학적인 태도에 빠지지 않는 데 그 중요성이 있다고 하겠다.3) 이 때문에 소쉬르는 공시태와 통시태의 혼동이 가져오는 한계를 극복하기 위한 방법으로 공시적인 틀을 강조하게 된 것이다.4) 그러나 그가 통시적인 연구에 대해서 결코 부정적인 입장을 취한 것은 아니었다. 다만 통시태로부터 공시태를 구별해야 한다는 입장을 취했는데 이것이 오해를 낳은 것이다.5)

고 언어의 본질과 그 기능에 대한 기본적 성찰을 선행시켜야 하겠다는 학문적 입장에 서게 된 데 있는 것으로 파악하였다.

2) 소쉬르 당시 소장문법학자들은 공시적 연구를 비과학적인 것으로 간주했기 때문에 이것을 연구하지 않았지만, 이들은 언어를 잘 모르는 독자들이나 청중들을 위해서 자신들의 연구에 공시적인 고려를 흔히 개입시켰다고 한다. 자세한 내용은 장병기·김현권 편역(1998:128~129)를 참조.

3) '일반언어학강의'(Cours de Linguistique générale)는 사실 소쉬르가 쓴 것이 아니라 그의 제자들이 소쉬르 사후에 썼다는 사실에 대해서도 유념할 필요가 있다. '일반언어학강의'는 실제 소쉬르의 저작이 아니라 그의 제자들의 저작이었던 것이다. 소쉬르가 역사언어학에 관심이 많았고 그가 역사언어학에 관한 중요한 논문을 남겼다는 사실에 주목할 필요가 있다. 자세한 내용은 장병기·김현권(1998:123~133)을 참조.

4) 또한 공시적인 틀에 관심을 쏟은 소쉬르는 사회적, 역사적 변이 양상을 끊임없이 반영하는 파롤(parole)에 대한 연구를 지양하고 보다 정태적이고 이상적인 랑그(langue)에 대하여 관심을 기울이게 되었다.

5) 이와 관련하여 소쉬르가 소장문법학자였다는 사실은 유념할 필요가 있다. 소장

어떤 언어 현상에 대한 설명을 위해 공시적인 틀이 먼저 고려되어야 한다는 것은 틀림없다. 앞에서도 언급했지만, 역사적인 연구에서는 공시적인 차원을 배제할 수 없지만, 공시적인 연구에서는 역사적인 고려를 배제하는 것이 가능하다는 데에서 그 이유를 찾을 수가 있다. 잘 알려진 바와 같이, 언어는 체계 속에서만 정확히 파악될 수 있고, 이 체계는 공시적인 차원에서의 문제인 것이다. 그런데 언어 연구에서 대상이 되는 언어적 실체는 역사적 실체이므로, 공시적인 면과 통시적인 면을 동시에 지니고 있다. 이 때문에 언어적 실체를 제대로 파악하기 위해서는 공시적인 면과 통시적인 면을 아울러 살펴볼 필요가 있는 것이다. 공시적인 설명만으로는 역사적 변화의 산물인 언어를 적절하게 설명해 주기 어려운 것이 사실이다. 이런 점에서 우리는 통시적인 연구의 필요성을 찾을 수가 있다. 문법학자가 목표로 하는 것이 문법에 대한 보다 나은 설명이고, 더 나은 설명을 위해 통시적인 현상에 대한 구명(究明)이 필요하다면, 통시적인 구명이 거부될 필요는 없을 것이다.[6]

  (1) 뫼히 뷘디 브르미 돌홀 디오 <두초 14:22ㄴ>

위의 예문은 공시적 설명이 가지는 한계를 잘 보여 준다. 여기서의 '뷘디'는 우선 두 가지의 해석을 가질 수 있다. 하나는 의존 명사 '디' 보문

  문법학자들은 언어에 대한 과학적 연구, 즉 언어학을 통시태로만 국한시켰다는 사실은 잘 알려져 있기도 하다. 소장문법학자들은 "언어 과학은 언어사이다"라는 주장을 하였다.
6) 문제는 연구와 설명에 있어서 공시와 통시의 혼란이 일어날 수 있다는 것이다. 공시적인 현상을 통시적인 현상과 분리하여 설명하지 못하고 연구 대상인 언어를 공시태와 통시태로 구분할 수 없게 된다면, 혼란이 일어나게 될 것이다. 소쉬르가 공시적인 연구를 강조했던 이유는 여기에 있을 것이다. 이 점에 대한 이해가 선행되지 않으면, 소쉬르가 역사적인 연구 방법을 무조건적으로 배제했던 것으로 오해할 염려가 크다고 하겠다.

구성인 '-ㄴ#디' 구성으로 보는 것이고7), 다른 하나는 [전제]나 [배경]의 연결 어미 '-ㄴ디'로 보는 것이다.8) 이것을 현대어로 풀이할 경우, 전자는 구성이 보이는 그대로 '산이 빈 곳에 바람이 돌을 뿌리고' 정도로 해석해 볼 수 있다. 그러나 원문에서 '山虛'와 '風落'이 서로 대구(對句)를 이룬다는 사실에 중점을 두면, 후자처럼 '산이 비니 바람이 돌을 뿌리고' 정도로도 풀이해 볼 수 있을 것이다. 이때, 두 가지 풀이는 모두 나름대로 개연성을 지닌다. 더욱 정확한 해석을 위해서는 시의 배경이나 시 전체의 문맥 따위를 살펴볼 필요가 있는데, 이렇게 하여도 전자가 좋은지 후자가 좋은지 정확한 판단이 서지 않는다.

결국 우리는 '-ㄴ디'를 다룸에 있어서 두 가지 해석의 사이에서 고심하게 된다는 것을 알 수 있다. 첫째, '-ㄴ디'를 어떤 범주에 넣어야 하는가를 고민해야 한다는 것이다. 둘째, 범주의 혼란이 생기는 이유에 대한 설명이 어렵다는 것이다. 이 경우 공시적인 설명으로는 한계를 지닐 수밖에 없다.9) 그러나 국어의 역사적인 측면에 대한 지식이 있다면 범주의 혼란이 생기는 이유에 대해서는 보다 나은 설명을 제공해 줄 수 있다. 본고의 논의에 따르면, 위와 같은 문제가 생기게 된 것은 연결 어미 '-ㄴ디'가 명사구 보문 구성 '-ㄴ#디'에서 온 것과 관련이 깊기 때문이다.

(2) 鬱密하고 森沉흔 디 獅子ㅣ 住ㅎ니 <남명 하:34>10)

---

7) 기원적으로는 [[[-ㄴ]#ᄃᆞ]+익]이지만, 여기서는 논의의 편의상 '-ㄴ#디'라 하고 설명해 나가기로 한다.

8) 15세기 국어의 '-ㄴ디'를 [배경]이나 [전제]로 보는 것은 정재영(1996)을 참조한 것이다.

9) 물론, 이러한 것들과 관련되는 다른 예들을 살피고, 이를 고려하여 하나의 범주에 소속시키는 것도 하나의 방법이 될 수 있다. 그러나 이는 편의상의 분류가 될 뿐 아니라, 계속적인 논란의 여지를 가지고 있음에 틀림이 없다고 할 수 있다.

10) 정재영(1996:120)에서 재인용.

(2)의 예문에서는 똑같은 '-ㄴ딕'가 쓰였지만, 이 경우에는 관형사형 어미 '-ㄴ'과 의존 명사 '-딕'의 보문 구성으로 볼 수가 있다. 그것은 뒤에 나오는 '住ㅎ-'가 처소를 요구하는 동사이기 때문이다. 이처럼 (2)의 경우에는 (1)과 같은 모습을 보이는데도 그 뜻이 다르다.

그렇다면 (1)의 예문을 어떻게 파악해야 하는가? 이는 먼저 문법 형태화의 양상을 보여 주는 것으로 파악하면 될 것이다. 이를 설명하기 전에 다음 예문을 보기로 하자.

(3) 曠絶無人돌ㅎ 生死ㅣ 長遠ᄒᆞ딕 眞實ㅅ 知見 업서
(曠絶無人等은 生死ㅣ 長遠에 無眞知見ᄒᆞ야) <법화 3:172>[11]

(3)의 예문은 허 웅(1975:540)과 정재영(1996:118)에서 연결 어미로 파악한 것이다. 선행절을 "죽살이가 길고 먼데" 정도로 해석할 수 있다. 앞의 (1)과는 대조적이다. 이처럼 '-ㄴ딕'를 연결 어미로 보게 되면, 흥미로운 현상을 발견할 수 있다. (2)-(1)-(3)의 순서로 배열을 하게 되면, 그 순서가 왼쪽으로 갈수록 명사구 보문 구성에 가까워지고, 오른쪽으로 갈수록 연결 어미에 가까워진다는 것이다. 이것은 이 셋이 별개인 듯하면서도 관련을 지니고 있다는 것을 말해 준다.

그렇다면 (1)은 '과도기'적인 모습을 보이는 것으로 파악할 수 있다. 한편으로는 보문 구성처럼 해석될 가능성을 지니고, 다른 한편으로는 연결 어미처럼 해석될 가능성을 지니기 때문이다. 통시적으로 보면, 연결 어미 '-ㄴ딕'는 원래 관형사형 어미 '-ㄴ'+의존명사 '딕'+처격 조사 '-익'의 결합이었던 것이 통사적 구성의 긴밀성으로 인하여, 언중들에게 하나로 인식되고 이것이 문법 형태화한 것이다. 이는 위의 예문의 '-ㄴ딕'가 모호성을 가지는 이유를 잘 설명해 줄 수 있다.

---

11) 허 웅(1975:540)에서 재인용.

또한 범주 처리의 문제는 연결 어미이든 명사구 보문 구성이든 하나의 범주에 넣고, 다른 한쪽 사실에 대한 언급을 해 주면 해결될 것으로 본다.12) 이렇게 한다면, 공시적으로 복잡한 문제들이 역사적인 고려를 통하여 명료하게 정리될 수 있을 것이다.

다만, 동적인 관점에서의 연구는 정적인 관점에서의 연구가 바탕이 되어야 한다는 사실을 잊지 않아야 한다. 정적인 관점에서의 연구는 하나의 언어 요소가 한 시대의 언어 체계 속에서 어떠한 역할을 하고 있는지를 살피는 것이다. 그리고 동적인 관점에서의 연구는 이러한 정적인 관점에서의 연구를 바탕으로 이루어지는 것이다. 그러므로 정적인 관점에서의 연구가 바탕이 되지 않는 동적인 연구는 한 시대의 언어에 대한 체계적인 의식이 결여된 불완전한 연구라고 할 수 있다.

문법 형태화가 역사적인 문제와 밀접한 관련이 있다고 하여 이를 전부 통시적인 방법으로 다루려는 태도는 결코 옳지 않다. 앞에서도 밝혔지만, 비록 문법 형태화가 역사적인 문제라 할지라도 공시적인 체계 속에서 그 역할이 밝혀지지 않은 상황에서는 그에 대한 연구가 불완전하게 될 수밖에 없기 때문이다. 한편으로 공시태에는 역사의 흔적이 남아 있어 또 다른 역사의 문법을 보여 줄 수 있다는 점도 염두에 두어야 한다.13) 우리가 문법사를 연구하는 데 있어서 공시태에 관심을 쏟는 것은 이러한 데에도 그 이유가 있다고 하겠다.14)

---

12) 유사한 예로 15세기 국어에는 관형사형 어미 '-ㄴ'에 격조사가 붙는 예가 있다. 고영근(1987=1997:156)에서는 이를 관형사형 어미의 명사적 용법으로 처리한 바가 있다.

13) 대표적으로 15세기 국어의 둘째 설명법 어미 '-니라'를 들 수 있다. 이 '-니라'는 기원적으로 '-ㄴ+이-+-다'에서 온 것이다. 이때의 '-니라'는 더 이상 형태 분석하기가 어려운 것이다. 그런데 여기서 '다'였던 것이 무엇 때문에 '라'로 바뀌었는지를 설명하는 것은 통시태의 역사적 흔적이 공시태에 남아 있는 것과 관련을 갖게 된다. 15세기 국어에서는 계사 '이-' 뒤에 오는 종결 어미 '-다'가 '-라'로 바뀌는 규칙이 있기 때문이다.

2. 형태부와 통사부

본고에서 다루게 되는 연결 어미의 형성 과정은 통사적인 구성이 시간의 흐름에 따라 문법 형태화하는 것과 관련을 가지고 있다. 여기서 말하는 통사적인 구성이란 두 요소간의 관계가 통사부에서 파악되는 것들 간의 관계를 이른다. 문법 형태화했다는 것은 통사적인 구성을 이루고 있었던 두 요소들의 관계가 밀접해지면서 하나로 인식되어 결국에는 그 관계를 통사부에서는 파악할 수 없다는 말이 된다. 통사적 구성이 일단 하나의 문법 형태가 되면, 통사부에서는 형태부 안의 것을 들여다 볼 수 없게 된다.15)

---

14) 시정곤(1994:13)에서는 모든 단어가 통시적인 과정에 의해 형성되는 것이라고 해서 공시적인 단어 형성은 있을 수 없다고 하는 것은 자칫 공시는 존재하지 않고 통시적인 과정만이 존재할 뿐이라는 극단론, 즉 기하학에서 '선'은 있지만 '점'은 있을 수 없다는 극단론에 빠지기 쉽다고 하였다. 이는 언어가 공시와 통시의 어느 하나에만 국한되어 설명될 수 없다는 것을 잘 지적한 것이라 할 수 있다.

15) 본고의 논의는 통사론은 상향적(bottom-up)인 반면, 형태론은 하향적(top-down)이라는 최근의 논의들과 관련이 있다. 이와 관련된 논의로는 박진호(1994), 송원용(1998) 등이 있다. 특히 박진호(1994)에서는 어휘부와 형태부에 대한 자신의 입장을 밝히면서 심리적 실재성을 기준으로 통사론은 통사원자들이 결합하여 문장을 이루는 원리를 다루는 학문으로, 형태론은 통사원자의 내부 구조를 다루는 학문으로 정의했다. 실제 통사론에 대해서는 상향적임을 인정할 수밖에 없는 결정적인 증거들이 존재한다. 인간이 무한하게 존재하는 문장들을 모두 머릿속에 기억하고 있을 리는 만무한 것이다. 다만 형태부에서 이미 만들어진 결과물들을 가지고 연산 체계에 따라서 이것들을 결합해 문장을 만들어 나가는 것이다. 그러나 형태부는 상향적인지 하향적인지 결정하기가 어렵다. 다만 형태부는 통사부처럼 철저히 규칙적이지 않고, 무한하지도 않다는 사실에 관심을 기울일 필요가 있다. 형태부에서 형태부에 존재하는 것들을 분포적, 음운적, 의미적 기준에 의해서 분석하게 되는 것은 이 때문인 것이다. 그런데 형태부가 상향적일 수 없다고 한다면, 규칙에 의한 단어 형성은 없는 셈이 된다.

이런 점 때문에 본고에서 다루고 있는 연결 어미가 형태부, 통사부와 어떻게 관련을 맺고 있는지 살펴볼 필요가 있다. 어떤 음운론적 실현인 A가 또다른 음운론적 실현인 B 또는 C 등과 관계를 맺고 있다면, 이것들이 서로 어떻게 관련을 맺고 있는지를 살펴보아야 한다. 음운론적 실현인 A가 B, C 등과 형태부에서 파악되는 관련을 맺고 있는지 아니면, 통사부에서 파악할 수 있는 관련을 맺고 있는지 등이 밝혀져야 할 것이다.

이를 위해서 다음의 예를 살펴보기로 한다.

(4) ㄱ. 아기가 옷을 입는다.
  ㄴ. [아기가 옷을 입]는다.

고영근(1993:22~26)에서는 어간 '입-'에 붙은 어미 '-는다'는 의존 형식으로서 어간의 음성 환경에 의해 '-ㄴ다'로 교체를 일으키는 것으로 보고, 이처럼 어간의 음성 형식에 따라 직접적으로 형태론적 교체를 보이는 것을 바탕으로 어미류를 형태론적 범주에 속하는 것으로 파악하였다. 반면에 그 기능적 측면은 통사론적 범주에 속한다고 하였다.16) 이처럼 어말 어미 '-는다'가 음성 형식에 따른 측면은 형태론에 속하면서도 그 기능에 있어서는 통사론에 속한다는 것은 언뜻 보기에는 형식과 기능이 불일치를 이룬다는 점에서 모순적이다. 하나의 형태를 두고 그것이 형태론적이면서 통사론적이라고 하는 것이 무엇을 뜻하는지 생각해 보기로 한다.

---

16) 임홍빈(1997)에서는 이러한 이유 때문에 활용이나 굴절로 설명이 되지 않는 국어의 특성을 '교착소'라는 다른 용어를 사용하여 설명해야 할 것으로 보았다. 그러나 이는 언어 유형으로서의 굴절어와 언어 현상으로서의 굴절법에 대한 구별이 제대로 이루어지지 않은 데서 온 것이다. '굴절어'는 '교착어', '고립어' 등 유형적으로 대립되는 것들에 대하여 쓰이는 용어라고 할 수 있다. '굴절어'는 굴절이 주가 되는 언어 유형이라고 할 수 있다. 굴절어에서도 교착적인 성격이나 고립적인 성격이 발견된다. 마찬가지로 교착어에서도 굴절적인 성격이나 고립적인 성격이 발견된다.

(5) 지금쯤 철수는 학교에 가고 영희는 회사에 <u>가-았-겠-다.</u>

국어의 어미가 형태론적이면서 통사론적인 면모에 대해서는 (5)의 예문에서 볼 수가 있다. 위의 예문에서 선어말 어미 '-았-'은 어간의 음성 형식에 따라 형태론적 교체를 보인다. 그런데 선행절의 '철수는 학교에 가고'에는 '-았-'과 '-겠-'이 쓰이지 않았는데도 완결과 추측의 의미가 드러난다. 이것은 후행절의 '-았-'과 '-겠-'이 [철수는 학교에 가고]까지 그 작용이 미치기 때문이다. 이때 후행절의 선어말 어미가 선행절에까지 그 작용이 미치는 것은 국어의 선어말 어미가 통사적 요소라는 사실을 말해 준다. 이처럼 국어에서 선어말 어미류가 통사부에서 통사적 구성에 연결된다는 사실을 통해서 선어말 어미가 통사부에서 하는 역할이 단어처럼 독립된 자격을 가지고 이루어지고 있음을 알 수 있다.[17)]

그런데 왜 국어에서는 이러한 형태를 형태론적이면서 통사론적이라고 설명하게 되었을까? 그것은 국어에서는 음운론적 단위와 통사론적 단위가 일치하지 않기 때문에 생긴 결과로 보인다.[18)]

---

17) 이처럼 국어의 접속문에서 선어말 어미가 통사적 구성 요소로 쓰이는 것에 대해서는 박진호(1994:29~32), 임홍빈(1997:115~127)에서 자세하게 언급한 바 있다. 특히 임홍빈(1997)에서는 다음의 여섯 가지를 그 증거로 들고 있다. 첫째, 교착소와 교착소가 여럿이 겹칠 수 있다는 것은 그것이 통사적인 요소임을 말해 준다. 교착소들은 그것이 각각 형태론적인 요소가 아니라 통사적 구성을 생성하는 요소이다. 둘째, 어휘 고도 제약과 관련하여 용언구 교착소는 어휘적인 제약에서 비교적 자유롭다. 그것이 속해 있는 어휘 바깥에 있는 다른 성분과 통사적인 관계를 맺을 수 있다. 셋째, 접속 구성에서 후행 성분의 교착소가 선행 성분에도 영향을 미친다. 넷째, 교착소의 '출현 위치의 비절대적 고정성'이라는 현상이 존재한다. 다섯째, 국어에는 문미 외적인 문미 구성이 존재한다. 여섯째, 용언구 교착소와 비용언구 교착소가 층위를 달리하여 존재한다.
18) 박진호(1994)에서는 음운론적 단어와 통사원자를 구별할 것을 제안하고 있다. 음운론적 단어와 통사원자가 일치하는 굴절어에서는 음운론적 단어와 통사원자를 굳이 구별할 필요가 없지만, 음운론적 단어와 통사원자가 구별되는 국어

먼저 영어 접어의 예를 살펴보기로 한다.

(6) Tom's a linguist.
   ㄱ. [Tom] ['s a linguist].
   ㄴ. [Tom's] a linguist.

위의 예문 (6)은 영어에서의 접어의 예이다. (6ㄱ)은 통사론적인 괄호매김을 보여 주고, (6ㄴ)은 음운론적인 괄호매김을 보여 준다. 통사론과 음운론의 괄호매김이 다른 것이다. 이처럼 통사론과 음운론의 괄호매김이 다른 것을 일반적으로 '괄호매김 모순(bracketing paradox)'이라고 부른다.[19) 접어가 이처럼 통사론과 음운론에서 다른 괄호매김을 보여 주는 것은 접어는 통사부에서는 하나의 단어이지만 음운부에서는 앞의 단어에 의존적이기 때문에 생기는 것이다. 이러한 '괄호매김 모순'의 현상은 국어의 조사나 선어말 어미에서도 발견된다.

(7) ㄱ. [그] [아기가] 웃는다.
   ㄴ. [[그 아기]가] 웃는다.

먼저 조사를 중심으로 살펴보면, (10ㄱ)은 음운론적 괄호매김을 이루고 (10ㄴ)은 통사론적 괄호매김을 이룬다. 즉 음운론적으로는 '그'와 '아이가' 가 각각 하나의 괄호매김을 이루고 있지만, 통사론적으로는 '그 아기'와 '가'가 각각 하나의 괄호매김을 이루고 있다. 이처럼 국어에서도 통사론과 음운론 사이에 괄호매김 모순이 일어나는 것을 볼 수 있다.

(8) ㄱ. [그] [아기가] [웃는다].

에서는 이 둘을 달리 볼 필요가 있는 것으로 주장하고 있다. 굴절어에서 음운론적 단어와 통사원자가 일치하는 것은 우연적인 것으로 보고 있다.
19) '괄호매김 모순'에 대한 자세한 설명은 전상범(1995:347~365)를 참조

ㄴ. [[[그 아기가 웃]는]다].

위의 (8)에서는 선어말 어미의 괄호매김을 볼 수 있다. (8ㄱ)은 음운론
적 괄호매김을 보여 주고 (8ㄴ)은 통사론적 괄호매김을 보여 준다. 조사와
마찬가지로 선어말 어미에서도 괄호매김 모순의 현상이 생긴다는 것을
알 수 있다. 국어에서는 대부분의 경우 조사와 어미가 이처럼 괄호매김
모순을 가지고 쓰인다. 이것은 국어에서는 음운론적 단위와 통사론적 단
위가 일치하지 않기 때문에 일어나는 현상이다.

'그', '아이가', '웃는다'와 같은 음운론적 단위는 우리가 이제까지 보아
왔던 단어와 부합된다. 그렇다면, 조사 '-가'와 어미 '-ㄴ다'는 무엇인가?
이것은 앞의 것들이 음운론적 단어인 것에 대하여 통사론적으로 단어의
성격을 가지고 있다고 보아야 합리적인 해결 방안을 찾을 수가 있다. 그
리고 이러한 성격을 가지는 것들에 대하여 고영근(1993), 박진호(1994)처
럼 명칭을 부여할 필요가 있다. 고영근(1993)에서는 이를 '문장 형성소'[20]
로, 박진호(1994)는 이를 '통사원자'[21]로 명칭을 부여한 바가 있다. 본고
에서는 '문장 형성소'라는 명칭을 쓰기로 하고 이에 대한 자세한 설명은
뒤로 넘기기로 한다.

국어에서 관찰되는 이러한 사실은 국어의 연결 어미의 형성과도 관련
을 지니고 논의될 필요가 있다. 연결 어미의 부착은 형태부에서 일어나는
것이 아니라 통사부에서 일어나는 것으로 보아야 한다는 것이다. "불행한
날이 가고 행복한 날이 왔다"라는 문장에서 '-고'는 [불행한 날이 가-] 전
체에 붙은 것으로 보아야지 '가-'에 붙은 것으로 보아서는 그 기능에 대
한 설명이 올바로 이루어질 수 없다.[22]

---

20) 여기에서는 형성소가 어휘부에 저장되는 것으로 보고 있다.
21) 여기에서는 형태론을 '통사원자의 내부 구조를 다루는 학문'으로 정의하고 있다.
22) 그렇다면, 국어에는 굴절이 없는가? 이러한 질문에 대하여 앞에 설명한 것들
　　을 바탕으로 국어에는 굴절 현상이 없다고 주장하는 경우도 있다. 박진호

본고에서는 연결 어미의 형성과 관련하여 통사부에서 다루어야 할 것과 형태부에서 다루어야 할 것을 구별한다. 통사부에서 다루어졌던 두 형식의 관계가 시간의 흐름에 따라 두 형식 사이의 간격이 무너지고 온전한 형태를 다시 회복할 수 없을 때는 이를 형태부에서 다루기로 한다. 예를 들어, 15세기 국어의 '-오디'를 '-올#디>-올디>-오디'의 변화를 거쳐 형성된 것으로 설명할 경우, 먼저 기원적인 '-올#디'에서 '-올'과 '-디'의 관계는 통사적이다. '-올'은 '-오-'와 '-ㄹ'로 나뉠 수 있으며 뒤에 나오는 것을 꾸미게 되고, '디'는 'ᄃ+이'로 나뉘어 'ᄃ'는 한편으로는 관형사형 어미 '-ㄹ'의 수식을 받고 다른 한편으로는 조사로 '-이'를 취할 수 있기 때문이다. 그러나 '-오디'의 경우는 이것이 문법 형태화한 것이므로, '오'와 '디'의 관계를 통사부에서 파악할 수 없다. 다만 이 둘의 관계는 형태부에서만 파악이 가능하다. 연결 어미의 형성은 이처럼 통사적 형식이 형태화한 것과 밀접한 관련을 지닌다.

연결 어미의 형성이 이루어지면서 형태부와 통사부는 밀접한 관계를 갖게 된다. 연결 어미의 형성은 통사적 관계를 이루던 것들이 문법 형태가 되기 때문에 일어난다. 본고에서 다루고자 하는 연결 어미들은 대개 '[관형사형 어미#의존 명사]+조사'의 구성을 보이던 구성이 문법 형태화하여 경계가 사라지면서 형성된 것들이다.

(1994), 임홍빈(1997) 등이 대표적인 예이다. 그러나 이에 대해서는 다른 생각을 해 볼 수도 있다. 우리가 이제까지의 설명을 바탕으로 한다면, 음운론적인 단어와 통사론적인 단어를 구별하는 것이 국어에 있어서 유용한 것임에는 틀림이 없다. 그런데 이러한 사정을 안다면, 이제까지 '굴절'이라고 불러 왔던 것이 문제가 되는 것이 아니고 '굴절'이 폐기되어야 하는 용어도 아님을 알 수 있다. 사실, 언어 유형으로서의 굴절법과 언어 현상으로서의 굴절은 구별하고 써야 할 것이다. 국어에 일어나는 이러한 굴절의 양상이 굴절어가 보이는 엄격한 의미의 굴절과 양상이 같지 않은 것은 사실이다. 그러나 우리가 음운론적 단어를 인정하고, 이때 일어나는 변화의 양상들을 굴절이라고 정의하고 '굴절'이라는 용어를 사용한다면, 문제가 일어나지는 않으리라고 본다.

한편, '-옴-+-애>-오매>-매'와 같은 경우도 문법 형태화하는 것으로 볼 수 있는지를 논할 필요가 있다. 본고에서는 이 경우도 문법 형태화한 것으로 본다. 먼저 문법 형태화하기 이전의 '-옴'과 '-애'의 관계는 통사부에서 파악되므로, 이 둘의 관계는 통사적인 것으로 보아야 한다. 그러나 두 요소가 합하여 경계가 사라지고 하나의 연결 어미가 되었을 경우에는 이를 문법 형태화한 것으로 파악할 수 있다. 문법 형태화하기 이전에는 통사부를 통해서 '-옴'과 '-애'의 관계를 파악할 수 있었던 것인데 하나로 화합하면서 통사적 경계가 없어지기 때문이다.

3. 형태소와 형태

형태소(morpheme)에 대한 일반적인 정의는 '의미를 지니는 최소의 단위'(smallest meaningful unit)이다. 이 정의는 Hockett(1958:123)에서 비롯되었다. 그러나 '의미를 지니는 최소의 단위'라는 형태소에 대한 정의는 적지 않은 논란의 여지를 가지고 있다. 여기서는 우선 형태소를 '의미를 지닌 최소의 단위'로 정의했을 때 생기는 문제점을 살펴보기로 한다. 이 과정을 통하여 본고에서 사용하고자 하는 문법 단위의 필요성이 자연스럽게 드러날 것이다.

첫째, 유일 형태소의 의미를 공시적인 체계에서 설명해야 한다는 부담이 따른다. 국어에서 유일 형태소의 대표적인 예로는 '착하다'의 '착', '안간힘'의 '안간' 등이 있다. 형태소를 '의미를 지닌 최소의 단위'로 보게 되면, '착'이나 '안간'의 의미를 찾아야 하는데, 이들의 의미를 제대로 파악하기란 쉽지 않다. 이들이 의미를 가졌다는 것은 다른 어휘와의 관계를 고려한 것이다. 그러므로 유일 형태소의 설정은 의미를 정확히 파악하기 어렵다는 점에서 문제가 남는다.

둘째, 공형태소를 설정해야 하는지가 문제가 된다. 공형태소는 형태는 지니고 있지만 의미는 지니지 못한다. 대표적인 예로는 15세기 국어에 나타나는 연결 어미 '-오딕'의 '오'나 둘째 설명법 어미 '-니라'의 '니'를 들 수 있다.23) 15세기 국어의 '-오딕'의 '오'는 음상은 지니지만 의미는 지니지 못한다.24) 형태소를 의미를 가진 최소의 단위로 정의하게 되면, 의미를 지니지 않는 공형태소는 문제가 아닐 수 없다.

셋째, 영형태소의 설정이 문제가 된다. 영형태소는 의미는 있지만 형태는 없다는 점에서 논란의 여지가 있다. 즉 영형태소가 의미는 지니지만 음성은 지니지 못한다. 이러한 영형태소의 설정은 다른 언어에서와 마찬가지로 국어에서도 문제를 지니고 있다. 영형태소는 가시적 단위로 실현되지 않는다는 점에서 그 설정이 필요한가 또는 가능한가가 논의의 대상이 되는 것이다. 영형태소가 실현된 대표적인 예로는 15세기 국어의 부정법을 들 수가 있다. 이러한 영형태는 대개 'ø'를 써서 구별한다.25)

넷째, '죽다'의 의미를 지닌 '숟가락을 놓다'와 같은 숙어의 처리를 생각해 볼 수가 있다. 형태소를 '최소의 유의미 단위'로 보았을 때, 앞의 숙

---

23) 공형태소에 대한 대표적인 논의로는 김영욱(1989ㄷ, 1995)를 참조. 최근의 논의로는 장윤희(1999)를 참조할 수 있다. 장윤희(1999)에서는 김영욱(1989ㄷ)처럼 공시적 분석에 있어서 통시적 변화에 대한 정보를 제공하기 위한 설정은 혼란을 초래할 수 있으므로 '화석'이라는 개념을 사용하는 것이 효율적이라는 견해를 보이고 있다. 그러나 공형태소 설정 자체에 대한 반론을 제기한 것은 아니다. '거스리-, 거리치-, 돌이-' 등의 '-이-', '빗글, 베플, 잇글-' 등의 '-을-' 등이 공형태로 분석될 수 있는 것으로 보았기 때문이다.

24) 여기서 말하는 음상(音相)은 하나의 형태가 지니고 있는 음성 형식을 말한다. 예를 들어서, '-이'는 주격 조사라는 문법적 기능을 가지고 있으며 [이]라는 음성 형식을 지니고 있다.

25) 이에 대하여 최동주(1995:53)에서는 부정법이 동일한 형식을 지녔음에도 상황의 의미 특성에 따라 다른 의미를 가질 수 있게 되는 것에 관심을 기울여, 부정법은 어떤 의미를 적극적으로 나타내는 것이 아니라, 다른 시상 형태소가 출현하지 않음에 따라 소극적으로 의미를 가지게 된다고 하였다.

어는 하나의 형태소가 되어야 한다. '숟가락을 놓다'를 더 나누게 되면, 이 숙어 본래의 뜻이 없어지기 때문이다. 이때 '숟가락', '-을', '놓-', '-다' 의 네 가지가 나름대로 하나의 형태소를 이룰 수 있다는 점을 염두에 두 지 않을 수 없다. 그러나 숙어는 관용구라는 점에서 통사적, 의미적으로 매우 특수한 성격을 띠게 되므로, 형태소의 영역에서는 분리하여 처리해 야 한다.

위에서 제시한 네 가지는 모두 형태소를 최소의 의미 단위로 보았을 때 생기는 문제에 관한 것이다. 이처럼 의미를 기준으로 하는 형태소 정 의는 여러 가지 문제가 생긴다. 그러므로 형태소가 의미를 지녀야 한다는 관념은 재고의 여지가 있다고 하겠다.

이와 다른 입장을 취한 논의로는 허 웅(1975:481~482)를 들 수 있다. 여기에서는 '-옴', '-오디'의 '오'를 "불구적 맺음씨끝"이라고 부르고 하나 의 형태소로 보고 있다. 다음은 그것에 대한 언급이다.

> (9) '-ㅁ', '-디'는 '-오/우-'만을 반드시 요구하게 되며, 그 사이에 다른 형 태소가 끼어들어가는 일은 전혀 없다. 그러나 이 '-오/우-'는 여러 가 지 일반적 맺음씨 끝에 앞설 수 있고 그 경우에는 뚜렷한 문법적 의 의를 가지고 분명히 독립된 형태소의 자격을 가지기 때문에, 불구적 맺음씨끝에 앞서는 경우에도 따로 떨어진 형태소로 보아야 한다.

이 논의에서는 형태소 확립 기준의 하나로 음운론적 실현 방식을 들고 있다. 이것들이 가지는 형태론적 교체 양상 등을 고려할 때, 형태소의 자 격을 주는 것이 가능하다고 보고 있다.

형태소를 분석해 내기 위한 하나의 기준으로 음운론적 실현 방식을 본격 적으로 도입한 논의로는 고영근(1978)을 들 수 있다. 여기에서는 Aronoff(1976) 의 논의를 수용하여 음운론적인 실현 방식의 공통성에 의해서도 형태소 자격을 줄 수 있다고 하였다.[26] 이는 형태소 설정에 대한 객관적인 기준 을 마련하려는 시도라는 측면에서 의의를 지닌다. 또한 형태소가 의미를

지녀야 한다는 기존의 정의에서 벗어날 수 있는 이론적 근거를 제시했다
는 측면도 지니고 있다.

이러한 방안은 우리가 공형태소라고 말하는 것에 대해서는 음운론적
실현 방식을 기준으로 들어 처리할 수 있도록 하고 있지만, 그에 못지 않
게 문제도 지니고 있다. 첫째, 영형태소에 대해서는 오히려 처리를 어렵
게 만들고 있다. 영형태소는 음운론적으로 실현되지 않기 때문이다. 둘째,
동음이의적인 형태들을 어떻게 구분할 것인가 하는 것이 먼저 해결되어
야 한다. 음운론적 실현 방식이 동일한 것은 모두 하나의 형태소로 처리
해야 하는가가 문제가 될 수 있다. 셋째, 의미를 가지지 않는 형태소의 설
정이 국어를 설명하는 데 있어서 어떠한 장점을 지닐 수 검토되어야 한
다. 이러한 세 가지 문제에 대하여 명확히 해 두지 않는다면, 음운론적 실
현 방식에 의한 형태소 설정 방식은 오히려 형태론의 기술에 있어서 혼란
을 가져올 우려가 있다.

형태소가 의미와 관련을 지녀야 한다는 기존의 관념에 의문을 제기한
논의로는 김영욱(1989, 1995)를 또한 들 수 있다. 여기에서는 공형태소나
영형태소 등 기존의 논의에서 문제를 가지고 있는 것들을 처리하기 위하
여 형태의 층위와 형태소의 층위를 구분하였다.27) 즉 형태소는 기능과 관

---

26) Aronoff(1976)에서는 단어 형성에 있어서 기본 단위는 형태소가 아니라 단어라
  는 '단어 어기 가설'을 주장하기에 이르렀다. 그 주장의 근거는 형태소 중에는
  'cranberry' 형태들의 'cran-'이나 라틴계 단어인 'permit, transmit' 등에 나타나
  는 '-mit'와 같은 형태에는 일정한 의미를 부여할 수 없다는 것이었다.

27) 후기 중세국어의 확인법 선어말 어미를 그 예로 들어 형태(morph)와 형태소의
  구분을 살펴보면 다음과 같다. 후기 중세국어에서 확인법 선어말 어미는 하나
  이상의 형태를 통하여 실현된다. 이것은 비타동사와 결합할 때는 '-거-'로, 타
  동사와 결합할 때는 '-어-'로, '오다' 동사 뒤에서는 '-나-'로 실현된다. 이 경우
  '-거-/-어-/-나-'의 세 형태는 확인법 선어말 어미라는 형태소의 이형태(allomorph)
  가 된다. '이형태'라는 용어는 그것이 동일 형태소에 속하는 여러 형태들 가운
  데 하나라는 것을 특히 명시하고자 할 때 쓰게 된다. 반면에 '-거-/-어-/-나-'의
  세 가지를 포괄하는 형태소는 추상적인 존재로서 머릿속에 있는 것이다. 우리

런된 추상적인 언어 단위로, 형태는 추상적인 언어 단위가 실현된 실제적인 음성 단위로 구별하고 있다. 이러한 태도는 Brown & Miller(1980), Beard(1998) 등에서도 찾아볼 수 있다.[28]

김영욱(1989, 1995)에서는 형태소와 형태를 이처럼 구분하고 이 둘의 관계는 실현 규칙(realization rule)에 의해서 매개된다고 하였다. 이것을 간략하게 형식화하면 다음과 같다.

(10) R(M) = M′(R = Realization rule, M = Morpheme, M′ = Morph)

이 규칙에 따라 형태소와 형태의 대응 양상을 살피면, 여러 가지가 있을 수 있다. 형태소와 형태가 일대일로 대응할 수도 있고, 형태소에 대응되는 가시적(overt) 형태가 없는 경우도 있으며, 여러 가지의 형태소가 하나의 형태에 실현되기도 한다. 여기서 김영욱(1995, 1997)에 보이는 굴절 형태부의 기본 단위 중의 하나인 문법 형태소(약칭 M)가 형태로 실현되는 과정을 그림으로 보이면 다음과 같다.

(11) 유형1 : R(M) = M′
　　 유형2 : R(M+⋯+M) = M′
　　 유형3 : R(M) = ø
　　 유형4 : R(M) = M′+⋯M′
　　 유형5 : R(ø) = M′

가 실제로 대할 수 있는 것은 이형태인 것이다. 그리고 이형태를 가지지 않는 형태소는 해당 형태소의 유일 이형태(unique allomorph)가 된다고 할 수 있다. 이처럼 추상적인 존재로서 머릿속에 있는 것은 '형태소'가 되고 이형태로 실현되어 가시적으로 표현된 음성 실현물이 '형태'가 된다.

28) Brown & Miller(1980)에서는 형태(morph)와 형태소(morpheme)의 층위를 따로 설정하고 있다. Beard(1998)에서는 음운론적 작용과 문법론적 작용을 분리하는 것은 모든 형태론적 비대칭을 간단히 설명할 수 있게 해 준다고 보고 있다.

먼저 유형1은 하나의 형태에 하나의 형태소가 대응되는 경우이다. 유형2는 하나의 형태에 둘 이상의 문법 형태소가 실현된 것이다.[29] 이런 형태를 '화합 형태'라고 하며 이때의 실현 규칙을 화합(amlgamation)이라고 한다.[30] 유형3의 경우, 형태소는 가시적으로 존재하는데 형태는 가시적으로 실현되지 않는다. 이때 ø는 영형태라고 부르는 것이다.[31] 유형4는 하나의 문법 형태소가 여러 가지의 형태로 실현되는 경우이다. 이때, 분포 환경에 따라 다르게 나타나는 형태들을 이형태라고 한다. 이러한 이형태들은 서로 상보적인 분포를 보이므로, 이 둘은 결코 같이 나타나는 법이 없다. 유형5는 형태가 문법적 기능을 지니지 않는 것으로, 공형태라고 부르는 것이다.

그러나 위의 5가지 유형이 모두 공시적으로 가능할 것인지는 좀더 생각해 볼 여지가 있다. 그 중에서도 유형2와 유형5가 특히 문제가 된다. 먼

---

29) 여기에 속하는 예로는 15세기 국어에서 선어말 어미 '-더-'와 '-오-'의 결합이 하나의 형태로 나타나는 '-다'를 대표적으로 들고 있다. 그러나 이 경우 '-다'를 하나의 형태로 보아야 하는지는 의심스럽다. 15세기 국어에서 선어말 어미 '-시-'가 '-오-'와 결합할 때는 '-샤+ø'로 처리하는 것과 선어말 어미 '-더-'와 '-오-'의 결합은 '-다+ø'로 처리하는 것이 합리적일지 모른다. '-더-'와 '-오-'의 결합이 '-다'가 되는 것은 음운론적으로는 설명이 어렵다.

30) 화합에 대한 일반적인 개념은 두 개 이상의 형태 또는 형태소가 만나서 음절이 축약되는 공시적인 현상을 이른다. 그런데 본고에서는 김영욱(1995:51~52)를 따라, 통시적인 경우도 화합이라고 이르게 될 것이다. 공시적인 생성 과정에서 일어나는 형태소의 화합은 '더+오→다'를 들 수가 있다. 반면에, 통시적인 경우의 화합은 두 가지의 문법 형태의 기능이 역사적 변화에 의해 하나로 합쳐진 것을 이르게 된다. 예를 들어서 선어말 어미인 '-거-'의 이형태인 '-어-'와 ㅎ라체의 명령형 어미인 '-라'가 하나의 형성소인 현대국어의 명령형 종결 어미 '-어라'가 되었을 때, 중세국어와 비교하면 음상의 변화는 없었으나 문법 기능적인 면에서는 두 가지의 문법 형태의 기능이 한 가지로 합쳐진 것인데 이 경우도 '화합'이라고 할 수 있다.

31) 유형3의 설정은 가시적인 형태와 통합 관계 또는 계열 관계를 이룰 수 있는지가 먼저 명백히 밝혀지지 않으면 안 될 것이다.

저 유형2를 형태소와 형태소의 결합으로 파악하는 것은 곤란하다. 유형2
는 역사적인 변화를 반영한 것일 뿐이지 공시적인 체계에서도 유형2가
가능하다고는 보이지 않는다. 김영욱(1995:52)에서는 유형2의 대표적인
예로 현대 국어의 명령형 어미 '-어라'를 들고 있는데 추상적인 형태소의
층위에서 과연 '-어라'의 '어'와 '라'가 형태소의 자격을 지니고 있는 것
들인지 의심스럽다.32) 만약 형태소의 층위에서 형태소의 자격을 지니고
있다면, 유형2의 '어'가 확인법 선어말 어미 '-거/어-'와 어떤 관련을 지니
고 있는지가 먼저 밝혀져야 할 것이다. 그리고 '-라'는 형태의 층위에서
반드시 '-어-'를 필요로 하는데, 이는 어떠한 이유 때문인지가 밝혀져야
할 것이다.33)

유형5의 공형태소와 유형2의 화합형은 사실 그 차이가 잘 드러나지 않
는다. 김영욱(1995)에서는 유형5에 대해서 형태의 역사적 변화 과정이 일
시에 일어나는 것이 아니라 여러 세대 혹은 여러 세기에 걸쳐 일어나므
로 과도적인 단계에서 보이는 것으로 나중에 소멸되거나 화석화한다는
특성을 지니게 되는 것으로 파악하고 있다. 이 경우 소멸하는 것은 공형
태이고 그렇지 않은 것은 화합형인 것으로 생각되는데, 이것을 공형태와
화합형을 가르는 객관적인 기준으로 삼기는 어려울 것 같다.

유형5에 속하는 형태로 후기 중세국어의 '-옴-', '-오디', '-오려', '-오마'
등의 '오'를 들고 있는데, 이때 '오'가 분석 가능한 것인지의 여부도 밝힐
필요가 있다. 이 경우들에 있어서 '오'가 형태소 층위에서 하나의 형태소

---

32) 역사적으로 보면, 명령형 어미 '-어라'는 확인법 선어말 어미 '-어-'와 명령형
어미 '-라'로 분석된다.
33) 만약 후기 중세국어에 나오는 '-거든'의 '거'와 '든'이 형태소의 층위에서 존재
한다고 보면, 종래 계열관계나 통합관계를 고려하여 '-거든'을 하나로 묶어서
설정하는 방법은 그 유효성을 잃어버리게 되는지도 궁금하다. 그동안 후기 중
세국어에 대한 설명에서는 '-거든'을 묶어서 설명해 왔기 때문이다. 김영욱
(1995)에서도 '-거든'은 하나로 묶어서 처리하고 있다.

가 된다면, 이것은 분석 가능해야 할 것이기 때문이다. 공형태소가 형태소의 층위에서 의미는 지니지 못하고 음성적 정보만을 지닌다고 하더라도 하나의 형태소이어야 할 것이다.

그러므로 이처럼 공형태소나 영형태소 등을 도입해서 처리하려는 노력이 공시적인 틀에서는 적지 않은 의문을 남기고 있는 것이 사실이다. 그러나 문법 형태소의 사적인 변화와 관련해서는 유용한 설명을 제공할 여지를 남기고 있다. 변화하는 형태들을 공시적으로 처리하려는 의도를 가지고 있기 때문이다. 특히 화합 형태인 유형2와 공형태인 유형5에 대한 논의는 변화하는 형태들의 모습에 대하여 효과적인 설명의 틀을 제공해 줄 수 있다는 점에서 흥미롭다.

그리고 이러한 설명이 가지는 장점은 무엇보다도 역사적인 변화를 보이는 것들을 공시적인 체계에 끌어들여 설명해 내는 데 유용하다는 것이다. 그러므로 공형태소나 화합 형태를 공시적인 체계 속에서 좀더 합리적으로 파악할 수 있는 방법을 마련하는 것은 의미 있는 작업이 될 것이다.

4. 형성소와 구성소

우리는 앞에서 형태소에 대한 종래의 정의가 지닌 문제점들에 대해 생각해 보고 이를 극복할 대안을 제시한 일련의 논의들을 살펴보았다. 그리고 이러한 논의들에서 주장된 것이 공시적인 체계를 설명하는 데 있어서는 다소 문제를 지니고 있기는 하지만 통시적인 현상을 설명하는 데 있어서는 유용하게 쓰일 수 있다는 것도 지적하였다. 본고에서는 이러한 문제를 해결하기 위한 한 방법으로 구성소와 형성소의 개념을 도입하기로 한다. 여기서는 연결 어미를 논의하는 본고의 특성상 문장의 형성과 직·간접적으로 관련이 있는 문장 형성소와 구성소에 대하여 살펴보기로 한다.

본고에서 사용하는 문장 형성소와 구성소에 대한 개념은 고영근(1993)에서 제시된 것에 토대를 두고 확대한 것이다. 그러므로 고영근(1993)에서 이루어진 문장 형성소와 구성소에 대한 논의를 먼저 살펴볼 필요가 있다.

고영근(1993)에서는 문장 형성소는 어미부에 자유롭게 위치하여 문장의 성격을 바꾸는 힘을 지니고 있는 것으로, 다른 어휘적 요소나 문법적 요소와 마찬가지로 문장 형성의 직접적 요소가 되는 것으로 보았다. 반면에, 문장 구성소는 분리적인 성격을 지닌 형성소와 구별되지만 훌륭한 형태소의 자격을 지니는 것으로 보았다. 다만 여기에 속하는 선어말 어미류는 반드시 다른 어미를 뒤에 세우거나 앞세워야만 문장 구성에 참여할 수 있는 것이라고 하였다. 대표적인 예로 현대국어의 '-습니다', '-습니까'에 보이는 '-니-'를 들고 있다. 이 '-니-'는 '-습디다', '-습디까'의 '-디-'와 계열 관계를 이루므로 형태소로 분리된다고 하였다. 이처럼 문장 구성소도 계열 관계나 통합 관계를 만족시키는 것이어야 한다.

본고에서 사용하게 되는 문장 형성소에 대한 개념은 고영근(1993)과 거의 유사하다. 그러나 문장 구성소의 개념은 차이가 있다. 고영근(1993)에서의 문장 구성소는 계열 관계나 통합 관계를 중시하는 데 비하여 본고에서의 문장 구성소는 음운론적 실현 방식의 공통성을 중시하게 될 것이다. 그런데 구성소와 형성소의 개념을 살피기 전에 먼저 어휘부에 대하여 언급하지 않을 수 없다. 본고에서 생각하는 어휘부의 제시가 먼저 이루어져야 본고의 논의 방향에 대한 이해가 쉬워지기 때문이다.

본고에서 제시하는 어휘부의 모델은 기존의 논의에서 제시되었던 것처럼 인간의 머리 속에 있는 어휘나 접사의 저장 창고라는 기존의 견해에서 벗어나지 않는다.[34] 그런데 본고에서 가정하는 어휘부는 크게 셋으로

---

34) 기존의 논의로는 구본관(1990), 박진호(1994), 채현식(1994), 시정곤(1994), 송원용(1998) 등이 있다.

나뉘어 있다. 활성 어휘부, 비활성 어휘부, 어휘 분석부의 셋이 그것이다.[35] 활성 어휘부에 들어 있는 것은 통사론에 직접 관여하는 개별 활용 어미를 포함하는 모든 어휘 부류들이다. 비활성 어휘부에는 통사론에 직접 참여하지 못하는 접사 부류들이 저장된다. 어휘 분석부는 활성 어휘부에 존재하는 어휘 부류들의 내적 구조를 확인하여 분석하는 역할을 한다. 이러한 비활성 어휘부와 어휘 분석부는 통사부와 직접적으로는 관련을 맺을 수가 없다.

우리는 여기서 활성 어휘부에 있는 문법 형태를 형성소라고 하고, 비활성 어휘부에 있는 것을 구성소라고 하여 구분하기로 한다. 먼저 문장 형성소는 어미부에 홀로 위치하며 다른 어휘적 요소나 문법적 요소처럼 문장을 형성할 때 직접 참여하는 것을 이르기로 한다. 이처럼 문장 형성소에 속하는 것으로는 현대국어의 '-시-', '-었-', '-겠-' 따위를 들 수가 있다. 이러한 것들은 모두 어미부에 위치하며, 계열 관계와 통합 관계를 고려할 때 그 분석이 쉽다는 특징을 가지고 있다.

반면에 문장 구성소에 속하는 것들은 반드시 다른 어미를 뒤에 세우거나 앞에 세워야만 문장 구성에 참여할 수 있다. 이러한 문장 구성소는 의미보다는 음운론적 실현 방식을 중요시해서 나온 결과이다. 현대 국어 '-거든'의 '거'나 15세기 국어 '-오디'의 '오'는 모두 그 의미가 불분명하거나 존재한다고 보기 어려운 것들이다. 그러나 본고에서는 이러한 것들이 가지는 음운론적 실현 방식에 주목하여 이들을 구성소의 영역에 속하는 것으로 보기로 한다. 이러한 처리는 그 음운론적 실현 방식이 동일한 것들을 하나로 묶을 수 있는 토대를 마련해 줄 것이다.

15세기 국어의 연결 어미 '-오디'를 예로 들어 문장 구성소를 설명하자면, 이때의 '-오디'는 선어말 어미 '-오', 명사형 어미 '-옴'의 '오'가 보이

---

35) 이러한 분류는 송원용(1998)에서도 시도한 바가 있다. 송원용(1998)에서는 박진호(1994)에서 표층과 심층으로 이분한 것에, 어휘 분석부를 더하여 삼분하고 있다.

는 음운론적 실현 방식의 공통성에 근거하여 '오'와 '디'로 분석해 볼 수가 있다. 이때, '오'와 '디'는 각각 구성소에 속하는 것으로 파악하기로 한다. 반면에, '-오디'는 형성소에 속하기 때문에 통사적 구성에 직접 참여할 수 있다.[36]

이처럼 형성소와 구성소를 구별하게 되면, 형태를 분석하는 데 있어 적지 않은 도움을 받을 수 있다. 앞에서도 언급했지만, 국어에는 형태소의 개념만을 가지고는 세심하게 설명하기 어려웠던 부분들이 있다. 대표적으로 위에서 논의한 '-오디'의 '오'는 형태소 설정을 할 수 있는지가 문제가 되었던 것이다. 그러나 구성소와 형성소를 나누어 보게 되면, 종래의 형태소 개념에 따른 분석에서는 설명이 어려웠던 부분에 대하여 세부적인 설명이 가능해진다.

이러한 관점은 또한 단어의 공시적인 측면과 통시적인 측면을 고려한 것이며, 문장 형성과 어휘 부류 형성의 효율성도 고려한 것이라 할 수 있다. 실제로 역사적인 과정을 보면, 형성소와 구성소는 밀접한 관련을 맺고 있다. 구성소는 형성소가 역사적인 변천 과정을 거친 것이기 때문이다. 물론, 형성소가 구성소로 변하는 역사적인 변천 과정을 모든 구성소에서 관찰할 수는 없지만, 구성소와 형성소가 보여 주는 제양상은 '형성소>구성소'라는 추론을 가능케 한다. 이는 어휘 부류의 형성은 시간의 흐름이라는 통시성과 밀접한 관련을 지니고 있기 때문에 가능한 것이다.[37]

---

36) 사실 언어 단위의 접근에는 크게 두 가지가 있다. 하나는 기호(記號)인 언어가 가진 기의(記意)에 접근하는 방식이고, 다른 하나는 언어가 가진 기표(記標)에 접근하는 방식이다. 이 둘은 서로 다른 것이다. 기표와 기의는 원래 자의적인 관계임을 파악한다면, 이 둘이 사실 별개라는 것은 별로 이상한 일이 아니다. 하나의 기호가 있을 때, 이 기호의 기표와 기의가 서로 필연적인 관계를 맺을 필요는 없는 것이다. 다만 이것들이 인간들의 약속에 의하여 서로 관계를 맺는 것이다. 그러므로 이들은 원래 다른 것이었던 까닭에 이들이 서로 다른 해석을 받는다는 것은 하등 이상할 이유가 없다. 의미는 의미대로 해석을 받는 것이고, 음성은 음성대로 해석을 받아 실현되는 것이다.

여기에 속하는 대표적인 예로 현대국어의 연결 어미 '-거든'을 들 수 있다. '-거든'의 '거'는 원래 확인법의 형성소이었던 것이 '-거든'으로 문법 형태화하면서 '든'을 반드시 뒤에 내세워야만 문장 구성에 참여할 수 있는 구성소가 된다. 이를 통하여 역사적으로 '형성소>구성소'의 변화 방향을 확인할 수 있다.

여기서 다시 김영욱(1997)에서 상정한 공형태소에 대해서 논의해 볼 필요가 있다. 김영욱(1997)에서는 15세기 국어 '-오디'의 '오'를 대표적인 공형태소에 속하는 것으로 보았다. 이러한 공형태소는 형성소와 구성소 영역 중 어디에서 다루어야 하는지 생각해 볼 필요가 있다. 먼저 공시적으로 볼 때, '-오디'의 '오'는 문장의 형성과 직접적인 관련을 가지고 있지 못하다는 점을 고려해야 한다.[38] '-오디' 전체가 문장의 형성과 직접적인 관련을 지닌다. 이 점을 고려한다면 '-오디'의 '오'는 하나의 형성소가 될 수 없을 것이다.

반면에 이것을 구성소로 보는 것은 자연스럽다. '-오디'의 '오'가 보이는 음운론적 실현 방식에 유의한다면, 선어말 어미 '오'와 동일한 양상을 보여 주므로 음운론적 실현 방식의 공통성에 기초하여 공시적으로 '오'를 분석해 볼 수 있다. 동시에 '-오디'의 '오'는 혼자서는 쓰일 수 없고, 다른

---

37) 대표적으로 살펴보면, '-오디'의 '오'는 원래 형성소로서 기능을 가지고 있었던 것이라 할 수 있다. 그런데 이것이 문법 형태화하면서 제 기능을 잃어버리게 되고 구성소로서만 분석이 가능하게 된 것이다. 3. 6에서 자세히 언급하게 될 것이다.

38) 그런데 '-오디'의 '오'가 문장 구성에 직접적으로 참여할 수 있다고 보는 견해도 존재한다. 이러한 입장을 취하는 대표적인 논의로는 전정례(1995)가 있다. 여기에서는 15세기 국어 '-오디'의 '-오-'가 '명사구 내포문 표지'의 기능을 가지고 있으므로, '-오-'와 '-디'로 분석해 볼 수 있다고 하였다. 그러나 15세기 국어의 '-오디-'의 '오'가 '명사구 내포문 표지'의 기능을 가지고 있는지는 의문이다. 전정례(1995:149)에서도 밝혔다시피, 후기 중세국어에서의 모든 '오디' 구문이 이러한 명사성을 갖는 것은 아니며 변천 과정에서 일부에만 위축되어 남아 있다고 보아야 하기 때문이다.

어미를 앞에 세우거나 뒤에 세워야만 쓰일 수 있다는 점도 염두에 둘 수 있다. 이처럼 '-오디'의 '오'는 문장의 형성과 직접적인 관련을 맺을 수 없으므로 이것은 구성소의 영역에 속한다. 그런데 이 '-오디'의 '오'는 앞에서도 언급했다시피 음상은 지니지만 의미는 지니지 못한다. 이처럼 음운론적 실현 방식의 특수성에 기대어 구성소의 자격을 지니면서 의미는 지니지 못하는 것을 본고에서는 공구성소로 부르기로 한다.

이제까지의 논의를 정리해 보면 다음과 같다.[39]

문장 형성소 : 어미부에 홀로 위치하며 다른 어휘적 요소나 문법적 요소처럼 문장을 형성할 때 직접 참여하는 것이다. 문장 형성소에 속하는 대표적인 예로는 현대국어의 '-시-', '-었-', '-겠-' 따위를 들 수가 있다. 이러한 것들은 모두 어미부에 위치하며 분석이 쉽다는 특징을 가지고 있다. 어휘부에서는 활성 어휘부에 위치하고 있다.

문장 구성소 : 분리적인 성격을 지니고, 형성을 하는 데 쓰인 문장 형성소와 대조적인 위치에 있는 것으로, 여기에 속하는 것들은 반드시 다른 어미를 뒤에 세우거나 앞에 세워야만 문장 구성에 참여할 수 있는 것이다. 문장 구성소에 속하는 대표적인 예로는 현대국어 연결 어미 '-거늘', '-거든'의 '거'나 어말 어미 '-습니다'의 '니' 등을 들 수가 있다. 어휘부에서는 비활성 어휘부에 위치하고 있다.

공구성소 : 구성소에 속하는 것으로 음상은 있지만 의미는 지니지 못하는 것이다. 나중에 소멸하게 되는 부류이다. 대표적인 예로는 15세기 국어 '-오디'의 '오'나 '-올브터'의 '올' 등을 들 수가 있다. 공구성소도 구성소에 속하는 것이므로 어휘부에서는 비활성 어휘부에 위치하게 된다.

---

39) 이후의 논의에서는 종래의 형태소라는 용어 대신 가능한 한 본고에서 이제까지 논의한 형성소나 구성소라는 용어를 주로 쓰게 될 것이다. 그러나 설명상 필요에 따라서는 형태소라는 용어도 계속 사용하게 될 것임을 여기에 밝혀 두는 바이다.

다음은 형성소와 구성소의 구별에 관한 것이다.

	형성소	구성소
어휘부의 역할	형성의 측면과 관련	분석의 측면과 관련
형성과의 관련	통사적 요소의 형성과 관련을 지닌다	통사적 요소의 형성과 관련이 없다.
통사부의 역할	통사적 구성에 독자적으로 참여할 수 있다.	통사적 구성에 독자적으로 참여할 수 없다.

5. 기능과 형태의 관련성

5.1 기능과 형태의 관계

형태의 변화는 형태의 '형식'과 관련된 변화와 형태의 '기능'과 관련된 변화가 있다. 형식의 변화는 음운사와, 기능의 변화는 문법사와 관련을 시켜볼 수 있다. 형식의 변화와 기능의 변화가 관련성을 지녔다는 사실을 잘 보여 주는 예로는 '-어 잇->-엣->-엇-'의 변화를 들 수 있다. 이 변화의 과정에서 완결 지속의 의미를 지니고 있을 때는 '-어 잇-'이 쓰이지만, 과거의 의미를 지니는 형태소로 바뀌면서 점차 '-엇-'으로 축약된다.

Bybee(1985:138~139)에서는 어휘 형태소 및 그것의 통합이 문법 형태소로 발전되어 가는 과정은 ① 구체적 어휘 의미가 추상적인 문법적 의미 기능으로 전화되어 가는 현상, ② 사용 분포의 확대 현상, ③ 형태의 음운론적 축약 내지는 융합과 관련된 것으로 파악하였다. ③의 형태의 음운론적 축약 내지 융합은 형태의 기능과 형태의 형식이 문법 형태화의 과정에서 보여 줄 수 있는 관계에 대하여 설명을 해 주는 것으로 볼 수 있다.[40] 그러므로 이러한 형식의 변화는 문법 형태화에 대한 하나의 증거

가 될 수도 있다. 그러나 형식의 변화가 반드시 기능의 변화와 관련을 지
니는 것은 아니므로, 형식의 변화를 기능 변화의 절대적 증거로 삼아서는
곤란하다.

본고에서 다루고자 하는 '-거든'의 '-든'도 형식의 변화와 기능의 변화
가 관련을 지니는 예에 속한다. '[[[관형사형 어미]#의존 명사]+보조사]'
의 구성인 '[[[-ㄹ]#ᄃ]+-은]'이 '-ㄹ든'으로 연결 어미화하고 여기서 '-ㄹ'
이 공구성소화한 다음에 다시 소멸하는 과정을 거치게 된다.

이처럼 기능과 형태의 변화가 관련성을 가질 때, 이 둘이 가지는 양상은
크게 세 가지가 있을 수 있다. 이 양상들은 다음과 같이 정리해 볼 수 있다.

(12) (ㄱ) 기능의 변화 = 형태의 변화
    (ㄴ) 형태의 변화 ⇒ 기능의 변화
    (ㄷ) 기능의 변화 ⇒ 형태의 변화

(12ㄱ)은 기능의 변화와 형태의 변화가 동일한 시기에 일어나는 변화이
다. 이는 언어 변화의 측면에서 보면, 이상적이라고 할 수 있다. 기능의
변화와 형태의 변화가 동시에 일어난다는 점에서 화자들은 기능의 변화
를 통하여 형태의 변화를 충분히 미루어 짐작할 수 있기 때문이다. 그러
나 실제로 자연 언어에서 이처럼 기능과 형태의 변화가 정확히 일치하는
예를 찾기란 매우 어렵다. 군이 문헌에서 이를 반영하는 예로는 '-어 잇
-'>'-엣-'>'-엇-'의 변화를 통해서 과거의 형성소가 형성된 것을 들 수가

---

40) 이에 대한 자세한 설명은 이 용(1992:47~49)를 참조. 이 용(1992)에서는 '-어
   잇->-엣->-엇-'의 변화를 관찰하여 이를 이 세 가지 현상에 맞추어 설명한
   바 있다. ①의 경우에는 '-어 잇-'이 '-엣-'을 거쳐 '-엇-'이 되면서, 본래의 '-어
   잇-'의 의미와는 달리 포괄적으로 쓰이고 의미가 쉽게 분석되지 않을 만큼 추
   상적이다. ②의 경우에는 '-엇-'은 전에 '-어 잇-'이 가졌던 것보다 넓은 분포를
   가지고 쓰인다. ③의 경우에는 '-엇-'은 '-어 잇-'이 '-엣-'의 과정을 거치면서
   축약을 경험하게 된다.

있다. '-어 잇-'은 완결 지속의 의미를 지니고 쓰이지만, '-엣-'은 완결 지속과 과거의 의미를 동시에 지니고, '-엇-'의 단계에 이르러서는 과거의 의미를 지니는 것으로 보아야 한다. 그러나 이 경우에 있어서 기능의 변화와 형태의 변화가 동시에 일어났는지는 의문이다.

(12ㄴ)은 기능의 변화가 형태의 변화가 이루어진 후에 일어나는 경우이다. 이러한 예는 국어의 역사 속에서 좀처럼 발견되지 않는다. 다소 미흡하기는 하지만 다음과 같은 예에서 형식의 변화가 기능의 변화를 촉발하는 것을 볼 수 있다. 15세기 국어에서 '-인'는 '-의'와 교체를 이루면서 속격 조사와 처격 조사로 쓰였던 것이었다. 'ㆍ'가 소멸하게 되자 많은 변화가 일어난다. 속격 조사의 경우에는 'ㆍ'의 소멸로 변별성을 잃고 '의'와 통일되어 쓰이게 되고 처격 조사의 경우에는 쓰이는 예가 보이지 않게 된다. 이 경우 '-인'를 중심으로 보게 되면 음운의 변화가 형태의 변화에 영향을 미치게 되고 이것이 기능의 변화를 가져왔다고 해석해 볼 수 있다.

(12ㄷ)은 기능의 변화가 형태의 변화가 이루어지기 전에 일어나는 경우이다. 이 경우에 기능의 변화는 형태의 변화를 가져온다.[41] 여기에 속하는 예로는 본고의 3. 5에서 살펴보게 될 '-ㄹ든'을 들 수가 있다. 원래 '[[[관형사형 어미]#의존 명사]+보조사]'의 구성인 '[[[-ㄹ]#ㄷ]+ -은]'이 '-ㄹ든'으로 어미화하여 기능의 변화가 일어나면서 '-ㄹ'이 공구성소화하게 되자 이 공구성소는 나중에 소멸하는 과정을 거치게 된다. 그리고 '-거시늘, -거시든'에서의 '-거…늘, '-거…든'처럼 불연속적인 현상을 보이는 것들도 여기에 속하는 대표적인 예가 된다. 이것은 기능의 변화를 형태의 변화가 따르지 못하는 데서 생기는 과도기적인 형태라고 할 수가 있다. 이러한 불연속적인 현상은 불안하므로, 곧 안정된 상태를 찾으려고 하기 마련이

---

41) 일반적으로 문법화한 형태는 축소되는 경우는 있어도 형태가 확장되는 경우는 없다. 그리고 이처럼 문법 형태화한 형태가 축소되면 이것을 다시 복구하기가 어렵다.

다. 그러한 까닭에 이동이 일어나게 된다.[42]

이처럼 형태의 변화와 기능의 변화 양상은 세 가지로 나뉘어 이루어질 수 있다. 자연 언어에서의 변화가 (12ㄱ)처럼 '형태의 변화=기능의 변화'로 이루어져 있다면, 국어사 연구는 그만큼 단순화될 수 있을지 모른다. 그러나 국어 문법사에서 보이는 변화는 (12ㄱ)의 유형만 존재하는 것은 아니므로, 형태와 변화와 기능의 변화가 가지는 관계의 양상에 대해서 정확히 파악하는 것은 중요하다.

5.2 형성소의 변화와 소멸

여기에서는 '-거늘', '-거든' 등에 나타나는 '거'를 중심으로 형성소가 변화하는 모습을 살펴보기로 한다. '-거늘', '-거든'의 '거'는 원래 문장의 형성에 참여할 수 있는 형성소였으나 역사적인 변천을 거쳐서 어휘 분석부에서만 분석이 가능한 구성소가 된다. 이러한 형성소>구성소의 변천 과정을 살펴보기로 한다. 이는 문법 형태화와 밀접한 관련을 지닌다.

먼저 '-거든'의 예를 중심으로 보면, 기존의 연구에서 고려 시대 음독 구결 '-거든'은 [ㆍ圡入ㄱ(ㅎ거든)<기림사본 2:30ㄱ>, ㆍㄷㅊㄱ(ㅎ시든)<기림사본 3:48ㄱ>]의 관계를 고려하여 '-거'와 '-든'을 형태소로 분석해 온 것이다.[43] 그런데 이러한 분석은 15세기 국어의 단계에 들어서면 상황이 달라진다. 그동안 '-거든'을 '-거-'와 '-든'으로 분석해야 하는지부터가 논란의 대상이 되기 때문이다. 즉 '-거든'의 분석 여부에 대해서 분리직인 입장과 통합석인 입장으로 갈렸다고 할 수 있다.

먼저 분리적인 입장에서는 다음과 같은 세 가지 점을 고려하여 분리하는 것이 좋다고 주장한다.[44] 첫째, 음운론적 실현 방식이 확인법의 '-거/

---

42) '불연속 형태'와 '이동'에 대해서는 뒤에서 다시 논의하게 될 것이다.
43) 자세한 설명은 3.6을 참조

어-'와 같다. '-거/어늘', '-거/어든'의 '거/어'가 타동과 비타동에 따른 교체를 보인다.[45] 둘째, '-거든'과 '-더든'의 계열 관계를 생각해야 한다. '-거-'와 '-더-'는 15세기 국어에서 계열 관계를 이루고 있다. 그러므로 계열 관계를 단순하게 고려한다면, 이 둘은 형태 분석될 가능성이 많다. 또한 '-거시든', '-더시든'의 출현도 '-거-+-든', '-더-+-든'의 분석 근거가 될 수 있다. '-거든', '-더든'이 하나의 형태소로 굳어졌다면, '-시-'가 끼어 든 것처럼 보이는 '-거시든', '-더시든'은 나올 수 없다. 이러한 두 가지를 고려할 때, 위의 예문에서 '-거든'과 '-더든'은 '-거-+-든'과 '-더-+-든'으로 분석될 가능성이 있다. 셋째, 의미적인 측면을 고려할 수 있다. 장윤희(1991)에 의하면, '-거든'은 화자가 조건 상황에 대하여 적극적으로 확인하여 강조함으로써 그 조건의 실현 가능성이 '-(으)면'보다 강조되었을 때 쓰인다고 한다.[46] '-더든'은 선행절의 상황을 돌이키는 회상의 과정을 반드시 요구한다.[47] 이 경우 회상의 과정은 '-더-'가 지닌 기능과 밀접한 관련이 있음에 틀림없다.

반면에 통합적인 입장에서는 다음과 같은 이유를 들어 분석에 부정적인 입장을 취한다.[48] 15세기 국어에 있어서 '-거늘/-어늘', '-거든/-어든'의 '-거/어-'가 통합 관계상으로는 '-거/어-'가 빠진 '*-늘, *-든'이 없고 계열 관계상으로는 '-거/어-'의 자리에 다른 형태소가 대치된 '*-ㄴ늘, *-더늘, *-ㄴ든' 등의 어미도 없기 때문에 '거', '늘', '든'을 형태소로 보는 것은

---

44) 분리적인 입장으로는 대표적으로 허 웅(1975)를 들 수가 있다.
45) '-거/어-'의 교체에 대해서는 고영근(1980)을 참고. 고영근(1980)에는 '-거든'이 '不可型'에 속한다. '不可型'은 '거'의 선택은 불규칙적이나 '-어-'의 선택은 규칙적인 경우를 말하는 것이다.
46) 장윤희(1991:41)에 의하면, 이러한 '-거든'의 의미적 특징은 '-거든'으로 조건이 제시된 후행절에 확실성을 띤 양태부사 '능히'가 공기하고 있다는 점에서 확인할 수가 있다고 한다.
47) 장윤희(1991:57)을 참조
48) 여기에 속하는 대표적인 논의로는 고영근(1987=1997)을 들 수가 있다.

문제가 있다.

그런데 이러한 논란에 대하여 본고에서는 문장 형성소와 문장 구성소의 개념을 도입하면 기존의 논의보다 명확히 설명할 수 있다고 본다. 그러면 '-거늘', '-거든'의 '거', '늘', '든'을 모두 문장 형성소와 문장 구성소의 개념을 도입하여 설명해 보기로 한다.

우선 문장 구성소의 개념을 도입하여 '-거든'의 '거'를 분석하기 위해서는 다음과 같은 점을 고려할 필요가 있다. 첫째, '-거든'의 '거'가 보여주는 음운론적 실현 방식이 15세기 국어의 확인법 선어말 어미 '-거/어-'와 동일한 양상을 띤다. 둘째, 확인법 선어말 어미와는 배타적이다. 셋째, 장윤희(1991)에서 언급한 것처럼 조건 상황에 대하여 화자가 적극적으로 확인하여 확정하는 의미를 지니고 있다. 넷째, '-더든'처럼 부분적인 계열 관계를 이루는 것이 존재한다. 그런데 구조적으로 볼 때, 이때의 '거'는 반드시 다른 어미를 뒤에 세우거나 앞에 세워야만 문장 형성에 참여할 수 있다는 점에서 문장 구성소가 된다고 할 수 있다. 이러한 것은 '-거늘'의 '거'에도 마찬가지로 적용이 된다.

이러한 처리 방식은 공시적인 틀 속에서 통시적인 고려를 가능하게 한다는 장점을 지닌다. 앞에서도 언급했다시피 '-거든'의 '거'는 고려시대 음독 구결의 시기까지만 해도 형성소로서의 기능을 가지고 있던 것이기 때문이다. 이와 관련하여 고려시대 음독 구결 시기에는 형성소였던 것이 15세기 국어에서는 구성소로 변했다면, 우리는 '형성소>구성소'의 가능성을 상정해 볼 수 있을 것이다.

'-거든'과 다른 양상을 보이는 것이 있다. 그것은 15세기 국어의 '-오더'이다. 이 '오'는 '-거든'의 '거'와는 사정이 다르다. '-오더'의 '오'는 '-거든'의 '-거-'와는 달리 의미를 가지지 못하고, '-더든'처럼 부분적으로 계열 관계를 보이는 형태들도 발견되지 않기 때문이다.

그동안 15세기 국어의 '-오더'의 '오'에 대해서는 많은 논의가 있었고,

15세기 국어에서는 두 가지로 그 견해가 갈려 왔다. '-거든'이나 '-거늘'과 마찬가지로 '오'를 형태소 설정하느냐 마느냐가 논의의 초점이었다.

먼저 '오'를 형태소로 설정하는 것에 대하여 부정적인 입장에서는 통합 관계의 기준을 만족시키지 못하는 데 초점을 맞추었다. '*-디'가 단독으로 존재하지 않으므로 '오'를 형태소 설정하기 어려운 것으로 보았다. 또한 '-거든'의 '거'와는 달리 '-오디'의 '오'는 15세기 국어의 '오'가 가지고 있는 인칭법이나 대상법의 기능을 가지고 있지 않다는 것도 고려의 대상이 된다. 이 때문에 반드시 '-디'와 결합해서 나타나는 '오'에 대해서는 '-디'에 붙여서 '-오디'를 하나로 볼 것을 주장하였다.[49]

반면에 '-오디'의 '오'를 분석하자는 입장에서는 '-오디'의 '오'가 보이는 음운론적 실현 방식이 15세기 국어 대상법·인칭법의 '오'가 보이는 양상과 똑같다는 점에 초점을 맞추었다. 음운론적 실현 방식을 형태소 설정의 기준으로 세우고 '오'를 분석하자는 것이었다. 김영욱(1997)에서는 '오'를 처리하기 위해서는 방편으로 음성은 가지지만 기능은 가지지 못하는 공형태소를 설정했다. 그리고 '-오디'의 '오'가 소멸하는 이유를 '오'가 공형태소라는 데서 찾고 있다.

이에 대하여 본고에서는 '-오디'의 '오'는 구성소의 영역에서는 분석이 가능한 것으로 본다. 음운론적 실현 방식이 인칭법이나 대상법의 '오'와 같은 데다가 여기서의 '오'는 반드시 다른 어미를 앞이나 뒤에 세워야 하기 때문이다.

그런데 여기서의 '오'는 구성소라 하더라도 '-거든'의 '거'와는 그 양상이 다르다. '거'는 앞에서도 살펴보았듯이, 의미를 지니고 있지만 '오디'의 '오'는 인칭법이나 대상법의 '오'와 달리 의미를 지니지 못하기 때문이다. 이때의 '오'는 나중에 소멸하게 된다는 사실도 주의깊게 살펴보아야 한다. 이 때문에 김영욱(1997)에서는 이를 공형태소라고 했는데, 본고

---

49) 여기에 속하는 대표적인 논의로는 고영근(1997)을 들 수 있다.

에서는 이 '오'가 구성소의 영역에 속한다는 점에 유의하여 공구성소라고
부르기로 한다.

여기서 '-오디'가 어떠한 과정을 통해서 연결 어미가 되었는지를 살펴,
이를 바탕으로 공구성소의 형성에 대해 좀더 세심하게 논의해 볼 필요가
있다. '-오디'의 선대형은 '-올디'이고 이 '-올디'는 명사구 보문 구성 '-올
디'가 문법 형태화의 과정을 거쳐 하나의 연결 어미가 된 것이다. 명사구
보문 구성인 '-올 디'에서 '-ㄹ'은 원래 관형사형 어미였던 것인데, 문법
형태화하면서 관형사형 어미의 기능을 잃게 된다. 그리고 연결 어미 '-올
디'는 'ㄹ'이 소멸하면서 '-오디'가 되는데, 이때 'ㄹ'이 공구성소로 되었
기 때문에 소멸하게 된다. 결국 기능을 잃은 공구성소 'ㄹ'은 음상마저도
잃어버리게 되는 것이다. 이를 형성소와 구성소로 구분하고 보면, 이 'ㄹ'
은 처음에는 통사적 구성에 직접 참여하는 형성소였다가 뒤에는 공구성
소가 되고 나중에는 소멸하고 마는 것을 볼 수 있다. 그리고 다시 '-오디'
의 '오'도 공구성소로 인식되어 결국에 소멸하고 만다.[50] 결국 '-디'는 두
번의 공구성소가 소멸되는 과정을 거쳐 형성된 연결 어미인 셈이다.

그런데 '-거든'도 근대국어로 변하는 과정에서 '-더든'과의 부분적 계열
관계를 이루는 형태들을 잃어버리게 될 뿐만 아니라, '-거시든' 같은 형태
들도 사라진다는 점에서 공구성소라고 할 수 있을지도 모른다. 그러나 '-거
든'은 공구성소로 볼 수는 없다. 공구성소는 결국 소멸하고 마는 존재이
나 '-거늘, -거든'의 '거'는 소멸이 일어나지 않기 때문이다. 이 경우 가장
합리적인 태도는 '-거든'을 하나의 형성소로 보는 것이다. 통시적인 관점
에서 볼 때, 이 '거든'은 각각 하나의 형성소이었던 '-거-'와 '-든'이 화합
해서 이루어진 것이다.

---

50) 여기서의 '오'는 처음에는 대상법의 '오'였을 가능성이 크다. 관형사형 어미의
   앞에 나타나기 때문이다. 석독 구결의 '오'에 대해서는 백두현(1995, 1997ㄱ)을
   참조

연결 어미 '-오디'나 '-거든'의 형성을 중심으로 형성소가 구성소가 되고 다시 공구성소가 되기도 하여 소멸하는 변천 과정을 살피면 다음과 같이 정리될 수 있다.

(13)

```
      ①      화합      ②
    형성소 ——————— 구성소
                      ⋮
                   공구성소 ——————— ø
                    ③      소멸      ④
```

위에서 정리한 것을 보면 문법사에서 형성소들이 화합을 통하여 하나의 형성소가 되는 것을 볼 수 있다. 이를 '-올디'의 'ㄹ'을 중심으로 다시 살펴보면 다음과 같다. '-올디'의 '-ㄹ'은 원래 관형사형 어미의 기능을 하던 ①의 단계에서는 형성소였던 것이다. 그러나 이것이 문법 형태화하게 되면 하나의 연결 어미 '-올디'로 된다. 이것이 ②의 단계인데 '올디'가 문법 형태화의 초기에는 '-온디'와의 대립 관계를 어느 정도 유지했을 것이라고 생각하면 'ㄹ'을 어휘 분석부에서 구성소로 분석해 볼 수 있다. 그리고 '-올디'가 하나의 단위로 완전히 굳어지게 된 ③의 단계에서는 'ㄹ'이 공구성소로 인식된다. 마지막으로 ④의 단계에서는 공구성소로 인식된 'ㄹ'이 소멸하여 'ø'가 된다. 이처럼 형성소의 영역에서 분석될 수 있었던 것이 구성소의 영역에서 분석되고 이것이 다시 공구성소가 되어 소멸되는 과정을 국어 문법사에서 살펴볼 수 있다. 어휘 분석부에서 분석 가능한 구성소가 원래는 형성소로서 기능을 하였던 것이다. 이러한 것은 공시적 분석 속에서 역사적 변화의 양상을 반영할 수 있다는 것을 잘 보여 주고 있다.

이러한 구별의 이점은 국어 문법사 기술에서 일어나는 변화의 양상에 대하여 예측할 수 있다는 데에도 있다. 이러한 측면을 잘 보여 주는 예로는 현대국어의 형성소 '-습니다'가 있다. 이것은 형성소의 측면에서 보면, '습니가'가 하나의 형성소가 되지만, 구성소의 측면에서 보면, '습, 니, 다' 세 개의 구성소가 된다. 앞으로 시간이 흐르면 '습, 니, 다'를 나누는 것도 어렵게 될지 모른다.[51] 이러한 것은 '-습니다'와 계열 관계를 이루는 '-습디다'가 현재 실제 언어 생활에서는 거의 소멸해 간다는 것과 연관지어 볼 수 있을 것이기 때문이다.[52]

5.3 불연속 형태와 이동

문법 형태화의 과정에서는 인접성의 원리가 지켜진다.[53] 문법 형태의 통시적인 변화는 인접적인 경우에 한해서 일어난다. 문법사에서 보면, 새로운 화합 형태의 생성은 인접적인 것들이 그 경계를 허물고 이루어진다. 인접적인 것들이 언중들의 의식의 변모로 말미암아, 그 통합체가 하나로 인식되고 결국에는 단어 및 형태소 경계가 허물어지면서 새로운 화합 형

---

51) '-습니다'의 경우에는 '형성소-구성소-공구성소-ø'의 변화 과정을 상정해 볼 수 있을 듯하다.

52) 실제로 현실 생활에서 '-습니다'로 '-습다'로 발음하는 경우가 많아지고 있는 형편이다. 이것은 '니'가 공구성소로 인식되면서 소멸하고 있는 과정을 보여 주고 있는 것으로 생각된다. 그러므로 '-습니다'의 '니'는 처음에는 하나의 형성소이었다가 하나의 형성소를 구성하는 구성소가 되고 결국에는 공구성소로 인식되어 탈락하고 마는 것을 보여 준다는 점에서 흥미롭다.

53) '인접성의 원리'에 관한 자세한 설명은 김영욱(1995:80~88)을 참조. 김영욱 (1995)에서는 국어 문법 형태의 일반적 성격으로 이 밖에도 세 가지를 들고 있다. 그것은 '일대일 대응의 원리', '일음절의 원리', '후접성의 원리'가 여기에 속한다. 간단히 설명하면, 다음과 같다. 첫째, 일대일 대응의 원리는 '하나의 문법 형태는 동일한 문법 층위 내에서 하나의 기능을 지닌다'는 것이다. 둘째, 일음절의 원리는 국어의 문법 형태는 기원적으로 일음절 또는 그 이하로 이루어진다는 것이다. 셋째, 후접성의 원리는 국어의 문법 형태는 선행하는 형태에 후접한다는 것이다.

태가 생겨나는 것이다.

그런데 15세기 국어에서는 '-거시든'처럼 형성소의 영역에서 보면, 인접성의 원리를 어기는 것처럼 보이는 예들이 나타난다.

(14) ㄱ. 諸菩薩돌콰로 소늘 섬겨 <u>迎接ᄒ시거든</u> 觀世音大勢至無數菩와
로 行者를 讚嘆ᄒ야 <월석 8:48ㄴ>
ㄴ. 모돈 大衆中에 微妙法을 불어 <u>니르거시든</u> 이 法華 디니는 사ᄅ
미다 시러 드르며 <법화 1:99ㄴ>

(14)의 예문들은 같은 문헌에 나온 것으로 (14ㄱ)은 '시거든'으로 나타나고 (14ㄴ)은 '거시든'으로 나타나고 있다. 그런데 앞에서도 언급했지만, 15세기 국어 공시적 입장에서 보면, '-거든'은 하나의 형성소로 보아야 한다. '거'와 '든'의 분석은 구성소의 영역에서나 가능하다. 그렇다면 (16ㄴ)의 경우는 예외적인 것으로 보인다. '-거든'을 '-거…든'으로 파악해야 하는 것이다. 이러한 것은 화합은 인접적인 것들끼리 이루어진다는 점에서 예외적이라 하지 않을 수가 없다.

이러한 현상은 왜 생기는가? 그것은 기능의 변화와 형태의 변화가 불일치하기 때문에 생기는 것으로 보인다. 형태는 보수성을 지니고 있어서 기능의 변화 속도를 따라가지 못하는 경향이 있다. 그러므로 기능은 이미 변했지만 형태가 이를 따르지 못하기 때문에 불연속 형태가 생기는 것이다.

그런데 이러한 불연속 형태는 역사적으로 보면, 다만 과도적인 모습에 지나지 않을 뿐이다. 만약 어떤 형성소가 계속적으로 불연속적인 현상을 보인다면, 이 형태가 제대로 분석이 된 것인지 의심해 볼 필요가 있다. 그리고 불연속적인 현상은 부자연스러운 것이므로, 분석을 함에 있어서는 가능한 한 불연속 형태를 상정하지 않는 것이 좋다.[54]

---

54) 이 용(1999)에서는 대표적으로 이제까지 몇몇 연구에서 '-고시라'의 '-고…라'
를 불연속 형태로 파악했던 것을 비판하고, 이것이 '-곡시라'에서 'ㄱ'이 소멸

일부에서는 석독구결의 '-올더'를 '-오…더'로 파악하여 불연속적인 현상을 보이는 것으로 파악하기도 한다. 그러나 본고에서는 이에 대하여 비판적인 태도를 취한다. 불연속 형태 '-오…더'를 설정하려면, 같은 시기의 자료에 '-오더'가 존재해야 하는데 실제 자료상에서는 '-오더'의 실례가 발견되지 않기 때문이다. '-오더'가 보이지 않는 상태에서 '-오…더'를 설정하는 것은 잘못이다.

불연속 형태는 불안정하므로 안정된 상태를 찾아 불연속적인 현상을 없애는 방향으로 움직인다. 이 경우에 이동이 일어난다. 사실은 이동은 표면적인 현상일 뿐이고 자기의 기능을 잃은 형태가 원래의 위치를 잃고 밀리는 것이다. 그렇지만 겉으로는 이동하는 것처럼 보인다.

그러므로 국어에서 형태들이 이동하는 모습을 세밀히 살펴볼 필요가 있다.

(15) ㄱ. 오눐나래 世尊이 神變相을 뵈시ᄂᆞ니 엇던 因緣으로 이 祥瑞 잇거시뇨 <月釋11:38ㄴ~39ㄱ>
　　 ㄴ. 能히 밋디 몯홀 빼라 ᄒᆞ시거뇨 <법화 1:59ㄴ>

위의 예에서 보면, (15ㄱ)이나 (15ㄴ) 모두 주어가 존대의 대상이 되는 것들이므로 '-시-'로 존대를 받을 수 있는 존재들이다. 그런데 여기서 관심의 대상이 되는 것은 확인법 선어말 어미 '-거-'와 관련된 위치의 변화이다. (15ㄱ)에서는 '-시-'의 앞에 오나 (15ㄴ)에서는 '-시-'의 뒤에도 오고 있다. 이에 대하여 우리는 두 가지를 생각해 볼 수 있다. 하나는 '-시-'가 변화한 것이고, 다른 하나는 '-거-'가 변화했다는 것이다. 그런데 여기서의

___

하면서 생긴 형태로 보았다. 이승재(1995ㄱ)에서는 석독 구결 자료에서 'ノ尸厶, ㅋ尸厶, ㅁ尸厶'로 표기되는 '-올더'에서 '-오…더'를 불연속 형태로 설정한 바가 있다. 그러나 이도 설정할 필요가 없는 것을 설정한 것이다. '-오…더'를 설정하기 위해서는 먼저 '-오더'가 하나의 형성소가 되어 있어야 한다. 그런데 석독 구결 단계에서 '-오더'는 하나의 형성소로 보기가 어렵다.

'-시-'는 둘다 존대의 의미를 가지고 있고, 현대어에서도 그 기능이 같은 반면에 '-거-'는 나중에 형성소로는 쓰이지 못하고 다른 형태들과 화합해야 쓰일 수 있을뿐더러 그 기능이 동일성을 확인하기가 어렵다는 점을 고려한다면, '-시-'의 이동보다는 '-거-'의 이동으로 보는 것이 합리적이다.

그런데 '-거-'가 앞에서 뒤로 이동하게 되는 것은 무엇 때문인가? 이것은 앞에 나오는 목적어와의 유연성이 점점 상실되는 것과 관련이 있는 것으로 보인다.[55]

(16) ㄱ. 正호 길흘 일허다 <석보상절 23:19ㄴ>
　　 ㄴ. 닐웨 ᄒᆞ마 다 도거다 <석보상절 24:15ㄴ>

(16)처럼 '-거-'는 원래 타동사 뒤에서는 '-어-'로 나타나고 비타동사 뒤에서는 '-거-'로 나타나던 것이었다. 이처럼 교체의 조건이 타동이냐 비타동이냐에 따르는 것은 '-거-'가 목적어와 밀접한 관련을 지니고 있던 형성소라는 것을 잘 보여 준다. 이에 대해서는 Bybee(1985)를 참고할 필요가 있는데, 여기에서는 범언어적으로 목적어와 관련된 형태는 동사에 가까이 위치하게 된다는 것을 밝힌 바가 있다. 사실 이 연구는 경향을 밝힌 것이어서 이를 맹신하는 것은 바람직하지 않다. 그렇지만, 국어의 '-거/어-'에 대해서는 신빙성 있는 근거를 제공하고 있다. 국어에서 확인법 선어말어미 '-거/어-'의 교체는 목적어와 관련된 것으로 잘 알려져 있기 때문이다.[56] 그러므로 이 '-거/어-'가 형태 배열에서 앞에 위치하게 된 원인을 목적어와 가까운 데서 찾아 볼 수 있다.

(17) ㄱ. 湖南楚王 馬希聲이 제 아비 無穆王 묻는 나래 둘기고기 깅을

---

55) 이를 후접성과 관련하여 논의할 수 있다. 김영욱(1995)에서는 결합력을 잃은 문법 형태는 뒤로 밀리는 것으로 보고 있다.
56) 자세한 내용은 고영근(1980)을 참조

먹거늘 그 아랫관원 潘起 괴롱ᄒ야 닐오디 <번소 7:15ㄱ>
ㄴ. 湖南楚王 馬希聲이 그 아비 無穆王 영장ᄒᄂᆫ 날애 오히려 둙
깅을 먹거늘 그 아랫관원 潘起 괴롱ᄒ야 닐오디 <소학 5:48ㄱ>

(17)에서는 16세기 국어에서 '-거/어-'의 교체를 반영하여 '어'로 실현되
던 것이 17세기 국어에서 '거'로 실현되는 모습을 볼 수 있다. '-어-'로 실
현되던 것이 '-거-'로 통일되어 가는 현상은 후대로 갈수록 확대된다. 이
처럼 '-거/어-'는 시간이 흐름에 따라 타동사와 비타동사에 따른 교체에서
벗어나게 된다. 그것은 현대국어에서 형성소의 영역에서는 '-거-'를 분석
해 낼 수 없고, 또 (17ㄴ)처럼 타동과 비타동에 따른 교체가 없어지고 '거'
로 통일되었다는 데서 잘 드러난다. 타동과 비타동에 따른 교체가 사라졌
다는 것은 '-거/어-'가 목적어와의 유연성을 상실했다는 것을 대변하는 것
이다. 그러므로 목적어와 유연성을 상실한 '-거/어-'는 뒤로 밀리게 된다.

5.4 문법 형태화의 원리

여기에서는 앞으로 언급할 바를 토대로 하여, 문법 형태화의 과정에서
관찰되는 일반적 성격을 검토해 보도록 한다. 제목에서는 '원리'라는 용
어를 썼지만, 실제로는 문법 형태화의 과정에서 관찰되는 '방향성'이라고
이해하는 것이 좋을지도 모르겠다.

먼저 '인접성(隣接性, adjacency)의 원리'를 상정해 볼 수 있다.[57] 문법
형태화는 모두 인접한 형태들 사이에서 일어나는 것이다. '-ㄴ+-을 '(-늘),

---

57) 인접성의 원리에 대해서는 김영욱(1995:80~88)에서 자세하게 설명한 바 있다.
여기서는 용어와 정의 모두 김영욱(1995)에 기대는 바 크다. 특히 '-거시든' 같
은 불연속 형태는 동적인(dynamic) 관점에서 이해하는 것이 합리적임을 밝힌
바 있다. 이 밖에도 김영욱(1995)에서는 국어 문법 형태의 또 다른 특성으로
일대일 대응의 원리, 후접성의 원리, 일음절의 원리를 들고 있다.

'-ㄴ#ᄃ+-이'(-ㄴ디), '-ㄴ#ᄃ+-이+-ㄴ'(-ㄴ틴), 'ㄹ#ᄃ+-은'(-ㄹ듄) 등의 연결 어미는 모두 인접한 것들이 하나로 굳어지면서 형성된 것이다. 이처럼 형태의 통시적인 변화는 인접적인 경우에 한해서 일어난다. 15세기 국어 '-거시늘'의 '-거…늘'처럼 예외적으로 보이는 형태도 있으나, 이러한 것은 예외가 아니다. 본고에서는 '-거+-늘'이 '-거늘'로 문법 형태화가 되면서 기능의 변화를 형태의 변화가 따르지 못해 생긴 불연속 형태로 파악하기로 한다. 물론 변화는 인접적인 경우에만 일어난다. 이러한 불연속 형태는 다음과 같은 언어의 특성을 고려하면 설명이 가능하다. 형태는 보수성이 있어서 기능의 변화를 형태가 따라가지 못하는 경향이 있다. 이처럼 형태의 보수성이 있어서 불연속 형태가 생기는 것이다.

그런데 불연속 형태는 역사적으로 보면, 다만 과도 형태에 지나지 않을 뿐이다. 만약 어떤 형태가 계속적으로 불연속적인 모습을 보인다면 이때에는 이 형태가 제대로 분석된 것인지 의심해 볼 필요가 있다. 그리고 불연속 형태는 부자연스러운 것이므로, 분석을 함에 있어서도 가능한 한 불연속 형태가 생기지 않도록 해야 한다.

문법 형태화가 일어나는 것들은 서로 통합 관계를 이룰 수 있는 것들이다. 이를 통합(統合)의 원리라고 한다. 이 통합의 원리는 세 가지의 원칙을 준수하여 이루어진다. 첫째는 '일방향성의 원칙'이다.[58] 둘째는 '형태 미복구의 원칙'이다. 셋째는 '축소의 원칙'이다.

문법 형태화는 통사적인 관계를 이루고 있는 것들이 문법 형태화하는 것이다. 이러한 문법 형태화의 과정은 '화용적 측면>통사적 측면>형태적 측면'의 변화 과정을 거친다. 이처럼 문법 형태화의 변화 방향은 일방향성을 지닌다. 반대로 '형태적 측면>통사적 측면>화용적 측면'의 변화 방향을 가질 수는 없기 때문이다. 이를 '일방향성의 원칙'이라고 할 수 있다.

---

58) 일방향성의 원칙에 대한 자세한 설명에 대해서는 Hopper and Traugott(1993:94~129)를 참조. 여기에서는 범언어적인 현상에 대하여 설명한 바가 있다.

문법 요소의 발생은 더 특정적이고 구체적인 의미로부터 더 일반적이고 추상적인 의미로 실체가 변화하는 것이다. 이는 의미 변화뿐 아니라 문법 변화에도 적용된다. 그리고 이들은 다시 본래의 온전한 형식을 회복할 가능성을 잃어버리게 된다. 대표적인 예로는 국어에서 '-어 잇->-엣->-엇-'의 변화를 들 수 있다. 통합하여 문법 형태화한 것은 결코 다시 회복될 수 없다. 통합한 형태를 분석하게 되면, 통합된 형태가 가졌던 의미를 분석된 형태들이 가질 수 없기 때문이다. 물론, 재분석에 의해 형태를 복구하여 통합 형태의 의미를 파악하려는 노력을 해 볼 수도 있다. 그러나 이러한 작업은 문법 형태화된 형태가 다시 회복될 수는 없기 때문에 제한된 정도의 도움밖에 줄 수 없다. 이러한 현상은 문법 형태화된 형태의 합은 A+B=AB가 아니라 A+B=C가 되는 것과 관련이 있다. 이를 '형태 미복구의 원칙'이라고 할 수 있다.

셋째는 형태가 축소되는 경우는 있어도 형태가 확장되는 경우는 없다. 이는 문법 형태화가 이루어지면 공구성소화 또는 화합 현상이 현상이 일어나는 것과 관련이 있다. 공구성소화한 것은 소멸하게 되므로, 공구성소화의 경우에는 형태의 축소가 일어난다. 이를 '축소의 원칙'이라고 할 수 있다.

문법 형태화하기 이전의 구성과 문법 형태화한 결과가 같은 시기의 자료에서도 동시에 나타나는 경우가 있는데, 이것은 '분화(分化 diver- gence)의 원리'라고 부른다.59) 이러한 분화는 문법 형태화하기 이전의 구성과

---

59) '분화(divergence)의 원리'에 대해서는 Hopper(1991)에서 제시한 바가 있다. Hopper(1991)에서는 이외에도 '층위화(layering)의 원리', '특정화(specialization)의 원리', '의미 지속(persistence)의 원리', '탈범주화(de-categorialization)의 원리'를 내세운 바가 있다. 그러므로 본고에서 내세우고 있는 '분화의 원리', '층위화의 원리', '특정화의 원리', '의미 지속의 원리', '탈범주화의 원리'는 모두 Hopper(1991)에 기대고 있음을 분명히 해 둘 필요가 있다. 본고에서 '탈범주화의 원리'는 군이 설정하지 않았다. '분화의 원리'를 설명하기 위해서는 탈범주화에 대한 설명이 필요하리라고 생각했기 때문이다.

문법 형태화한 것의 중간 단계에 위치한 것도 보여 주는데, 본고에서는 이처럼 중간 단계에 위치한 것을 의미 있게 받아들인다. 앞에서 15세기 국어 자료에 '명사구 보문 구성'의 '-ㄴ 딕', 중간 단계의 '-ㄴ딕', 연결 어미 '-ㄴ딕'가 동시에 존재함을 살펴보았다. 이 경우에 마지막 단계가 되면, 탈범주화가 일어나게 된다. 원래의 범주에서 형태적, 통사적 고유 특성을 상실하고, 마지막 단계의 결과물에 가깝게 변화하게 된다. 중간 단계는 첫 단계와 마지막 단계를 이어주면서 동시에 이 때문에 문법 형태화의 결정적인 증거가 된다.

기존의 층위와 새로운 층위가 공존하는 현상을 층위화(層位化, layering)의 원리라고 부를 수 있다. 공시적으로 유사한 기능을 가지는 여러 표현들이 공존하는 것이 층위화(層位化)가 된다. 15세기 국어에 [조건]을 나타내는 어미로 '-ㄴ딘, -ㄴ댄, -거든, -면' 등이 모두 사용되고 있다. 이것들은 서로 다른 문법 형태화의 과정을 거친 것들로, 유사한 기능을 가진 것들이다. 이처럼 유사한 기능을 가진 것들은 결국 '-거든'과 '-면'만을 남겨 두고 사라지게 되는데, 이를 '특정화(特定化, specializa- tion)의 원리'라고 부른다.

일단 문법 형태가 된 이후에도 기원적인 의미의 흔적이 남아서 문법적 분포에 제약을 주는 것을 '의미 지속(意味持續, persistence)의 원리'라고 한다. 이것은 통사·형태론적 제약의 설명에 도움을 준다. 예를 들어, 정재영(1996)에서는 '-올뎬'이 그 기원적인 형태 구성상의 특징으로 인하여 시상이나 서법 계열의 선어말 어미와 통합할 수 없는데, 그 이유를 기원적인 구성 요소인 보문소 '-ㄹ'에서 찾고 있다. 이 논의를 받아들인다면, 이것은 '-ㄹ'이 의미 지속의 원리를 지키고 있기 때문에 일어나는 현상을 보여주는 예라고 할 수 있다.

문법 형태화하는 과정 속에서는 변화하는 것들이 불안한 모습을 보이기도 한다. 15세기 국어 '-거시든'의 '-거…든'처럼 불연속적인 현상을 보이기도 하고, '-오딕'의 '오'처럼 음상만 있고 기능은 가지지 못하기도 한다. 이 예들에 대해서는 앞에서 자세하게 설명한 바가 있으므로, 여기서는 설명을 줄이기로 한다. 그런데 결국 이것들은 안정된 상태를 향해서 나아가는데, 이를 '안정 상태 회귀(安定狀態回歸의 원리'로 부를 수가 있다. '-거시든'의 경우는 '-시거든'의 방향으로 변화를 하게 되고, '-오디'의 경우에는 '오'를 소멸시키는 방향으로 움직이게 되는데, 이것이 안정 상태로 회귀하려는 경향을 잘 보여 주고 있다.

제3장
연결 어미 형성의 실제

　제3장에서는 연결 어미가 형성되는 실제 양상을 살펴보게 될 것이다. 연결 어미의 형성은 문법 형태화의 과정과 밀접하게 관련을 지니고 있다. 본고에서 다루게 되는 연결 어미는 명사구 보문 구성이나 명사형 어미에 조사가 결합되어 있던 것이 하나의 단위로 인식되면서 문법 형태화한 것들이다.[1] 이러한 연결 어미의 형성은 그 문법 형태화의 양상에 따라 몇 개의 유형으로 나누어 볼 수 있다. 이러한 양상들을 3.1에서 제시하기로 한다. 그런데 명확하게 나뉘지 않는 면이 있어 유형에 따라 나누고 기술하기에는 적지 않은 어려움이 존재한다. 그러므로 본고에서는 연결 어미가 형성되는 과정과 관련 없이 각각의 연결 어미가 형성되는 과정들을 기술하기로 한다.

---

[1] 이 밖에도 어미와 보조사의 결합하여 만들어진 '-어(라)도, -아야/어야, -곤' 등, 그리고 기능의 파악이 뜻을 파악하기 힘든 '--ㄱ, -ㅁ, -ㅇ' 등이 어미와 결합하여 만들어졌다고 볼 수 있는 '-곡/옥, -악/억, -곰, -암/엄, -명' 등이 있으나 이는 다루지 않기로 한다.

1. 형성 유형의 분류

1.1 기원에 따른 분류

본고에서 다루게 될 연결 어미 형성의 유형은 기원에 따라 크게 두 가지로 나뉜다. 하나는 기원적으로 '동명사 어미+조사'의 구성이었던 것이 문법 형태화한 것이다. 다른 하나는 기원적으로 '관형사형 어미+의존 명사+조사'의 구성이었던 것이 문법 형태화한 것이다. 그런데 후자의 유형은 다시 두 가지로 나눌 수 있다. 첫째, '관형사형 어미 -ㄴ+의존 명사+조사'의 결합으로 이루어진 것이다. 둘째, '관형사형 어미 -ㄹ+의존 명사+조사'의 결합으로 이루어진 것이다. 이를 각각 '-ㄴ 관형사형 어미 유형'와 '-ㄹ 관형사형 어미 유형'로 부르기로 한다.

그런데 '관형사형 어미 유형'을 '-ㄴ 관형사형 어미 유형'과 '-ㄹ 관형사형 어미 유형'로 구분하는 이유는 다음과 같다. 첫째, '-ㄴ 관형사형 어미 유형'은 어미화한 이후에 'ㄴ'이 소멸하는 예가 발견되지 않는데, '-ㄹ 관형사형 어미 유형'은 어미화한 이후에 'ㄹ'이 소멸하는 예가 있다. 둘째, 특정 의존 명사와 결합하는 양상이 다르다. 특히 '-ㄹ' 관형사형 어미는 의존 명사 'ㅅ'와 결합하는 양상을 보이지만, '-ㄴ' 관형사형 어미는 'ㅅ'와 결합하는 양상을 보이지 않는다.

이들 각각의 유형에 속하는 연결 어미들을 살펴보면 다음과 같다. 먼저 본고에서 다루는 것들 중에서 '동명사 어미+조사'의 유형에 속하는 예로는 '-늘, -매, -므로'가 있다.[2] 이 세 어미 중 '-늘'은 '-ㄴ' 동명사 어미와 대격 조사의 결합이 문법 형태화한 것이고, '-매'와 '-므로'는 '옴' 동명사 어미가 각각 처격 조사, 도구격 조사와 결합하여 문법 형태화한 것이다.

---

2) 이 밖에도 본고에서는 다루지 않지만 동명사 어미 '-ㄴ'에서 온 것으로 '-니, -니와', 동명사 어미 '-기'에서 온 것으로 '-기에' 등을 들 수가 있다.

'관형사형 어미+의존 명사+조사'의 구성은 앞에서도 언급했지만, 관형사형 어미 '-ㄴ', '-ㄹ'의 결합에 따라 나뉠 수 있다. '관형사형 어미 -ㄴ+의존 명사+조사'의 예로는 '-ㄴ디', '-ㄴ딘', '-ㄴ댄', '-ㄴ든', '-ㄴ들' 등이 있다. 그 중에서도 본고에서는 '-ㄴ디', '-ㄴ딘', '-ㄴ댄'의 어미들을 대상으로 이 어미들이 통시적 과정 속에서 변화하는 실제 양상들을 살펴본다. '-ㄴ디', '-ㄴ딘', '-ㄴ댄'은 각각 '관형사형 어미 '-ㄴ'+의존 명사 'ᄃ'가 각각 처격 조사 또는 '처격 조사+보조사'와 결합하여 문법 형태화한 것이다.

'관형사형 어미 -ㄹ+의존 명사+조사'의 예로는 '-거든, -오디, -ㄹ시, -올뎬' 등을 들 수가 있다. 그 중에서도 '-거든', '-오디', '-ㄹ시'가 본고의 논의 대상이 된다. '-거든'과 '-오디'는 문법 형태화한 이후에 'ㄹ'의 소멸을 경험한다는 점에서 특이하다.[3] 그런데 '-거든'과 '-오디'는 그 형성 방식이 다르다. '-거든'은 각각 하나의 형성소라고 할 수 있는 '-거-'와 '-든'이 결합하여 하나의 형성소가 되는 데 비하여[4], '-오디'는 하나의 형성소인 '-올디'에서 '-ㄹ'이 소멸하여 이루어지기 때문이다.

(1) 기원에 따른 분류
┌ 동명사 어미 유형 : -거늘, -매, -므로···
│
└ 명사구 보문 구성 유형 ┌ '-ㄴ' 관형사형 어미 유형 : -ㄴ디, -ㄴ딘, -ㄴ댄···
　　　　　　　　　　　　└ '-ㄹ' 관형사형 어미 유형 : -거든, -오디, -ㄹ시···

---

3) 이두 자료를 염두에 둘 때는 '-온디>-오디'의 가능성을 생각해 볼 수 있다. 그러나 전반적인 문법사 자료를 고려할 때는 '-올디>-오디'의 변화로 보는 것이 합리적이다. 여기서는 일반화해서 정리하는 것이므로 세세한 사항들에 대해서는 언급하지 않기로 한다. 자세한 내용은 본고의 3. 6을 참조하기 바란다.
4) 여기서 '-든'은 '-ㄹ든'에서 'ㄹ'이 소멸하여 만들어진 연결 어미이다. 이처럼 'ㄹ'이 소멸하게 되는 다른 예로 석독 구결에서 '-ᄝ샤'로 표기된 '-ㄹ며'도 들어 볼 수가 있다.

그러나 이러한 분류에 문제가 없는 것은 아니다. 기실 기원적으로 동명사 어미에서 온 '-거늘', '-매', '-므로'는 하나로 묶기에는 그 형성의 시기가 현격하게 차이가 난다. 또한 '-거늘'은 오히려 '-거든'과 하나로 묶어 볼 가능성도 있다. '-거늘'과 '-거든'은 15세기 국어에서 불연속적인 현상을 보인다든지 각각 '-늘'과 '-든'이 확인법의 형성소 '-거-'와 결합하여 이루어졌다든지 하는 점에서 매우 유사성을 보이기 때문이다.

1.2 선어말 어미와의 결합에 따른 분류

어미 형성의 유형을 달리 나누어 볼 수도 있다. 그것은 선어말 어미와의 결합 여부에 따른 것이다. 선어말 어미와 결합하여 하나의 연결 어미로 문법 형태화하는 것이 있는가 하면 그렇지 않은 유형이 있다. 본고에서 다루는 것 중 전자의 예로는 '-거늘', '-거든', '-오디'를, 후자의 예로는 '-ㄴ디', '-ㄴ딘', '-ㄴ댄', '-매', '-므로'를 들 수가 있다.

전자의 예 중에서 '-거든'은 한편으로는 '-거늘'과 다른 한편으로는 '-올디'와 유사한 양상을 보인다. 먼저 전자와의 유사성을 살펴보면, '-거든'과 '-거늘'은 각각 하나의 연결 어미인 '-든'과 '-늘'이 형성되고 나서, 형성소 '-거-'와만 결합하여 새로운 연결 어미를 만들어 낸다. 반면에 '-오디'는 '-올디'에서 'ㄹ'이 소멸해서 생긴 연결 어미이다. 이러한 것은 '-ㄹ든'이 하나의 연결 어미가 된 다음에 'ㄹ'이 소멸된 것과 유사한 양상을 보인다. 그러나 앞에서도 언급했지만 '-오디'는 원래부터 이미 선어말 어미에서 온 '오'가 결합해 있던 연결 어미라는 점에서 하나의 연결 어미가 형성된 후에 선어말 어미와의 결합이 하나의 연결 어미가 되는 '-거든'과는 달리 파악하여야 한다.

후자에 속하는 것 중에서 '-매'와 '-므로'는 '-오디'와 유사한 점이 있다. '-매'와 '-므로'는 원래 선어말 어미를 가지고 있었던 동명사 어미 '-옴'이

조사와 결합한 것이 문법 형태화한 것인데, 이 과정에서 '오'의 소멸을 겪게 된다. '-오디'의 '오'도 나중에 소멸하게 되는데, 이러한 소멸은 이들과 유사성을 보이는 부분이다.

(2) 선어말 어미와의 결합 여부에 따른 분류
┌ 선어말 어미 결합 유형 : -거늘, -거든, -오디 …
└ 선어말 어미 비결합 유형 : -ㄴ디, -ㄴ딘, -ㄴ댄, -매, -므로 …

위와 같은 분류에 문제가 없는 것은 아니다. 먼저 선어말 어미 결합 유형에서 '-거늘', '-거든'은 '-오디'와의 공통성도 있지만 앞에서 언급한 것처럼 차이점도 존재하기 때문이다. 다음으로 '-매', '-므로'는 문법 형태화의 과정 중에 '오'의 소멸을 겪는다는 점에서는 '-오디'와 유사하다. 그리고 '-ㄴ디'는 '온디'에서 공구성소인 '오'가 소멸한 것이므로, 원래는 선어말 어미 결합 유형이었음을 알 수 있다.

그러므로 본고에서는 연결 어미가 형성되는 과정을 그 유형에 따라 나누어 설명하기보다는 각각의 연결 어미가 형성되는 실제 과정에 대해서 살펴보고, 이를 바탕으로 각각의 연결 어미가 다른 연결 어미와 가지는 공통적인 특성들을 필요에 따라 언급하는 방식을 취하기로 한다.

2 '-거늘'의 형성

2.1 문제 개괄

이 절에서는 주로 세 가지에 대하여 관심을 가지기로 한다. 첫째, 향가나 이두에 나오는 '乙'자에 대한 것이다. 이 '乙'자는 이제까지 향가나 이두 연구에서 대체적으로 대격 조사 또는 동명사 어미의 용법을 지닌 것으로 알려져 왔다. 그러나 향가, 이두, 구결의 예문을 보게 되면, 앞의 두 용법으로 설명되지 않는 예가 발견된다. 이러한 것들을 설명하기 위하여 먼저 향가에서 '-乙'이 나오는 어구를 면밀히 살펴본 후에 그 문법적 기능을 고찰하기로 한다. 그리고 나서 이두와 구결에서 '-乙'이 어떤 양상으로 나타나는지를 면밀히 살펴볼 것이다.

둘째, '-거늘'의 '*-늘'에 대한 것이다. 이 '*-늘'에 대해서는 또한 두 가지에 관심을 기울이게 된다. 하나는 15세기 국어에서는 반드시 '-거-'를 앞세우는 '*-늘'이 이전 시기에는 단독으로 존재했던 형성소였는지의 여부이다. 다른 하나는 '*-늘'의 문법 형태화에 관한 것이다. 이 '*-늘'이 어떠한 과정을 통해서 문법 형태화하게 되었는지를 살펴보게 될 것이다. 이를 위해서 특히 구결을 유심히 살펴보기로 한다. 구결 자료에 보면 석독 구결에서는 '-ㄱㄴ'로 음독 구결에서는 '-ㄱ乙', '-乙', '-ㅌ'로 다양하게 표기된다.

셋째, 차자 표기 전반을 종합적으로 고찰함으로써 '*-늘'이 어떠한 변화 과정을 통해서 '-거늘'이 되는가를 파악하기로 한다. 15세기 국어에는 확인법 선어말 어미 '-거-'가 존재하는데 이것이 '-거늘'의 '거'와 관련이 있는 것인지를 중심으로 '-거늘'의 형성에 대하여 논의하기로 한다.

이를 위해서는 기존의 연구를 살펴볼 필요가 있다. 먼저 '-乙'에 대한 기존의 연구로는 향찰의 '-乙'에 대해 언급한 김완진(1980), 최남희(1996) 등을 들 수가 있다. 김완진(1980)은 『恒順衆生歌』에 나오는 '爲乙'의 '-乙'이 기존의 해독처럼 동명사 어미가 되었을 때 생기는 문제점을 지적하고 '爲乙'을 후기 중세국어의 연결 어미 '-ㅎ야늘'과 관련하여 해독하고 있다. 최남희(1996)은 '-乙'의 독음을 '*-늘'로 보고 이것이 '조건', '상황'의 의미 영역을 가지는 것으로 해석하였다. 한편, 고영근(1985)는 중세국어의 한글 문헌에 나타나는 '-거늘', '-거든' 구문의 통사적 특성을 고려할 때, 처용가의 '奪叱良乙'은 통사론적으로 단순한 접속 구문이 되어야 하는 것으로 파악하였다.

이두에 대한 기존의 업적으로는 이승재(1992ㄱ:188~189), 서종학(1995: 146~148)을 들 수가 있다. 두 논문 모두 고려시대의 이두에 중점을 둔 것으로, 연결 어미 '-乙'이 그 당시에 존재하고 있었다는 사실을 예문을 들어 설명하고 있다. 그런데 이승재(1992ㄱ:192)는 '-去乙'이 현대국어의 연결 어미 '-거늘'에 대응되는 것으로 파악하면서도 '-去-'는 선어말 어미로, '-乙'은 동명사 어미로 보았다. 반면에 서종학(1995)는 이 시대의 '-乙'은 이미 연결 어미로 굳어진 표기이므로, '-去乙'은 선어말 어미 '-去-'와 연결 어미 '-乙'의 결합으로 파악되어야 한다고 보았다.

형성소 '*-늘'과 관련된 표기가 석독 구결에서는 '-ㄱㄴ'로, 음독 구결에서는 '-ㄱ乙', '-乙', '-ㅌ'로 다양하게 나타나고 있다. 이 중에서 음독 구결을 대상으로 한 논의로는 김영욱(1996)을 들 수 있다. 김영욱(1996)에서는 음독 구결 자료에 나오는 문법 형태의 분포와 의미 기능의 연구를 통해서 연결 어미 '*-늘'이 15세기와 달리, 14세기에는 하나의 형태로 분석 가능했다는 것을 밝히고 있다. 이는 14세기 국어의 형태에 대한 구조 분석을 통해 나온 결과로, 15세기 국어와 그 양상이 다르다.

후기 중세국어에 대한 업적은 '-거늘'의 분석과 밀접한 관련을 지니는데, 이는 크게 두 가지로 나눌 수 있다. 하나는 '-거늘'을 '-거-'와 '-늘'로 분석하는 데 비해 다른 하나는 '-거늘'을 하나의 단위로 간주하여 분석하지 않는 태도이다. 편의상 전자를 분석적인 태도로, 후자를 통합적인 태도로 보고, 이들 논의를 검토하게 되면 다음과 같다.

먼저 분석적인 태도를 취한 논의를 보면, 양주동(1947)에서는 '-거늘'의 '늘'에 대하여 "요컨댄 '늘'은 기연 연체 조사(旣然 連體 助詞) 'ㄴ'과 목적격 조사 'ㄹ'과의 복합에 불외하다."고 하여 '-거늘'의 '-늘'을 동명사 어미 '-ㄴ'과 대격 조사 '-을'의 결합으로 파악하였다. 이는 역사적 내지 어원적인 입장에 선 것으로 대격 조사가 있는 '-거늘'의 뒤에 비타동사가 나오는 것에 대한 설명이 없다. 후기 중세국어의 어미 '-거늘'의 '늘'을 어미와 관련시킨 최초의 논저로 허 웅·이강로(1962:8) 을 들 수 있다. 여기서 '-거-'는 완결된 사실을 표시하는 선어말 어미로, '-늘'은 '-매, -므로'의 뜻을 지닌 어미로 파악되었다. 이는 몇 줄 안 되는 짧은 언급이었지만 '늘'을 연결 어미에 관련지었다는 점에서 그 의의가 있다.

통합적인 태도를 취한 논의로는 대표적으로 고영근(1981)을 들 수가 있다. 고영근(1981:37~38)에서는 15세기 국어의 '호거늘'은 '-거-'가 결여된 '*호늘'이 없고 계열 관계를 이루는 다른 형태가 대치된 '*호ㄴ늘, *호더늘'이 존재하지 않으므로, 분석이 불가능하다고 보았다. 고영근(1981)에서는 철저히 공시적인 태도를 취했고 이를 바탕으로 '-거늘'을 분석하지 않았다. 그러나 이것이 전대에 '*-늘'이 존재했을 가능성을 배제한 것은 아니다. '-거늘'의 '-거-'는 15세기 국어의 확인법 선어말 어미 '-거-'와 마찬가지로 타동사와 비타동사에 따른 '-거/어-'의 교체 조건을 만족시켜 주고 있어, 전대에는 확인법 선어말 어미로 기능하였을 가능성이 있다고 하였기 때문이다.[5] 이는 전대에서 '-거늘'의 '*-거-'가 선어말 어미로 기능하였다면, '*-늘'은 하나의 형성소로 기능하고 있었을 가능성이 높다는 것을 전제하고 있다. 이러한 점에 유의하여, 여기에서는 먼저 향가에서 '-乙'이 나오는 어구들을 면밀히 검토하여 논의를 시작하기로 한다.

2.2 향가의 '-乙'

향가에서는 '乙'자 표기가 모두 17번 나온다. 그 중 신라 향가에는 3번이 나오고 균여 향가에는 14번이 나온다. 향가에서 '乙'자는 대체적으로 대격 조사 또는 동명사 어미의 기능을 가지는 것으로 파악되어 왔다. 그러나 '乙'자에 대한 설명이 대격 조사 또는 동명사 어미만으로 이루어질

---

5) '-거-'는 비타동사인 자동사, 형용사, 지정사에, '-어-'는 타동사에, '-나'는 '오-' 동사 뒤에 각각 쓰인다. 이에 대한 자세한 설명은 고영근(1980:57)을 참조

때 나타나는 문제점에 대해서는 아직까지 세밀하게 검토된 바가 없다.
먼저 향가에 나온 '乙'자의 용법 중 대격 조사로 해석되는 예문이다.

(3) 薯童房乙/夜矣卯乙抱遺去如 <薯童謠 3>

(3)에 대한 해독은 대체적으로 네 부분으로 나누는 데 의견이 일치하
고, '薯童房乙'의 '-乙'은 현대어의 대격 조사 '-을'에 해당하는 것으로 되
어 있다. 물론, 음을 추정하는 데 있어 이견이 있기는 하지만, 대격 조사
로 보는 데 따른 문제는 없는 것으로 인식되었다.[6] 小倉進平(1929)와 양주
동(1943)의 해독은 결과적으로 타동사 '抱-'와 호응을 이루는 대격 조사로
'薯童房乙'의 '-乙'을 상정하고 있다. '卯乙'의 '-乙'은 부사 '몰내' 또는 '몰'
의 말음 표기를 위해 쓰이는 것으로 파악한다. 반면, 김완진(1980)에서 '抱
(안-)'는 '卯乙'의 '-乙'과 호응하는 것으로 이해된다. '薯童房乙'의 '-乙'은
끝에 오는 '去(가-)'의 행동 방향과 연관이 있는 것으로 파악된다. 결과적
으로 김완진(1980)의 경우 '薯童房乙'의 '-乙'은 문미의 동사 '去(가)-'와 호
응을 이룬다. 동사 '去(가)-'가 타동사는 아니지만, 현대어에서도 대격을
부여한다는 점을 고려한 것이다. 그러므로 小倉進平(1929)와 양주동(1943)

---

6) 위의 부분에 대한 해독으로는 다음과 같은 것들이 있다.
　小倉進平 : 薯童房 올/밤애 몰내 안고가다.
　양주동 : 맛둥방을/밤의 몰 안고가다.
　김완진 : 薯童 방올/바매 알홀 안고가다.
　지헌영 : 薯童方올/바믹 몰 안고가다.
　홍기문 : 셔동지블/바므란 안고 가다.
　김선기 : 쑈뚱 찝일/밤이 몰 안겨 깐다.
　서재극 : 마둥 바올/바믹 알 안겨가다.
　김준영 : 마둥 방을/밤의 몰 안고 가다.
　유창균 : 막둥 집을(촌작)/밤이 알을 안고가다.
　최남희 : 薯童房 올/바믹 알홀 안고 가다.

의 해독을 받아들이든지 김완진(1980)의 해독을 받아들이든지 둘다 대격
으로 해석하는 데 있어서는 문제가 되지 않는다.[7]

다음으로 이른바 동명사 어미로 불리어 온 것을 들 수가 있다.

(4) 修叱賜乙隱頓部叱吾衣修叱孫丁 <隨喜功德歌 5>
(4)' 他造盡皆爲自造 <隨喜功德歌 漢譯詩 7>

위의 예문 (4)는 학자들이 대개 '修叱賜乙隱 頓部叱 吾衣 修叱孫丁'의 네
부분으로 끊어 읽고 있다. 그리고 '修叱賜乙隱'은 '修叱賜-'에 동명사 어미
'-乙'과 보조사 '-隱'이 연결되어 이루어진 것으로 파악하였다. 이때 동명
사 어미 '-乙'은 앞에 연결된 동사가 명사적인 또는 관형사적인 쓰임을
가질 수 있도록 해 준다. '-乙' 앞에 연결된 것이 동사라는 사실은 동사에
통합하는 주체 존대 '-賜'의 존재를 통해서 알 수가 있다. '賜'자의 경우
그 음을 추정하는 데 있어 다소 이견이 있기는 하지만, 문법적으로 주체
존대의 기능을 지녔다고 보는 데는 이견이 없는 것으로 보인다.[8] 그러므

---

7) 이외에도 목적격 조사로 볼 수 있는 '乙'자를 가지고 있는 예문들은 다음과 같다.
仏前打乙直体良焉多衣 「廣修 2」, 難行苦行叱願乙 「廣修 6」, 命乙施好 尸歲
史中置 「常隨 6」, 菩提向焉道乙迷波 「懺悔 2」, 手乙寶非鳴良尒 「請仏 3」, 法
雨乙乞白乎叱等耶 「請轉 4」, 衆生叱田乙潤只沙音也 「請轉 8」, 功德叱身乙
對爲白惡只 「稱讚 6」.
8) 대표적인 해독으로는 다음과 같은 것들이 있다.
小倉進平 : 닥샬은 頓을 나의 닥손뎡
양주동 : 닷ㄱ샤론 頓部ㅅ 내 닷ㄱ룰손뎡
김완진 : 닷ㄱ시른 ㅂㄹ봇 내이 닷ㄱ룰손뎌
지헌영 : 닷ㄱ샤론 頓部ㅅ 내 닷ㄱ룰ㅅ손져
홍기문 : 닷샤론 돈부를 내 닷손뎌
김선기 : 닷ㄱ샬온 돈주빗 우리 닷ㄱㅂ자
서재극 : 닭샬은 독분 우리 닭손댕
김준영 : 닷ㄱ샬은 돈붓 내 닷ㄱ손뎌
김완진 : 닷ㄱ시른 ㅂㄹ봇 내이 닷ㄱ룰손뎌

로 이 문장을 현대어로 옮기면, "다른 사람이 닦으시는 것이 頓部叱 내가 닦는 것이도다" 정도가 된다.

또한 여기에 대해 (4)'의 한역시를 보게 되면, '-乙'의 문법적 기능이 더욱 확연히 드러난다. 뜻을 풀이해 보면, "남이 지은 것은 모두 내가 지은 것이 된다." 정도가 되는데, '닦은 것(修叱賜乙)'과 '지은 것(造)'이라는 표현상의 차이만 있을 뿐 뜻하고자 하는 바는 일치하고 있다. 또한 두 문장은 문장 구조상으로도 일치하고 있다. 따라서 앞에서 정확하게 파악되지 않았던 '頓部叱'이 한역시의 '皆'에 대응됨을 한 눈에 파악할 수 있다.

小倉進平(1929)와 양주동(1943)은 '修叱賜乙隱'을 '-ㄴ' 관형사형과 관련이 있는 것으로 읽어 뒤에 오는 명사 '頓部'를 한정하는 말로 보았다. 그러나 이와는 달리 '頓部叱'을 부사로 보는 다른 해독들에서는 '修叱賜乙隱'을 '修叱賜-'에 동명사 어미 '-乙'과 보조사 '-隱' 붙어서 이루어진 것으로 이해하고 있다. 이러한 차이의 핵심에는 '頓部叱'이 자리잡고 있다. '頓部叱'에 대해서는 김영만(1991)에 향가의 '頓部叱'과 '頓叱'을 崔行歸의 漢譯詩와 華嚴經의 普賢行願品을 대조·검토한 결과가 나와 있는데, 이에 따르면 이 두 어귀는 어느 것이나 한자 '悉, 皆, 摠, 一切'에 대응한다고 한다. 이때 이들 한자들은 현대어의 부사 '다, 모두'에 해당하는 말이다.[9] 이는 '頓部叱'이 부사로 해독될 가능성이 높다는 것을 잘 보여 준다고 하겠다. 따라서 '修叱賜乙隱'은 '修叱賜-'에 동명사 어미 '-乙'과 보조사 '-隱'이 결합되어 이루어졌다고 보는 것이 합리적이다. 그러므로 향가의 '乙'자가 지닌 문법 기능으로 동명사 어미를 추가할 수 있다.[10]

다음의 예들은 대격 조사나 동명사 어미로 보기 어려운 경우이다.

유창균 : 다ㄹ릿시른 頓 주빗 나의 다ㅅ릿손뎌
최남희 : 닷가시온 頓部ㅎ 나이 닷굴 손뎡
9) '頓部叱'의 자세한 해독에 대해서는 김영만(1991)을 참조
10) 이외에 말음 표기로 보아야 할 것들이 있다.
　　善芽毛冬長乙隱 <請轉 7>, 菩提叱菓音烏乙反隱 <請轉 9>

(5) 法界居得丘物叱丘物叱 // 爲乙吾置同生同死 <恒順衆生歌 5>

(5)의 '爲乙'의 '乙'자에 대한 해석은 크게 두 가지로 나뉘어 이루어지고 있다.11) 하나는 동명사 어미로 해석하는 것이고, 다른 하나는 중세국어 조건의 연결 어미 '-거늘'에 대응하는 것으로 보는 것이다. 전체적으로 볼 때 동명사 어미로 보는 견해가 주류를 차지하고 있다. 이러한 견해는 小倉進平이 향가 해독을 시도한 이후로 계속적으로 이어져 왔다. 그러나 김완진(1980)에 이르러 의미상의 이유 때문에 연결 어미로 해석되어야 할 가능성이 제시되었다.

이에 대하여 먼저 동명사 어미로 보았을 때 생기는 문제에 대하여 살펴보기로 한다. 동명사 어미로 보게 되면, 이 문장에서는 '구물구믈한 것'의 주어가 불확실하게 된다. 구물구믈한 것의 주어에 대하여 김완진(1980:199)에서는 '爲乙'이 '홀'이라면 의미상의 주어가 '나'가 되므로써 '내가 法界 가득 구물구믈한다'는 것이 된다. 自他不二이기 때문에 구물거리는 衆生이 곧 '나'라고 할지 모르지만, 그래 가지고는 '吾置同生同死'가 성립되지 않는다."고 하여 문제점을 지적하였다. 아마 김완진(1980)에서 이러한 해석이 이루어진 것은 보조사 '-置(도)'의 존재 때문일 것이다. 일반적으로 '-도'는 어떤 다른 것에 그것이 함께 포함됨을 뜻할 때에 쓰이

---

11) 이에 대한 해독으로는 대표적으로 다음과 같은 것들이 있다.

小倉進平 : 法界에 가득흔 丘物ㅅ/홀 나도 同生同死
양주동 : 法界 ᄀ득 구믈구믈/혼 나두 同生同死
지헌영 : 法界 잇실 둙들ㅅ/ᄃ월 나도 同生同死
홍기문 : 법계 ᄀ득 구슬구믈/홀 나도 동생동사
김선기 : 법계 거덕 구믈구믈/혼 나도 동싱동ᄉ
서재극 : 봄대 고독 구믈구믈/깔 우리도 똥생똥사
김준영 : 法界 거득 구믈ㅅ 구믈ㅅ/홀 나두 同生同死
김완진 : 法界 ᄀ득 구믈ㅅ 구믈ㅅ/ᄒ야눌 나도 同生同死
유창균 : 法界 ᄀ득 구믈ㅅ 구믈ㅅ/홀 나두 同生同死
최남희 : 法界 거덕 구믈ㅅ 구믈ㅅ/ᄒ눌 나두 同生同死

는 것이다. 그런데 '爲乙'을 동명사 어미로 보게 되면, 어떤 다른 것에 포함되는 그것이 무엇인지를 명확히 설명할 방법이 없게 된다.

이러한 문제점을 고려할 때, '爲乙'의 '-乙'이 동명사 어미가 아닌 다른 것일 가능성에 대하여 생각해 보아야 할 것이다. 이런 견지에서 김완진 (1980)에서 제시된 'ㅎ야ᄂᆞᆯ'에 관심을 두기로 한다. 김완진(1980)은 '爲乙'을 중세국어의 'ㅎ거늘'에 대응되는 것으로 보고 이를 연결 어미와 관련하여 해석하고 있다. "'法界' 가득 벌레처럼 衆生이 우글우글하거늘, 나도 그들과 같이 하려노라" 정도의 뜻이 되는 것으로 풀이하고 있다. 이렇게 해석해 놓고 보면, 김완진(1980)의 견해처럼 '法界居得丘物叱丘物叱 爲乙'과 '吾置同生同死'는 서로 대칭적이어야 한다는 의미 맥락도 만족시키게 된다.

이에 대하여, 본고에서는 김완진(1980)처럼 '爲乙'을 연결 어미와 연관지어 해석하는 데는 견해를 같이하나, '爲乙'을 'ㅎ야ᄂᆞᆯ'로 해독하는 데 대해서는 다른 견해를 취하고자 한다. 신라나 고려시대의 향가에서는 '*-늘'이 단독으로 연결 어미로 쓰였을 가능성이 있기 때문이다. 또한 고려시대의 이두나 구결을 통해 보면, '*-늘'이 '거'와 결합함이 없이 단독으로 연결 어미로 쓰이고 있다.12) 이러한 점을 고려하여 '-乙'에 대한 독법을 '*-늘'에 대응시키고,13) [전제]의 연결 어미로 해석하고자 한다.14)

─────────────

12) 이는 뒤에서 자세히 다루게 될 것이다. 구결에서의 '-ㄱㄴ(늘)'은 연결 어미로 쓰이고 있어, 전기 중세국어에서 '*-늘'은 분석 가능한 형태기 된다.

13) 본고에서는 연결 어미로 쓰이는 '乙'의 독법에 대해서는 '늘'을 취하기로 한다. 사실 이 경우 독법은 두 가지가 있을 수 있다. 하나는 표기에 충실하여 '르'로 읽는 것이다. 그런데 '르'로 볼 때는 석독 구결 자료에 '-ㄴ(ㄹ)' 단독으로 쓰여 연결 어미가 된 예가 보이지 않는다는 점이 부담스럽다. 향가, 이두, 음독 구결에서는 '-ㄹ'로 읽힐 가능성이 있는 '-乙'과 '-ㄹ'이 존재하는데, 유독 석독 구결에만 없는 것이 이상하기 때문이다. 그러므로 석독 구결에만 '-르'로 읽힐 수 있는 표기가 보이지 않는 이유에 대한 설득력 있는 설명이 필요할 것이다. 일반적으로 문법 형태는 어휘와는 달리 그 생성과 소멸이 단기

'-乙' 연결 어미는 처용가에 나오는 아래 예문과도 관련이 있다.

(6) 奪叱良乙何如爲理古 <處容歌 8>

(6)의 '奪叱良乙何如爲理古'는 '奪叱良乙'과 '何如爲理古'로 끊어 있는 데 학자들의 견해가 일치하고 있다.[15] 그런데 '奪叱良乙'의 '-乙'에 대해서는

간에 이루어지는 것이 아니라 꾸준한 과정을 거쳐 이루어지는 것으로 알려져 있다. 그런데 향가에서는 '-ㄹ' 표기만이 존재하다가 석독 구결에서 갑자기 '-늘'로 읽어야 할 표기가 등장했다는 것은 문법 형태의 일반적인 특징과는 거리가 멀다. 한편, 이두와의 관계를 고려하여도 문제가 생긴다. 조선시대 후기의 이두 자료를 보면, '-去乙'이 '-거늘'로 읽히고 있다. 물론, 조선시대 후기의 자료들이기는 하지만, 어느 정도 이두의 전통적인 독법을 반영하고 있을 가능성을 배제할 수 없다. 또한 고려시대의 이두에 '-거늘'에 직접 대응될 만한 '*-去隱乙'과 같은 표기가 나타나지 않는 것도 고려를 해야 한다. 신라나 고려시대의 향가나 이두에서는 '-去乙'이 '-걸'로 읽혔다가 조선시대에 들어서 '-거늘'로 읽혔다면, 이 또한 매우 부담스럽다. 그 사이에 이러한 변화가 일어났다면, 이 변화를 반영할 만한 개연성 있는 증거가 필요하다. 그렇다고 '-늘'로 읽는다는 것도 부담스러운 면이 없지 않다. 무엇보다도 결정적인 것은 '-乙'을 '-늘'로 읽어야 할 절대적인 근거가 없다는 것이다. 물론 조선 후기의 이두 자료에서 '-乙'을 '-늘'로 읽고 있기는 하지만, 그렇다고 해서 신라나 고려시대의 '-乙'도 이에 따라 '-늘'로 읽어야 할 절대성은 없다. 본고에서는 '-거늘'의 역사적인 변천이나 차자 표기 전반을 고려하여 '乙'을 '늘'로 읽기로 한다. 또한 차자 표기를 논하는 다른 논문들도 '-늘'로 읽고 있는데, 이러한 일반적인 독법에 따르는 측면도 있다. 그렇지만 '乙'을 '늘'로 읽어야 하는 절대적인 이유가 아직 마련되어 있지 않다는 점은 여기서 밝히고 넘어가기로 한다.

14) 김소희(1996:114)는 16세기 국어의 '-거늘'에 대해서 "'-거늘/어늘'의 주된 기능은 선행 문장의 명제 내용을 전제하여 후행 문장이 전개되어 나가도록 하는 것"이라고 하여 '-거늘'이 가진 주된 기능을 전제로 잡고 있다. 이는 향가의 '-乙'도 다르지 않은 것으로 보인다.

15) (4)에 대한 그동안의 해독을 일괄하여 보면 다음과 같다.

小倉進平 : 쎄앗어늘 엇디ᄒ리잇고

양주동 : 앗아늘 엇디ᄒ릿고

지헌영 : 아ᅀᅡ몰 엇뎨ᄒ리고

대체적으로 동명사 어미 '-ㄴ'과 대격 조사 '-ㄹ'의 결합으로 보고 있다. 다만 고영근(1985)에서 중세국어의 한글 문헌에 나타나는 '-거늘', '-거든' 구문의 통사적 특성을 고려할 때 처용가의 '良乙'이 연결 어미와 관련되어 옮겨져야 한다는 점이 거론되었다. 이처럼 대부분의 경우에는 '-乙'이 대격 조사로 해독되고 있다. 그러나 '-乙'을 '동명사 어미+대격 조사'로 해석하기 위해서는 다음과 같은 문제가 먼저 해결되어야 한다.16) 우선 해석상의 문제를 들 수가 있다. 언뜻 생각하기에 "빼앗은 것을 어찌하리오." 가 현대어로 뜻이 통할 듯하다. 그런데 현대어로 해석해서 뜻이 통하려면, "(남이) 빼앗은 것을 (내가 이를) 어찌하리오." 정도가 되어야 할 것이다. 여기에서 문제가 생긴다. 하나의 문장에서 서로 다른 두 개의 주어가 생략되어 둘다 문면에 나타나지 않는 불분명한 문장이 되기 때문이다. 정상

홍기문 : 바ᅀᅡ눌 엇뎨ᄒ리고
김선기 : 앗을랑을 아다까리고
서재극 : 아사ᄅᆞᆯ 엇다ᄒ리고
김준영 : 앗아을 엇다ᄒ리고
김완진 : 아ᅀᅡ눌 엇디ᄒ릿고
유창균 : 이슬랑을 엿뎨 ᄒ리고
최남희 : 아살 엇다ᄒ리고

16) 양주동(1965:428)에 보면, "맛치 「隱」이 「은·는」에 통용됨 같이 「乙」은 「늘」에도 쓰여진다. 吏文에 「去乙·在乙」이 그 著例이다."라고 하여 '늘'로 읽을 수 있는 근거를 吏文에서 찾고 있다. 그런데 吏文은 정조 때 사람 具允明이 지은 것이다. 조선시대 후기의 자료를 근거로 향가의 '乙'을 '늘'로 읽을 수 있는지 의심스럽다. '-乙'의 독법과 관련된 것으로 '奪叱良乙'의 '-乙'에 대한 독법이 '-눌' 또는 '-룰'이 되는 것에 대한 명확한 설명이 있어야 한다. 필자가 생각하기에, '-乙'이 '-눌' 또는 '-룰'이 되는 것은 '-乙'을 대격 조사로 해석하려는 데서 온 것으로 보인다. 동사 '앗-'이 목적어로 쓰이기 위해서는 명사적 용법을 가져야 한다. 그러므로 명사적 쓰임을 위해 동명사 어미 '-ㄴ' 또는 '-ㄹ'이 필요하기에 독법에서 '-눌'과 '-룰'이 된 것이다. 이러한 저간의 사정이 이해되기는 하지만, '-룰' 또는 '-눌'로 읽는 문헌에는 '-ㄴ' 또는 '-ㄹ' 음의 보충에 대한 설명이 제대로 되어 있지 않다.

적인 문장이라면, "내가 빼앗긴 것을 어찌하리오" 정도가 되어야 할 것이
다. 이 시의 화자이면서 주어는 계속 일인칭이기 때문이다. 그러다가 마
지막 연에 와서 주어가 '내'가 아닌 '남'이 된다는 것은 쉽게 이해가 되지
않는다. '-乙'을 연결 어미로 보는 것은 이런 부담들을 덜기 위한 방법이
될 수 있다. '-乙'을 연결 어미로 보게 되면, 첫째, '-乙'을 부담스럽게 '-
늘' 또는 '-롤'로 읽어야 할 필요가 없고, 둘째, 종속절의 주어로 '내'가 아
닌 '남'이 허용된다는 이점이 있다. 이러한 점들을 고려하여 연결 어미로
보게 되면, 『處容歌』의 마지막 구절은 고영근(1982)에서처럼 "(남이) 빼앗
으니, (내가 이를) 어찌하리오" 정도로 해석된다. 이때도 선행절이 후행절
의 [전제]가 되고 있다.

　한편, '-良乙'은 '-良-+-乙'로 형태 분석이 가능한데, 이것은 『恒順衆生
歌 5』에서는 연결 어미 '-乙'이 단독형으로 쓰인다는 사실을 염두에 둔 결
과이다. '-乙'이 동사 어간과 직접 결합하여 연결 어미로 쓰인 예는 균여
전 향가에서만 발견되기는 하지만, 이것이 신라 향가인 『處容歌』에 나오
는 '-良乙'을 '-良-'+'-乙'로 분석하는 데 영향을 끼치지는 못할 것으로 본
다. 이는 문법 형태화와 관련된 것으로 후대인 석독 구결이나 음독 구결
시기에도 문법 형태화하지 못한 '-良乙'이 전대에 이미 문법 형태화해 있
다는 것은 문법 형태화의 일반적인 원칙에서 어긋난다. 또한 '-良-'이 향
가에서 하나의 형태소로 쓰이고 있다는 사실도 간과해서는 안 될 것이다.
김영욱(1995)에 의하면, 15세기 국어의 확인법 '-거/어-'에 해당되는 '-去/
良-'이 향가에서 쓰이고 있는데, 『處容歌』 '-良乙'의 '-良-' 역시도 타동과
비타동에 따른 교체를 반영하여 '-良-'으로 나타나기 때문이다.[17]

　한편, 향가에서는 피사동 접사가 표기에 잘 드러나지 않으므로 종래의
일반적 해석처럼 '동명사 어미+대격 조사'로 보는 방법이 불가능한 것은
아니다. 그러나 이러한 처리 방법은 본고의 처리보다 문제가 많다는 것을

---

17) 김영욱(1995:107~108)을 참조

고려할 필요서 있다. 한편으로, 처용가의 '-乙'자가 이처럼 두 가지로 해석될 수 있다는 것은 '*-늘'의 문법 형태화에 관해 중요한 정보를 준다. 이처럼 '-乙'이 중의적인 해석이 가능한 것은 '*-늘'이 동명사 어미 '-ㄴ'+ 대격 조사 '-을'의 결합에서 왔다는 것을 보여 주는 셈이기 때문이다.[18]

향가 '-乙'의 용법에 대한 검토는『恒順衆生歌』의 다음 문장에 대해 새로운 해독의 가능성을 열어 준다.

(7) 迷火隱乙根中沙音逸良 <恒順衆生歌 2>

위 (7)의 예문에 대한 종래의 해독은 세 부분으로 나누는 것과 네 부분으로 나누는 것의 두 가지 방법이 있었다.[19] 두 방식의 차이는 '迷火隱乙'을 '迷火'와 '隱乙'로 나누느냐의 여부에서 온다. 그런데 대체적으로 세 부분으로 나누는 방법을 취하고 있다. 대표적으로 김완진(1980)에서는 '迷火隱乙'에서 '隱'과 '乙'을 음독하여 문법 형태로 보았다. '隱'은 동명사 어미로, '乙'은 대격 조사로 본 것이다. 그 결과 '迷火隱乙'은 '이브늘'로 해독되고 있다. 그리고 '迷火-'는 중세국어의 '이블-'에 대응되는 것으로 보고 있다. 그런데 이러한 대응에는 문제가 있다. '迷火-'를 '이블-'에 대응

---

18) '*-늘'의 문법 형태화에 관한 문제는 뒤에서 다시 논의하게 될 것이다.
19) 이에 대한 해독으로는 다음과 같은 것들이 있다.
　小倉進平 : 迷火에 숨을 불휘에사 옳샤는일야
　양주동 : 이브늘 불휘 사ᄆᆞ샤니라
　지헌영 : 이본을 불휘 심사니라
　홍기문 : 이본 브를 불휘히 사ᄆᆞ샤니라
　정열모 : 이블 다믈 믿둥사 음샤니라
　김선기 : 미화 솜을 불귀애 샘 주안이라
　김준영 : 이븐을 불히 삼산이라
　김완진 : 이브늘 불휘 샤ᄆᆞ시니라
　유창균 : 이브른을 불히 사ᄆᆞ신이라
　최남희 : 이븐을 불휘히 사ᄆᆞ시니라

시킬 객관적인 이유를 어디서도 찾을 수가 없기 때문이다. 또한 김완진 (1980)의 경우 '迷火隱乙'의 해독은 '이볼늘'로 해 놓고, 현대어역은 '迷惑' 으로 바꾸어 놓았는데 둘 사이에 어떤 관련이 있는지가 분명하지 않다.

이러한 문제를 고려한다면 '迷火隱乙'의 '-乙'은 그 해독에 있어서 다른 가능성을 탐색해 보아야 한다. 연결 어미로 해독하는 것이 그 방법이다. 우선 이와 관련하여, 종래의 대체적인 경향과는 달리 네 부분으로 나누어 읽는 방식을 택하기로 한다. 그러면 결과적으로 '迷火'와 '隱乙'이 나뉘게 되는데, '迷火'는 '미혹의 불'에 대응시키기로 한다. 뒤에 나오는 '大悲叱 水'을 의식하지 않을 수 없기 때문이다.[20] 그리고 '隱'을 종래와는 달리 훈독하여 '숨-'에 해당하는 것으로 보면, '隱乙'은 '숨늘' 정도가 된다. 이 렇게 해독을 해 놓고 보면, 그 해석이 "미혹의 불이 숨거늘, (이것을) 뿌리 삼으니라" 정도가 된다. 그러면 종래의 해석보다 문장의 호응 관계도 자 연스러워지는 면이 있다. 이전의 해석에서는 '이볼'을 '大悲叱水'로 적시 어 시들지 않게 하는 것이었는데, 새로운 해석에서는 '迷惑의 火(불)'을 '大悲의 水(물)'로 적시어' 시들지 않게 하기 때문이다.

2.3 이두와 구결의 '-乙'

2.3.1 이두의 '-乙'

이두의 '乙'자도 향가와 마찬가지로 대격 조사, 동명사 어미, 연결 어미 의 세 가지로 쓰이고 있다. 이는 향가와 이두의 표기 체계가 크게 다르지 않았음을 보인다. 이에 대한 선행 업적으로는 이승재(1992ㄱ), 서종학 (1995) 등이 있다. 이들 연구에서 이미 이두의 '-乙'이 대격 조사, 동명사 어미, 연결 어미로 쓰인다는 사실이 언급되었다. 여기에서는 선행 업적을

---

20) 大悲叱水留潤良只/不冬萎玉內乎留叱等耶「恒順衆生歌 3, 4」
    김완진 : 大悲ㅅ 믈로 저적/안들 이볼ㄴ오롯ㄷ야

중심으로 이두 '乙'자의 용법을 살펴보기로 한다.

먼저 '乙'자가 고려시대 이두 자료에서 대격 조사와 동명사 어미로 쓰인 예이다.

(8) ㄱ. 并 十四州郡縣 契乙 用 成造令賜之 <慈寂禪師碑 7~8>
    ㄴ. 光賢亦 石塔伍層乙 成是白乎 願 表爲遣 <淨兜 7~8>
    ㄷ. 由報爲乙 右 味乙 傳出納爲 置有去乎等 用良 <尙書100>[21]

위의 예문을 보면, (8ㄱ)의 '乙'은 '契'가 서술어인 '用'의 목적어가 됨을 보이고, (8ㄴ)의 '乙'은 石塔伍層이 서술어 '成'의 목적어가 됨을 보이고 있다. 이처럼 '-乙'은 이두에서도 향가와 마찬가지로 대격 조사의 기능을 가진다.[22] (8ㄷ)에서는 '-乙'이 '味'를 수식하고 있다. (8ㄷ)의 예는 '-乙'이 동명사 어미임을 보여 준다.[23] 이러한 것들은 이승재(1992ㄱ)와 서종학(1995)에서 이미 언급되었던 것들이다.

다음은 이 글의 논의와 관련이 있는 '-乙'이 쓰인 예이다.

(9) 古石佛 在如賜乙 重脩爲 今上 皇帝萬歲願 <校里磨崖>[24]

(9)의 '乙'에 대한 설명은 '乙'을 대격 조사나 동명사 어미로 보았을 때, 생기는 문제를 지적하는 데서 시작하기로 한다. 먼저 (9)에 보이는 '-乙'을 대격 조사로 보게 되면, 목적어를 상정해야 하는데 이때 문제가 생긴다. 이에 대해서는 동명사 어미로 보았을 때, 생기는 문제를 논의하면서 같이 다루기로 한다. 또한 주체 존대의 선어말 어미 '-賜-'의 처리도 부담이 된다. 선어말 어미 '-시-'와 대격 조사 '-을'의 직접적인 결합은 국어에서는

---

21) (8)의 예문은 모두 이승재(1992ㄱ)에서 재인용한 것이다.
22) 자세한 내용은 이승재(1992ㄱ:111~112), 서종학(1995:74~76)을 참조
23) 자세한 설명은 이승재(1992ㄱ:182), 서종학(1995:147~148)을 참조
24) (9)의 예문은 이승재(1992ㄱ:189)에서 재인용한 것이다.

고대에서 현대에 이르기까지 문법적으로 허용된 적이 없기 때문이다. 물론 이두에서는 관형사형 어미 '-ㄴ'이 생략 표기되는 경우가 많다는 것을 고려하면, '-賜-' 뒤에서 관형사형 어미 '-ㄴ'이 생략 표기되었다고 할 수도 있다. 그러나 이도 생략을 가정한다는 점에서 부담스러운 면이 있다.

다음으로 '-乙'을 동명사 어미로 보게 되면, 문장 구조상에 있어서 '在如賜乙'의 처리가 문제가 된다. '-乙'이 동명사 어미로 쓰였다면, 문장의 구조상 '在如賜乙'은 '重脩ᄒ-'의 주어가 되거나 목적어가 되어야 할 것인데, 이 둘다 가능하지가 않기 때문이다. 첫째, 주어가 될 가능성을 살펴보면, '重脩ᄒ-'는 [+유정물]의 주어를 필요로 하는 동사인데, '在如賜乙'은 [+무정물]이 된다는 점에서 동사 '重脩ᄒ-'의 주어가 될 가능성이 희박하다. 둘째, 목적어가 될 가능성을 살펴보면, 동사 '重脩ᄒ-'의 목적어가 될 수 있는 것들은 건물, 불상 등의 어떤 구체적인 형상을 가진 것들인데, 형상을 지니지 않은 '在如賜乙'이 '重脩ᄒ-'의 목적어가 될 수는 없다.

반면에, '乙'을 연결 어미로 파악하게 되면, 문법적인 면이나 의미적인 면에서 자연스러운 설명이 이루어진다. 문법적인 면에서 '乙'을 대격 조사로 보았을 때 생겼던 '-賜-'의 처리 문제가 해결된다. 연결 어미로 보게 되면, 주체 존대 선어말 어미와 연결 어미의 결합은 자연스러운 것이 되기 때문이다. 의미적인 면에서 동명사 어미로 보았을 때는 해석이 '古石佛이 계시는 것을 重脩하-'로 되어 '重脩하-'의 대상이 불분명해지는데, 이를 [전제]의 연결 어미로 해석하게 되면, '고석불이 계시니 (이를) 重脩하-' 정도가 되어 '重脩하-'의 대상이 명확해진다.[25]

그런데 이승재(1992ㄱ)는 '-乙'을 연결 어미로 보아도 문제가 생긴다고 지적하고 있다. 이승재(1992ㄱ)에서는 '在如賜乙'에 대하여 '在如賜乙'은

---

25) 조선시대 이두에서도 '*-늘'이 쓰이는 예가 발견된다. 이에 대해서는 박성종 (1996ㄱ: 263~264)를 참조. 대표적인 예로 '禍亂之幾 日生不已爲去有乙 門下侍中 裵克廉 …<1392 李和錄券 58~59>'가 있다.

在를 '겨시-'가 아니라 '*겨-'로 읽어야 함을 보여 주는 근거가 되는데, 정
작 문제가 되는 것은 어미 통합체인 '-*더시늘'이 15세기에 문증되지 않
는다는 점이다." 하여 15세기에 연결 어미 '-늘'이 존재하지 않는다는 사실
을 문제로 들었다.[26] 그러나 필자가 보기에 이는 큰 문제가 되지 않는다.
고려시대와 15세기의 문법 체계는 다를 수 있기 때문이다. 고려시대 이두
에 나오는 어미 통합체의 계열 관계와 통합 관계를 고려하면, '在如賜乙'은
각각이 형성소인 '在-'+'-如-'+'-賜-'+'-乙'의 결합일 가능성이 크다.[27]

이와 관련하여 다음에서는 고려시대 이두에 나타나는 어미 통합체들을
제시하여 '-乙'의 분석 가능성을 논의하기로 한다.

  (10) ㄱ. -在乙(겨늘), -去乙(거늘), -如乙(더늘)
       ㄴ. -去在乙(거겨늘), -如在乙(더겨늘) -去賜乙(거시늘), -如賜乙(더시늘)

우선 (10ㄱ)의 '-去乙', '-如乙'을 각각 (10ㄴ)의 '-去在乙', '-如在乙'과 비
교함에 의해 '-在-'가 분석된다. 또한, '-去-'와 '-如-'는 통합되어 나타나지
않고, '-去乙'과 '-如乙', '-去在乙'과 '-如在乙', '-去賜乙'과 '-如賜乙'을 각각
비교함에 의해 계열 관계임을 확인할 수 있으므로, 하나의 형성소로 분석

---

26) 남풍현(1994:661~662)에서는 이승재(1992ㄱ)을 비판하고 '-이시었던 것을'로
    해석하고 있다. 남풍현(1994)처럼 해석해 볼 가능성이 전혀 없는 것은 아니다.
    그러나 연결 어미와 '동명사 어미+대격 조사' 중 보다 합리적인 것을 택하는
    것이 좋으리라 본다. 본고의 견해를 따른나면 연결 어미로 보는 것이 더욱 합
    리적일 것 같다. 연결 어미 '-乙'이 이처럼 '동명사 어미+대격 조사'로 해석될
    가능성을 보이는 것은 이 연결 어미가 기원적으로 '동명사 어미+대격 조사'
    에서 온 때문인 것으로 볼 수 있다.
27) 물론, 서종학(1995)처럼 '在如'와 '賜乙'을 나누어 '在如 (爲)賜乙로 보는 것도
    하나의 방법이 될 수 있다. 이를 위해서는 차자 표기 자료에서 동사 '爲-'가
    생략되는 다른 예가 존재하는지가 밝혀져야 할 것이다. 그리고 자료는 있는
    그대로 보는 것이 좋다. 있는 그대로 보아도 해석이 가능한 경우에 군이 생략
    을 가정하는 것은 자연스럽지 못하다.

하는 것이 가능하다. '-去-'와 '-如-'가 분석되면, '-乙'도 자연스럽게 분석될 것이다. 15세기에서는 '-거늘'은 있으나, '*-더늘'이 문증되지 않아 '-거-'와 '-늘'로 분석하지 못했던 것이다. 그런데 고려시대 이두의 경우에는 '-去乙'과 '-如乙'은 통합 관계와 계열 관계를 고려할 때, '-去-'+'-乙', '-如-'+'-乙'로 각각 분석이 가능하게 된다.

그런데 고려시대 이두의 연결 어미 '-乙'과 15세기 국어의 연결 어미 '-거늘'은 [전제]의 기능을 가진다는 점에서 관련을 지녔을 것으로 생각된다. 그러므로 고려시대 이두의 '-去乙'과 15세기 국어의 '-거늘'을 관련지어 볼 수 있다. 그러나 '-去乙'의 '-乙'과 '-거늘'의 '-늘'은 음상으로 보아서는 관련이 없을 듯하기 때문에 문제가 생긴다.

이에 대해서는 조선시대의 이두 자료의 독법을 참고할 수 있다. 조선시대 후기 자료를 보면, '爲去乙'이 대개의 '하거늘'로 읽히고 있다.[28] 조선시대 후기의 이두 자료에 나온 '爲去乙'의 독법에 관심을 두는 것은 이 것이 차자 표기의 전통과 관련이 있을 것으로 추측되기 때문이다. 조선시대 후기 이두 자료에서 '去乙'이 '거늘'로 읽혔다면, 고려시대 이두 자료에서의 '-去乙' 역시도 '-거늘'로 읽혔을 가능성이 적지 않기 때문이다. 더욱이 조선시대 후기의 이두 자료에 나오는 '-去乙'이 15세기 국어의 연결 어미 '-거늘'에 대응된다는 점을 생각한다면, 고려시대 이두의 '-去乙'이 '-거늘'로 읽혔을 가능성이 더욱 높아진다고 할 수 있다. 고려시대 이두의 '-乙'도 연결 어미의 기능을 가지고 있기 때문이다. 그러나 조선시대 '-去乙'의 독법이 '-거늘'이라고 해서 고려시대의 '-去乙'도 '-거늘'로 읽힐 절대성은 없다고 본다. 그러므로 고려시대의 '-去乙' 또한 '-거늘'로 읽어야

---

28) 강 영(1993)에 제시된 바에 따르면, 조선시대 후기 자료집들에서 '爲去乙'은 '하거늘'로 읽고 있다.

爲去乙 : ᄒᆞ거늘 (吏例)(羅麗)(便覽)(吏彙)
　　　　ᄒᆞ거롤 (吏師)

한다고 주장하지는 않는다. 다만 본고에서는 이두 표기 체계에서 '-去乙'이 계속적으로 보이고 구결에서도 '-去乙', '-去ㅌ'과 같은 표기가 보인다는 점을 지적해 두고자 한다.

이상에서 살펴본 바에 의하면, 이두의 '-乙' 역시도 대격 조사, 동명사 어미, 연결 어미의 세 가지 기능을 가지고 있다는 것을 알 수 있다. 한편, '-去乙'과 같은 표기가 나오는데, 이는 확인법 선어말 어미 '-去-'와 연결 어미 '-乙'의 결합일 가능성이 크다는 점도 밝혔다.

2.3.2 석독 구결의 '-ㄱㄴ'

석독 구결 자료인 『舊譯仁王經』, 『華嚴經』, 『金光明經』에는 향가나 이두의 '-乙'에 해당하는 '-ㄱㄴ'이 보인다. 석독 구결 자료를 살펴보면, '-ㄱㄴ'이 두 가지의 용법을 가진다. 하나는 연결 어미이고, 다른 하나는 동명사 어미 '-ㄱ'+대격 조사 '-ㄴ'로 쓰인 것이다.[29)]

> (11) 路Ⅱ 無塵ㄴㄱㄴ 見ㅏㄱㅣ十ㄱ 當 願 衆生 常Ⅱ 大悲ㄴ 行ㄴㅏㅈ
> 其 心ㅁ 潤澤ㄴㅌㅎ <華嚴14; 5:3> // 길이 티끌이 없는 것을 볼 때에는, 원컨대, 마땅히 중생은 항상 큰 자비를 행하여서 그 마음이 윤택해지소서

(11)의 예문에 보이는 '-ㄱㄴ'은 모두 '동명사 어미+대격 조사'로 이루어진 것들이다. '-ㄱㄴ' 뒤에 오는 '見(보-)'은 타동사로서 목적어를 필요로 한다. 또한 '見'에 연결된 어미 구조체 중에서 'ㅏ'는 확인법의 타동사 표지로 쓰인다는 점에서 확실성을 더해준다.[30)] '見ㅏㄱㅣ十ㄱ' 구조체는

---

29) 정재영(1996ㄱ:156~157)에 의하면, 『梵網經菩薩戒』(엄인섭본)에서는 '乙'자가 동명사 어미로 쓰이고 있다고 한다. 초기 음독 구결 자료에서도 이른바 동명사 어미가 'ㄴ, 乙'로 표기되고 있다.

30) 『華嚴經』 제14권에서 확인법 표지 '-去/ㅏ-'를 다룰 때는 유의할 점이 있다. '-ㅏ-'는 타동사에 따른 교체를 보이지만, '-去-'는 타동사와 비타동사 모두에 쓰인다.

『華嚴經』을 통해서 여러 차례 나오고, 예외 없이 앞에 '동명사 어미+대격 조사'로 이루어진 '-ㄱㄴ'을 요구한다.

다음 (12)는 '동명사 어미+대격 조사'로 이루어진 구성이라고 보기 어려운 예문이다.

> (12) 三賢 : 十聖 : ノㅅㄱ 果報 ㅓ十 住ㅡㄱㄴ 唯ハ 佛 ㅣㅡ尸 一人 ㅣㅡ
> ㅓ 淨土 ㅓ十 居ㅡㄱ ㅣ灬 <舊仁 11:6> // 三賢이니 十聖이니 하는 것은 果報에 住하시거늘 오직 부처이신 한 사람이시라(한 사람만이) 淨土에 居하시는 것이다.

예문 (12)가 앞의 예문 (11)처럼 동명사 어미+대격 조사로 이루어져 있다면, 우선 '住ㅡㄱㄴ'의 뒤에 타동사가 나와야 하는데 타동사가 보이지 않는다. 그러므로 향가나 이두에서와 마찬가지로 석독 구결의 '-ㄱㄴ'도 연결 어미와 관련지어 생각해 볼 수 있다. (12)의 '-ㄱㄴ'을 '동명사 어미+대격 조사'로 보게 되면, 해석이 '三賢이며 十聖이라 하는 것은 果報에 住하신 것을 오직 부처이신 한 사람이시라(한 사람만이) 淨土에 거하시는 것이다'가 되어 '住하신 것'을 지배하는 타동사를 찾을 수가 없다. 반면에 '-ㄱㄴ'을 하나의 형성소인 연결 어미로 보게 되면, '三賢이며 十聖이라 하는 것은 果報에 住하시거늘 오직 부처이신 한 사람이시라(한 사람만이) 淨土에 거하시는 것이다'가 되어 문법적으로나 의미적으로 올바른 해석이 이루어진다.

그러나 다음은 '동명사 어미+대격 조사'로도 연결 어미로도 볼 수 있는 경우이다.

> (13) 復ㅡㄱ 彌勒 : 師子吼 : ㅡ尸 等ㅡㄱ 十千人ㅓ十 問ㅡㅡㅅㅡㄱㄴ
> 能矢 答ㅡㅅ七 者 無七ㅂハㅡㅣ <舊仁 3:2~3> // 또한 彌勒이니

자세한 내용은 이용(1998)을 참조

師子吼이니 하는 것과 같으신 十千人에게(도) 물으신 것을(물으시
거늘)능히 대답하는 자도 없으시다.

(13)의 경우는 '동명사 어미+대격 조사'로도 볼 수 있고, 연결 어미로
도 볼 수 있다. 그 뜻을 해석함에 있어서 둘다 가능하다. 이처럼 과도적인
모습을 보이는 예는 연결 어미 '-ㄱㄴ'이 '동명사 어미+대격 조사'부터
온 것을 논증해 줄 수 있다는 점에서 중요하게 다룰 필요가 있다.

이처럼 중간적인 단계의 모습을 보이는 예들을 앞에서 '분화(分化)의 원
리'와 관련하여 설명한 바가 있다. 기원적인 통사적 구성과 그것의 결과
물과의 중간적인 단계를 보여 주는 것들은 문법 형태화의 결정적인 증거
가 된다. 이것은 문법 형태화가 한 순간에 일어나는 것이 아니라 여러 단
계를 거쳐 서서히 일어난다는 사실을 보여 주고 있다.

'-ㄱㄴ'은 '인접성의 원리'도 지키고 있다. 인접되는 요소들의 통합이
언중들에게 하나의 단위로 인식되고 이것이 문법 형태화하게 되었다는
점에서 인접성의 원리를 지키고 있다.

석독 구결의 '-ㄱㄴ'은 '-去-', '-ナ-', '-ㅁ-' 등의 문법 형태와 다양하게
결합하는 양상을 보여 준다.

(14) ㄱ. [於]解ㄔ十 常॥ 自灬 一॥氵 [於]諦氵十 常॥ 自ㅎ灬 二॥ㄱ
॥氵ヒㅣ丷氵 比॥ 無二丷ㄱ灬ㄴ 通達丷氵ハ二ㄱㄴ 眞立 第一
義氵十 入丷去ハ二ㄱㅣ丷氵ノ禾ㅣ <舊仁 15:5~6> // 解에 항
상 늘 스스로 하나이며 諦에 항상 스스로 둘인 것이라 하여 이
것이 둘이 아님을 通達하시었으니 참(진정) 第一義에 들어가신
것이라고 할 것이다.
ㄴ. 量॥ 無ㄱ 寶蓮華乙 出生ノ尸厶 其 華ㄴ 色相ㄱ 皆ㄴ 殊妙丷
ㄱ乙 此乙 以氵 [於]諸ㄱ 佛乙 供養丷ナ氵 <華嚴14; 16:7~8>
// 한량이 없는 寶蓮華를 내되 그 꽃의 色相은 모두 殊妙하니
이를 써 모든 부처를 供養하며

ㄷ. 法界1 分別 無七口1 是 故灬 異ソ1 乘 無七口1乙 衆生乙 度ソ[爲]人ソニ尸入灬 <金光 13:16> // 法界는 分別없는 까닭에 다른 수레 없거늘 衆生을 濟度하고자 하시는 것이므로

ㄹ. 一切 外人刂 來ソ3尒 相ノ 詰難ソ去1ㄴ 善(能 解釋ソ3) 其乙 降伏[令]刂ソ尸矢 是 波羅蜜義刂ケ 能ケ 十二行 法輪乙 轉ソ尸矢 是 波 羅蜜義刂ケ <金光 5:20> // 一切 外人이 와서 서로 詰難하거늘(잘 解釋하여) 그를 잘 降伏하게 하는 것이 이것이 波羅蜜義이며 十二行 法輪을 잘 굴리는 것이 이것이 波羅蜜義이며

ㅁ. 淨光刂 悉3 皆 圓滿ソニ1ㄴ 量 無ソ1 億梵王刂 圍遶ソ3尒 恭敬ソㅋ 供養ソㅋソ白トノ1刂ニ1丄 <金光 6:21~22> // 淨光이 다 모두 圓滿하시니 한량 없는 億梵王이 圍遶하여서 恭敬하고 供養하고 하오시는 것이구나

(14ㄱ)에 보이는 '-1ㄴ' 역시도 '-ㄴ'을 대격 조사로 보게 되면, 대격 조사를 필요로 하는 동사를 찾을 수가 없다. '3ハニ'가 아직까지 명확하게 해명되지 않아 이 구조체에 대한 올바른 해석을 내리기는 힘들지만,[31] '-ㄴ'을 대격 조사로 보아서는 해석이 올바로 이루어지지 않는다. 뒤에 대격 조사 '-ㄴ'을 지배할 만한 동사가 보이지 않기 때문이다.

(14ㄴ-ㄹ)도 마찬가지로 대격 조사 '-ㄴ'을 필요로 하는 동사가 보이지 않는다. 이들 문장에서의 '-1ㄴ'도 모두 연결 어미로 해석되어야 할 것들인데, 통합 관계를 보면, 다양한 선어말 어미와 결합을 보이고 있다. (12ㄴ)에서는 '-1ㄴ'이 석독 구결의 선어말 어미 '-ナ-'와의 결합을 보여 주

31) '-3ハニ-', '-去ハニ-', '-ロハニ-'는 아직 제대로 해결이 되지 않는 어미구조체이다. 그런데 어미구조체들은 어느 정도 해결의 실마리를 가지고 있기도 하다. 이 용(1999)에서 살펴본 것처럼, '-去/3-'는 비타동과 타동에 따른 교체를 보이고 '-ニ-'는 주체 존대의 선어말 어미로 해석해야 할 경우가 많기 때문이다. '-ロハニ-'는 향가의 '-古只賜立', 고려가요의 '-고시-'와 관련을 지닌 것으로 보인다. 자세한 논의는 이 용(1999)을 참조.

고 있다. 이 '-ナ-'에 대해서는 아직도 그 정확한 문법 기능이 밝혀지지 않고 있다.32) 그러므로 음상만을 가지고, '-ナㄱㄴ>-거늘'을 추측하는 것은 무리이다. 더욱이 이두에 보이는 '-去在乙(거겨늘)', '-如在乙(더겨늘)' 등의 통합 관계와 계열 관계를 고려한다면, 석독 구결에 나타나는 '-玄-'와 '-ナ-'는 서로 다른 형성소일 가능성이 크다. (12ㄷ)에서는 연결 어미 '-ㄱㄴ'이 선어말 어미 '-ㅁ-'와 결합하여 쓰이기도 한다. 이와 관련하여 '-ㅁㄱㄴ>-거늘'을 추측하는 경우도 있다. 그러나 석독 구결에서 '-ㅁ-'와 '-玄-'는 형태 배열상의 순서와 쓰임이 다른 형성소이므로 '-ㅁㄱㄴ>-거늘'의 추측은 재론의 여지가 있다.33) (12ㄹ)에는 '-ゝ玄ㄱㄴ'이 보인다. 석독 구결에서는 연결 어미 '-ㄱㄴ'이 존재하고, (12ㅁ)의 'ゝㄷㄱㄴ'에 의해서 구

32) '-ナ-'의 문법 기능에 대해서는 크게 세 가지의 견해가 있다. 첫째, 이두에서와 같이 이른바 동명사 어미로 보는 것이다. 둘째, 주체 존대 선어말 어미로 보는 것이다. 주체 존대 선어말 어미로 보는 견해는 최근에 들어 이승재(1996)에서 제기되었다. 무엇보다도 '-ナ-'가 주체 존대의 '-ㅅ-'와는 결합하는 양상을 보이지 않는다는 것이 중요한 이유가 되는 것 같다. 그런데 이 주장이 고려시대의 국어에 제대로 들어맞는지는 의문이다. 주체 존대를 삼분 체계로 설정하고 있는데, 이처럼 언중들이 주체 존대를 복잡하게 사용했을지가 의문이기 때문이다. 셋째, 김영욱(1999:2~727)에서는 계열·통합 관계를 고려하여 [완료]라는 동작상 범주에 속하는 선어말 어미로 파악하였다. 백두현(1997ㄷ)에서도 시상의 범주에 속하는 것으로 제시한 바 있다.

33) 석독 구결의 선어말 어미 '-ㅁ-'에 대해서는 이용(1999)을 참조. 여기에서는 '-ㅁ-'의 구조적 양상에 대해서 기술한 바 있다. '-ㅁ-'는 일반적으로 '-玄-'의 이형태나 선대형으로 언급되어 온 경향이 있었다. 그러나 이용(1999)에서는 '-ㅁ-'가 '-玄ㅣ'와 통합하고 선어말 의미의 배열 순서에 있어서 '-玄-'의 뒤에 오는 것임을 밝혀, 기존의 논의들에 의문을 제기하였다. 다음으로 전체적인 선어말 어미의 배열 순서를 관찰하여 '-ㅁ-'는 '-ㅅ-'의 뒤에 온다고 보았다. 이를 바탕으로 '-ㅁㅅㅅ-'가 전체적인 선어말 어미의 배열 순서에서 어긋난다고 보고, 그 원인이 'ㅅ'의 특이성에 있는 것으로 판단하였다. 이에서 더 나아가 관련되는 향가와 고려가요의 예를 살펴본 바가 있다. 특히 향가의 '-遣賜立'는 '-遣只賜立'에서 '只'가 탈락하여 이루어진 것으로 보았다. '-ㅁ-'의 의미에 대해서는 그 뜻이 확연히 드러나는 예를 살펴 '원망'과 관련지어 보았다. 그렇지만 아직도 '-ㅁ-'의 의미를 밝히는 데 있어서는 미진한 점이 많다.

조적 지원을 받을 수 있으므로, 'ㅡㅊㄱㄴ'은 'ㅡ-+-ㅊ-+-ㄱㄴ'로 형태 분석이 가능할 것이다. 이때, '-ㅊ-'와 '-ㄱㄴ'은 각각 하나의 형성소가 된다.

이상에서 석독 구결 자료인 『舊譯仁王經』, 『華嚴經』, 『金光明經』에 나타나는 '-ㄱㄴ'은 두 가지 용법을 가지고 있음을 알 수 있다. 하나는 '동명사 어미+대격 조사'로 이루어진 것이고, 다른 하나는 연결 어미이다. 연결 어미로 쓰이는 '-ㄱㄴ'은 향가나 이두의 연결 어미 '-乙'에 대응된다.

2.3.3 음독 구결의 '-乙'과 '-ㄱ乙', '-ㅌ'

음독 구결에 들어오면 향가나 이두의 연결 어미 '-乙'에 해당하는 표기가 다양하게 나타난다. '-ㅌ', '-乙', '-ㄱ乙'의 세 가지로 나타난다. 선어말 어미와의 결합 양상은 이전과는 달리 제한되어 나타나는데, 주로 '-ㅊ-'와 결합하여 쓰인다. 이처럼 '*-늘'을 표기하는 것들이 주로 '-ㅊ-'와 결합하는 양상을 보이는 것은 문법 형태화와 관련해서 중요한 정보를 제공한다. 다른 형성소와의 결합은 점차 사라지고 '-ㅊ-'와의 결합이 점점 고착화되어 가는 양상을 보이기 때문이다. 그러므로 이는 15세기 국어의 문헌에 나타나는 '-거늘'의 형성과 깊은 연관을 지녔을 것으로 생각된다.

먼저 '동명사 어미+대격 조사'의 결합을 나타내 주는 표기로 'ㅌ'과 '乙'이 있다.

> (15) ㄱ. 王 言 世尊下 變化ㄟ 密移ㅊㅌ 我 誠不覺ノㅌ <기림능 2:3ㄱ>
> ㄴ. 願聞如來ㄟ 顯出身心ㅋ 眞妄虛實卜 現前 生滅卜 與不生滅
> 卜ノ乙 二發明性ㅡ仝乙ㅊホㅡㅣ <기림능 2:1ㄱ>
> ㄷ. 佛言 汝稱覺明ㄱ 爲復性明 ㅡㅌ乙 稱名爲覺可 <기림능 4:5ㄱ>

(15ㄱ)의 예문은 '왕이 말씀하시기를 세존아 변화가 남모르게 옮김을 내 진실로 알지 못하니' 정도로 번역할 수 있다. 이를 보면, '-ㅊㅌ'의 '-ㅌ'역시도 '동명사 어미+대격 조사'로 분석될 가능성이 높다는 것을 알 수 있

다. 이러한 가능성은 뒤에 나오는 타동사 '覺(알-)'에 의해서 분명해진다. 이때 '-去-'는 15세기 국어의 확인법 '-거-'에 대응된다.

(15ㄴ)의 예문에 대한 번역은 '여래가 신심(信心)의 진망허실(眞妄虛實)과 현전(現前)의 생멸(生滅)과 불생멸(不生滅)이라고 하는 것을 나타내어' 정도가 된다. 이때, '與不生滅卜ノ乙'의 'ノ乙'은 현대어의 '하는 것'을 정도에 해당한다. 이를 보면, 'ノ乙'의 '乙'은 동명사 어미와 관련을 지니고 있다는 것을 알 수 있다. 이 경우 '-乙'의 구성은 두 가지의 가능성을 지니고 있다. 첫째, '-乙'의 독음을 '-늘'로 보아, '-乙'이 '-ㄴ(동명사 어미)+-ㄹ(대격 조사)'의 구성으로 이루어졌다고 보는 것이다. 둘째, '-乙'의 독음을 '-ㄹ'로 보아, '-乙'이 '-ㄹ' 동명사 어미가 되고, 대격 조사가 생략되었다고 보는 것이다.[34] 필자는 여기서 둘 중 어느 것이 옳다고 단정하지 않는다. 그러나 이때, '-乙'이 동명사 어미와 관련을 지니고 있다는 사실만은 확인할 수가 있다.

(15ㄷ)의 예문에서 보면, '-ㅌ乙' 구성 뒤에는 타동사 '이름하다(稱名)'가 온다. 그러므로 앞의 두 예문과 마찬가지로 '동명사 어미+대격 조사'로 볼 수 있다. 이때 '-ㅌ乙'의 '-乙'은 무엇을 표기하기 위한 것인지가 문제가 된다. (15ㄱ)에서 보면, '동명사 어미+대격 조사'의 표기는 'ㅌ'자만으로도 가능하기 때문이다. 'ㅌ'자 하나만으로도 가능한데, '-乙'자 표기를 굳이 한 것은 대격 조사임을 표시하기 위해 말음에 첨가한 것으로 보인다.

음독 구결의 연결 어미 표기로 '-ㄱ乙'과 '-ㅌ'이 쓰였는데, 다음에서는 이를 살펴보기로 한다.

(16) ㄱ. 佛云ソ坐厶 我問汝聞ノㄱ乙 汝則言聞ㅅㅁ <기림능 4:53ㄱ>
　　 ㄴ. 내가 네게 드로몰 묻거든 너는 드로몰 니르고 <능엄 4:127ㄴ>

---

34) 『梵網經菩薩戒』(엄인섭본)을 보면, '동명사 어미+대격 조사'의 구성은 '-乙乙' 형으로도 나타나고 있다.

(17) ㄱ. 又問汝聲ノヒ 汝則言聲ㅅ ∨ ζ <기림능 4:53ㄱ>

ㄴ. 또 네게 소리를 묻거든 너는 소리를 닐어 <능엄 4:127ㄴ>

(16ㄱ)의 '-ㄱ乙'과 (17ㄱ)의 '-ヒ'은 다음과 같은 두 가지 점을 고려할 때, 연결 어미로 해석될 가능성이 높다. 첫째, 이 두 문장에서 '-ㄱ乙'과 '-ヒ'이 '동명사 어미+대격 조사'의 구성으로 이해되어서는 대격 조사가 나오는 이유를 설명할 수가 없다. 뒤에 대격 조사를 취할 만한 동사가 보이지 않기 때문이다. 둘째, '-ㄱ乙'과 '-ヒ'은 15세기 국어의 능엄경 언해에서는 연결 어미 '-거든'으로 해석되고 있다. 이는 기림사본 능엄경의 현토자도 이 문장들을 선행문과 후행문이 연결 어미에 의해서 접속되는 문으로 보았을 가능성이 크다는 것을 말해 준다. 실제 (16ㄱ, 17ㄱ)은 각각 선행문과 후행문이 대구를 이루는데, 선행문은 후행문의 전제가 되고 있다. 이때 전제의 뜻은 연결 어미가 지니게 된다. 그러므로 둘다 연결 어미로 보는 것이 좋을 듯한데,[35] 어떤 차이로 '-ㄱ乙'과 '-ヒ'이 구별되어 나타나는지 설명이 되지 않는다. 이에 대해서는 둘의 독법이 다르지 않기 때문에 구별되지 않고 쓰였다고 가정을 해 볼 수 있으나, 이는 추측에 그칠 뿐이다.

한편, 이두의 '去乙'처럼 형성소 '-거-'와 '-늘'로 분석 가능한 '-去乙'도 보인다.

(18) 自本∾ 觀之ノ乙上十 初無遺失去乙 而世人∖ 一劑ㆆ 倍加膽視ζ
<기림능 2:6ㄱ>

먼저 '-去乙'의 '-乙'이 대격 조사가 된다면, '初無遺失去乙'을 지배할 타동사가 나와야 할텐데 타동사가 보이지 않는다. 이를 보면, '-去乙'의 '-乙'이 대격 조사와 관련이 없다는 것을 알 수 있다. 뒤에 대격 조사를 필

---

35) 이 예문들을 연결 어미에 관련시키는 것에 관한 자세한 설명은 김영욱 (1996:9~10)을 참조. 여기에서는 계열 관계와 통합 관계를 고려하여 '*-늘'을 형태 분석하였다.

요로 하는 타동사가 나오지 않기 때문이다. 현대어로 해석을 해 보면, '근원부터 보니까 잠시도 이름이 없거늘 세상 사람들이 한결같이 배(倍)를 더 보아' 정도로 해석되는데, '-乙'은 현대국어의 '-거늘' 정도에 대응된다. 그러므로 '-乙'을 연결 어미와 관련지어 볼 수 있다. 이때 (16)의 예문처럼 'ノ丨乙'이 존재하므로 '-去乙'은 확인법 선어말 어미 '-去-'와 연결 어미 '-乙'로 형태 분석된다.

그런데 이 경우에도 '-乙'의 독법이 문제가 된다. '-乙'의 독법이 두 가지의 가능성을 가지기 때문이다. 하나는 '-늘'이 되는 것이고, 다른 하나는 '-ㄹ'이 되는 것이다. 이는 차자 표기 전반적인 양상과 15세기 국어를 고려한다면, 후자일 가능성이 높다.

이상에서 보면, 음독 구결인 『기림사본 능엄경』에서도 향가나 이두의 '-乙'에 해당하는 문법 형태가 나타남을 알 수 있다. 이전의 '-乙'이 '-去-'와의 결합을 갖는 경우가 드문 데 비해, 음독 구결인 『기림사본 능엄경』의 '-乙', '-ㅌ'은 '-去'와의 결합이 많다. 특히 '-去ㅌ', '-去乙'은 그 빈도수에 있어서 적지 않은 분량을 차지하는데, 이는 중세국어 '-거늘'의 문법 형태화와 관련이 있을 것으로 보인다. 이때 이미 문법 형태화의 길을 걷고 있었는지 모른다. '-去-' 이외의 다른 형태와의 결합은 거의 보이지 않기 때문이다.

이와 관련해서는 15세기 국어에 보이는 '-거늘'의 불연속적인 모습을 살펴볼 필요가 있다.

(19) 훈 王이 겨샤디 일후미 月明이러시니 端正ᄒᆞ야 고ᄫᆞ시고 威神이 크시더니 길헤 나 겨시거늘 훈 盲眼이 주으려 빌먹다가 王끠 가 슬ᄫᅥ 디 王ᄋᆞᆫ ᄒᆞ오ᅀᅡ 尊貴ᄒᆞ샤 便安코 즐겁<u>거시ᄂᆞᆯ</u> 나ᄂᆞᆫ ᄒᆞ오ᅀᅡ 艱難코 ᄯᅩ 누니 머로이다 <월석 1:10>

위의 예문에서 밑줄 친 '-시거늘'과 '-거시ᄂᆞᆯ'은 대조적인 모습을 보인

다. 특히 '-거시눌'은 '-시-'가 중간에 있기 때문에 '-거눌'이 하나의 형성
소가 아니라 두 개의 형성소로 이루어진 것으로 보는 근거가 되었던 것
이다. 그러나 고영근(1991), 김영욱(1995) 등에서는 '-거시눌'에서는 '-거…
눌'을 하나의 형태소로 보고 그 사이에 '-시-'가 끼어든 것으로 보아 '불
연속 형태'로 파악한 바 있다. 이는 분포와 의미를 고려한 것으로, 15세기
공시적 처리로는 합리적이라 할 수 있다. 그러나 본고에서는 형성소와 구
성소의 개념을 도입하여 15세기 국어에서 '-거-'와 '-눌'을 각각 하나의
구성소인 것으로 본다. 이들은 문장 구성에 참여할 때는 서로를 앞세우거
나 뒤세워야 한다는 점에서 구성소는 될 수 있어도 형성소는 될 수 없다.
그리고 '-거눌' 전체는 하나의 형성소로 보아야 한다. 그런데 이러한 불연
적인 현상은 후대에 가면 사라지게 된다. 이는 '안정 상태 회귀'의 원리에
의한 것이다. 불연속적인 현상 자체가 불안정한 것이기 때문에 문법 형태
의 변화는 불안정한 모습을 줄이는 방향으로 움직이게 된다.

차자 표기에서 '-乙'은 대체적으로·대격 조사 또는 동명사 어미의 용법
을 가진 것으로 알려졌던 문법 형태이다. 그런데 '-乙'은 대격 조사나 동
명사 어미 이외에도 다른 문법 기능을 가지고 쓰인 예가 있는데도 이는
그동안 관심의 대상이 되지 못했던 것이다. 이에 본고에서는 '-乙'이 대격
조사나 동명사 어미로는 제대로 설명이 되지 않았던 예에 관심을 가지고
이를 연결 어미 '-乙'과 관련을 지어 논의하였다. 이때 연결 어미 '-乙'에
대한 표기는 석독 구결에서는 '-ㄱㄴ'로 음독 구결에서는 '-ㅌ', '-乙', '-ㄱ
乙'의 세 가지로 다양하게 나타나 이두나 구결의 표기에도 관심을 기울였
다. 논의한 바를 정리하면 다음과 같다.

첫째, 향가에서 '-乙'이 대격 조사나 동명사 어미로 설명되지 않는 대표
적인 예는『恒順衆生歌 5』에 나오는 '爲乙'의 '-乙'인데, 의미나 문법적인
면을 고려했을 때 후기 중세국어의 '-거눌' 정도에 대응되는 것으로 파악

된다. 그리고『處容歌 8』 '-良乙'의 '-乙'을 연결 어미로 해석하고, '-良乙'은 '-良-'이 타동과 비타동에 따른 교체를 반영한다는 점을 고려하여 '-良-'과 '-乙'를 형태 분석을 하였다. 이러한 결과를 바탕으로『恒順衆生歌 2』의 '隱乙'도 새로이 연결 어미에 관련시켜 해석해 보았다.

둘째, 고려시대 이두의 연결 어미 '-乙'에 대한 연구는 이승재(1992ㄱ)와 서종학(1995)에서 다루어진 바가 있는 것이다. 의미적인 면과 문법적인 면을 고려했을 때, 이두의 '-乙'도 연결 어미로 사용되는 예가 있었다. 그리고 '-去乙'은 계열 관계와 통합 관계를 고려했을 때 '-去-+-乙'로 분석될 수 있었다. '在如賜乙'은 통합 관계와 계열 관계를 고려하면 '在-+-如-+-賜+-乙'로 분석 가능하다.

셋째, 석독 구결의 '-ㄱㄴ'의 용법은 '동명사 어미+대격 조사'와 '연결 어미'의 두 가지가 있는데, 후자는 이제까지 관심이 대상이 되지 않았던 것이다. 석독 구결의 연결 어미 '-ㄱㄴ'은『舊譯仁王經』,『華嚴經』,『금광명경』 등에서 골고루 나타나는데, 이때 '-ㄱㄴ'은 '-ㅊ-, -ㅁ-, -ナ-' 등의 다양한 선어말 어미와 결합하고 있다.

넷째, 음독 구결인『기림사본 능엄경』에서는 향가나 이두의 연결 어미 '-乙'에 해당하는 형태의 표기가 다양해진다. '-ㅌ', '-乙', '-ㄱ乙'의 세 가지로 나타난다. 이들 형태는 모두 확인 법 선어말 어미 '-ㅊ/ʒ-'와 결합하는 예를 많이 보이고 있다. 이러한 구성이 나중에 '-거든'으로 발전한 것이다.

다섯째, 석독 구결에는 '동명사 어미+대격 조사'와 '연결 어미'의 두 가지로 해석해 볼 수 있는 중긴 던계적인 '-ㄱㄴ'이 있다. 그런데 이것은 '*-늘'이 '동명사 어미+대격 조사'에서 왔다는 것을 보여 준다.

이제까지의 연구 결과를 바탕으로 '-거늘'의 형성 과정을 다음과 같이 정리할 수 있다.

　·'-늘'의 형성　[[-ㄴ]+-을]>[-늘]
　·'-거늘'의 형성　[[-거-]+[-늘]]>[-거늘]

3. '-ㄴ딕'의 형성

3.1 문제 개괄

여기에서는 연결 어미 '-ㄴ딕'의 형성과 관련된 문제를 다루게 된다. 연결 어미 '-ㄴ딕'의 의미에 대해서는 허웅(1975:540)에서 언급한 바 있다. 허웅(1975)에서는 '-ㄴ딕'의 의미 기능을 어떤 일에 대한 반응을 다음에 오게 하는 연결 어미 '-ㄴ대'와 거의 같다고 설명한 바가 있다. 정재영 (1996)에서는 '-ㄴ딕'의 의미를 '-ㄴ딕' 접속문 전체의 화용론적 해석을 위한 [배경] 또는 [전제]의 기능을 수행하는 것으로 보았다. 그리고 연결 어미 '-ㄴ딕'의 형성에 대해서는 명사구 보문 구성인 '[[-ㄴ]#ᄃ]+이]]'가 문법 형태화하여 이루어진 것으로 보았다.

그런데 고려시대 자료인 석독 구결 자료에는 '-ㄴ딕'를 표기하는 것으로 보이는 예는 발견되지 않고, '-온딕'를 표기하는 것으로 보이는 '-ㅎㄱ ㅿ', '-ノㄱㅿ'의 예만이 발견된다. 이에 대해서 고영근(1998:18~19)에서는 연결 어미로 설정한 바가 있다. 그리고 이러한 구성이 매우 활발하게 사용되고 있다. 반면에 음독 구결에는 '-ㄴ딕'를 표기한 예가 발견된다. 이처럼 석독 구결 자료에는 '-ㄴ딕'를 직접 표기하는 것이 발견되지 않고 음독 구결 자료에는 발견되는 이유가 어디에 있는지를 생각해 볼 필요가 있다.

그리고 균여 향가인 『廣修供養歌』에 '-良焉多衣'가 나오는데 이것이 '-ㄴ 딕'와 관련해서 해독될 수 있는지의 여부를 살펴보기로 한다. 이를 위하여 '良焉多衣'가 '-란딕'로 해독될 때, 형태·의미론적으로 어떠한 문제가 있는지를 생각해 보기로 한다. 그리고 향가에도 확인법 선어말 어미 '-去/良-'이 존재하는지를 살펴보고, 이를 바탕으로 '良焉多衣'의 '良'도 확인법 선어말 어미에 대응시킬 수 있는지를 검토하기로 한다.

3.2 석독 구결의 '-ろㄱ厶'

석독 구결 자료에서 보면, '-ろㄱ厶'는 두 가지가 있는 것으로 파악된다. 하나는 선어말 어미 '-오-'+관형사형 어미 '-ㄴ'+의존 명사 'ᄃᆞ'+처격 조사 '-ᄋᆡ'가 결합하여 이루어진 '-ろㄱ厶'이다.[36] 다른 하나는 연결 어미의 '-ろㄱ厶'이다.

명사구 보문 구성의 예를 먼저 보기로 한다.

(20) 二乚 求ノㄱ厶 得氵ろ立{可}七ソㄱ 不矢ケ <舊仁15:4~5> // 둘(二諦)을 구함에 얻을 수 있음직하지 못하며

위의 예에서 보면, (20)은 문장의 주어가 하나라는 데서 연결 어미로 볼 수 있는 가능성이 적다. 연결 어미로 보기 위해서는 우선 절과 절의 결합을 상정해야 하기 때문이다. 여기서는 각각 하나의 형성소로 볼 수 있는 선어말 어미 '-오-'+관형사형 어미 '-ㄴ'+의존 명사 'ᄃᆞ'+처격 조사 '-ᄋᆡ'의 구성으로 파악하여도 무리는 아닐 것이다.[37] 본고에서 살펴보고자 하는 것은 위의 예처럼 명사구 보문을 형성한 것이 아니라 연결 어미로 보아야 할 것들이다.

다음으로 본고에서 관심의 대상이 되는 연결 어미의 예를 보기로 한다.

36) 이 중에서 '-오-'는 그 기능이 현재로서는 불투명하다. 석독 구결 자료를 검토해 보면, 그 기능이 15세기 ᄀᆞᆨ어로는 잘 설명이 되지 않는 예가 많이 나온다. 그러므로 '-오-'의 분석 여부도 불투명하다고 할 수 있다. 그러나 석독 구결에서 'ソㄱ'이 존재한다는 것을 고려하면, '-오-'의 분석이 가능하리라고 본다. 석독 구결의 '-오-'에 대한 자세한 연구는 백두현(1996, 1997ㄱ), 정재영(1997ㄴ)을 참조.

37) 부사성 의존 명사 '厶(ᄃᆡ)'로 볼 수도 있다. 실제로 석독 구결 자료에는 'ᄃᆞ+-ᄋᆡ'를 표기하는 예는 보이지 않기 때문이다. 그러나 석독 구결에는 의존 명사 'ᄃᆞ'가 다른 조사들과 활발하게 결합하여 널리 쓰이는 양상을 고려한다면 '厶(ᄃᆡ)'를 'ᄃᆞ+-ᄋᆡ'의 결합으로 파악해 볼 수 있다.

(21) 方(セ) 蓮花師子座上氵十 坐ソ白ろ7ム 金剛山王 {如}丨ソロハニ7 大衆7 歡喜ソ氵 各ラ各ラホ 量 無セ7 神通乚 現ろヒハニ7⺀ <舊仁03:13~15> // (부처가) 비로소(바야흐로) 蓮花師子座 위에 좌정하셨는데 (그 모습이) 金剛山王과 같으시니 大衆은 歡喜하여 제각각 한량 없는 神通을 나타내시는구나.

(21)에서 '坐ソ白ろ7ム'의 '-ろ7ム'는 선어말 어미 '-오-'+관형사형 어미 '-ㄴ'+의존 명사 'ᄃᆞ'+처격 조사 '-ᄋᆡ'로 보아서는 해석이 제대로 되지 않는다. '-ろ7ム'에 처격 조사 '-ᄋᆡ'가 들어 있다고 보기 어려운 결정적 이유는 무엇보다도 이 문장의 동사인 '如(ᄀᆞᇀ-)'가 처격을 필요로 하는 동사가 아니라는 데 있다.[38] 더욱이 '-ろ7ム'의 바로 앞 단어에 나타나는 처격 조사 '-氵十'는 그러한 모습을 더 잘 보여 준다. 하나의 문장에 처격 조사가 두 번 나타나는 것은 국어에서 불가능한 것은 아니지만 자연스럽지 못하다. 반면에 '-ろ7ム'를 하나의 연결 어미로 보게 되면 이러한 문제가 해결된다. 즉 의미·통사적인 면에서 적합한 설명이 이루어진다고 할 수 있다. 그러므로 '-ろ7ム'가 하나의 형성소로 문장 구성에 참여한다고 할 수 있다.

또한 밑줄 친 '坐ソ白ろ7ム'는 '좌정하셨는데' 정도로 해석해 볼 수 있다. 이와 같이 석독 구결의 '-ろ7ム'는 현대 국어로 해석하면 '-ㄴ데' 정도로 볼 수 있는 연결 어미이다. '-ろ7ム'에 통합된 선행문은 '-ろ7ム' 접속문 전체의 화용론적 해석을 위한 [전제]나 [배경]의 기능을 수행한다. 다만 'ろ'가 있다는 사실이 15세기 국어나 현대국어와 다르기는 하지만, 이는 석독 구결문의 특성으로 받아들일 수 있으리라 보인다. 석독 구결문

38) 현대국어에서 '-에'가 '나무가 바람에 넘어졌다'에서처럼 [원인]의 의미를 가질 때는 뒤에 처격을 필요로 하지 않는 동사가 올 수 있다. 이 경우에서처럼 예문 (2)도 처격을 필요로 하지 않는 동사가 오는 것으로 볼 수도 있다. 그러나 여기서 다루고 있는 예는 [원인]의 의미를 가진 것이 아니라는 점을 고려해야 할 필요가 있다.

에서는 [전제]나 [배경]의 연결 어미 '-ろ7厶'나 [설명]이나 [인용]의 연결 어미 '-ろ尸厶'가 모두 'ろ'를 필요로 하고 있기 때문이다.[39]

그런데 이보다도 더욱 중요한 문제는 과연 일반적으로 논의되었던 '-온ᄃᆡ>오ᄃᆡ'의 변화를 가정할 수 있느냐는 것이다. 이를 위해서는 후기 중세국어에 나오는 '-오ᄃᆡ'의 의미를 살펴볼 필요가 있다. 후기 중세국어의 '-오ᄃᆡ'는 대체적으로 [설명]이나 [인용]의 연결 어미로 보고 있다. 그런데 (2)에서는 '-ろ7厶'가 설명이나 인용을 위해 쓰이는 것으로 보이지는 않는다. 문맥으로 볼 때, [전제]나 [배경] 정도가 알맞은 것으로 보인다. 그런 점에서 '-온ᄃᆡ'>오ᄃᆡ'의 가정을 합리화시키려면, 의미 변화에 대하여 먼저 설명할 수 있어야 한다.[40]

그리고 '-온ᄃᆡ'에서 '-ㄴ'이 소멸할 수 있는 요소인가 하는 점도 논의가 되어야 한다. 역사적인 자료를 관찰해 보면, 동명사 어미 '-ㄴ'이 의존 명사 'ᄃᆞ' 앞에서 소멸된 예가 발견되지 않는다.[41] 그러한 점에서 '-ㄴ'이 소멸하는 요소라면 이것은 가치 있는 발견이 되는 셈이다. 이것은 음독 구결과도 연관하여 살펴볼 필요가 있다.

'-오ᄃᆡ'의 의미와 연관을 시킨다면, 오히려 '-올ᄃᆡ'가 알맞은 것으로 생각된다.

(22) 口3十 常リ <u>說法ソ白ろ尸厶</u> 無義ソ7のしソ尸 非多ソニケ 心智

39) 이에 대해시는 3. 6에시 다시 다루게 될 것이다.

40) 뒤에 가서 다시 다루게 되겠지만, '온(올)ᄃᆡ>오ᄃᆡ'의 변화는 문제를 지니고 있다. 두 개의 명사구 보문 구성이 하나의 연결 어미로 된다는 설정은 매우 이해하기 어렵다. 이 경우 문법 형태화하기 이전의 '-ㄴ'과 '-ㄹ'이 의미상의 차이를 가지지 않았다고 생각해야 하는데, 이도 이해하기 어렵다.

41) 이 문제와 관련하여 논의할 수 있는 것으로 '-ㄹ든'>'-든'의 결합을 들 수 있다. 여기서는 '-든' 앞에서 'ㄹ'이 탈락하는 현상이 보인다. 이에 대하여 (1)에서는 이것이 음운론적 조건으로는 설명될 수 없으므로, 형태론적 조건으로 설명되어야 한다고 보았다.

寂滅ソ二下 緣 無七リ 照ソ二ロしか <舊仁11:10> // 口에(입으로) 언제나 설법하오되 無義한 것을 아니 하시며 心智가 寂滅하시어 緣(인연) 없이 비추시며

예문 (22)에서 '說法ソ白ろ尸ム'의 '-ろ尸ム'는 선어말 어미 '-오-'+관형사형 어미 '-ㄹ'+의존명사 'ᄃᆞ'+부사격 조사 '-ᄋᆡ'로 보아서는 해석이 제대로 이루어지지 않는다. 더욱이 '-ろ尸ム'에 처소의 부사격 '-ᄋᆡ'가 들어 있다고 보기 어려운 결정적 이유는 이 문장에 처격 조사를 필요로 하는 동사가 나오지 않는 데 있다. 그러므로 여기서의 '-ろ尸ム'는 하나의 연결 어미로 상정해 볼 수가 있을 것이다.

그런데 여기서 유의할 것은 석독 구결에서 '-올ᄃᆡ'를 표기하는 것은 화법 동사와 결합하는 일이 있어도 '-온ᄃᆡ'를 표기하는 것은 화법 동사와 결합하지 않는다는 사실이다. 이러한 사실은 이제까지 '-온ᄃᆡ>오ᄃᆡ'의 변화를 추정한 것에 대해서 중요한 반례가 된다. 후기 중세국어에서 '-오ᄃᆡ'가 [설명]이나 [인용]의 의미를 가지게 되는 것은 화법 동사와의 결합이 중요한 역할을 하기 때문이다. 이것은 뒤에서 '-오ᄃᆡ'를 다루면서 다시 논의하기로 한다.

3.3 음독 구결의 '-ㄱ ム'

고려시대 음독 구결에서는 먼저 명사구 보문 구성의 '-ㄴᄃᆡ'와 연결 어미 구성의 '-ㄴᄃᆡ'가 존재한다. 먼저 고려 시대 석독 구결의 명사구 보문 구성 '-온ᄃᆡ'와 관련된 것으로 볼 수 있는 '-ㄱ ム'의 예는 다음과 같다.

(23) ㄱ. 一徑ヽ 穿雲ソㄱム 人不到ソㅌヒ <남명 29>
ㄴ. ᄒᆞᆫ 길히 구룸 들온 ᄃᆡ 사ᄅᆞ미 니르디 몯ᄒᆞᄂᆞ니 <남명하:27>

이처럼 남명집에는 명사구 보문 구성인 '-ㄱ ㅿ'가 존재하고 있다. 예문
(23)의 '-ㄱ ㅿ'가 명사구 보문 구성이라는 사실은 뒤에 나오는 동사 '到(니
르-)'가 처격을 지배하는 것과 관련이 깊다. 서술어와의 관계를 생각한다
면, 여기서 의존 명사와 관련된 표기 'ㅿ'는 시간과 관련이 있기보다는 장
소와 관련이 있는 것으로 보아야 한다. 이것은 고려 시대의 음독 구결에
도 명사구 보문 구성의 '-ㄱ ㅿ'가 존재하고 있었다는 것을 잘 보여 준다.
석독 구결 자료에도 존재하고 조선 초기 음독 구결 자료에도 존재하는데
이것이 고려 시대 음독 구결 자료에만 존재하지 않을 까닭이 없기 때문
이다. 또한 고려 시대 음독 구결 자료에는 연결 어미와 관련이 있는 'ㄱ
ㅿ'가 존재하는데, 이것도 역시 고려 후기 음독 구결 자료에 명사구 보문
구성의 '-ㄱ ㅿ'가 있었을 가능성을 높여준다.
　다음은 고려시대의 음독 구결 자료에서 '-ㄱ ㅿ'가 연결 어미로 쓰인 예
이다.

　(24) ㄱ. 如是㇫ㄱ ㅿ 阿難ㄹ 當知ノ ㅎㅿ <기림능 3:7ㄴ>
　　　 ㄴ. 이 ᄀᆮ히 阿難아 반ᄃ기 알라 <능엄 3:17ㄱ>

　(24)에서는 '-ㄱ ㅿ'가 연결 어미의 기능을 하고 있다. 이는 뒤에 처격을
필요로 하는 동사가 오지 않는 것과 관련을 지닌다. 대략 "이 같으니 아
난아 반드시 알아라" 정도의 의미를 가지고 있다. 그러므로 여기서 '-ㄱ ㅿ'
의 의미는 '-ㄱ ㅿ' 접속문 전체의 화용론적 해석을 위한 [배경]이나 [전제]
정도로 볼 수가 있다.
　그런데 여기서 한 가지 생각해 볼 것이 있다. 그것은 석독 구결 자료에
는 '-온디'를 표기하는 것으로 보이는 예들만이 존재하지만, 음독 구결 자
료에는 '-ㄴ디'를 표기하는 것만이 존재한다는 사실이다. 이를 바탕으로
'-온디>ㄴ디'의 변화를 가정해 볼 수 있다. 그러나 이렇게 일반화하기에
는 문제가 있다. 앞으로 살펴보게 되겠지만 향가에는 '-ㄴ디'가 존재한다

는 것이다. 이렇게 되면 시대순으로 향가, 석독 구결, 음독 구결의 순서가
되므로 '-ㄴ뎌>-온뎌>-ㄴ딕'를 가정해야 하는데 이러한 가정은 여간 부
담스러운 것이 아니다. '오'에 대해서 설명하기가 어렵기 때문이다. 그런
데 향가와 석독 구결 자료를 확인해 보면 향가가 오히려 석독 구결보다
후대의 언어 현실을 반영했다고 보이는 예가 존재하기도 한다. 그러므로
이 경우 '-온뎌>ㄴ딕'의 일반적 변천을 가정하는 것이 불가능하기만 한
것은 아니다.42) 여기에서 '오'가 사라지고 있는데, 이것은 공구성소화한
'오'가 안정 상태 회귀의 원리에 의하여 소멸한 것으로 볼 수 있다.

다음은 15세기 국어의 '-ㄴ딕'이다.

(25) 曠絶無人둘흔 生死ㅣ 長遠ᄒ딕 眞實ㅅ 知見 업서
    (曠絶無人等은 生死ㅣ 長遠에 無眞知見ᄒ야) <법화3:172>
(26) 뫼히 뷘딕 ᄇᄅ미 돌홀 디오 <두초 14:22ㄴ>

(25)의 예문은 허 웅(1975:540)과 정재영(1996:118)에서 연결 어미로 본
것이다. 선행절을 "죽살이가 길고 먼데" 정도로 해석할 수 있다. '-ㄴ딕'
가 [전제]나 [배경]의 연결 어미로 쓰이고 있다.

그런데 (26)의 예문에서 '뷘딕'는 두 가지의 해석을 가질 수 있다. 하나
는 의존 명사 '딕' 보문 구성인 '-ㄴ#딕' 구성으로 보는 것이고, 다른 하나
는 [전제]나 [배경]의 연결 어미 '-ㄴ딕'로 보는 것이다. 이것을 현대어로
풀이할 경우, 전자는 구성이 보이는 그대로 '산이 빈 곳에 바람이 돌을
뿌리고' 정도로 해석된다. 그러나 원문에서 '山虛'와 '風落'이 서로 대구
(對句)를 이룬다는 사실에 중점을 두면, 후자처럼 '산이 비니 바람이 돌을

---

42) 그러나 아직 향가의 표기가 석독 구결보다 후대의 언어 현실을 표기했다는 사
실이 확실하게 논증된 바가 없으므로 이를 논증의 근거로 삼기는 어렵다. 다
만 여기서는 이러한 사실을 밝히고 넘어가기로 한다. 이는 후고를 통해서 계
속적으로 밝혀져야 할 것이다.

뿌리고' 정도로도 풀이할 수 있다. 이때, 두 가지 풀이는 모두 나름대로 타당성을 지닌다. 더욱 정확한 해석을 위해서는 시의 배경이나 시 전체의 문맥 따위를 살펴볼 필요가 있는데, 이렇게 하여도 전자가 좋은지 후자가 좋은지 정확한 판단이 서지 않는다.

이처럼 통사적 구성과 문법 형태화한 결과의 중간적인 단계의 모습을 보이는 예는 '분화의 원리'에 의해서 설명할 수 있다. 기원적인 통사적 구성이 문법 형태화하면서 해석도 중의적으로 이루어지고 있다. 이처럼 과도기적인 단계를 보여주는 것들은 문법 형태화의 결정적인 증거로 제시될 수 있다.

3.4 향가의 '-良焉多衣' 해독에 대한 반성

여기에서는 향가의 자료를 다루게 된다. 그 중에서도 『廣修供養歌』에 나오는 '-良焉多衣'가 고찰의 대상이 된다. 이 어구에 대해서는 그동안 여러 차례 해독이 이루어졌지만, 그 정체를 명확하게 밝혀낸 업적은 없었던 것으로 보인다. 이는 차자 표기 전반과 중세 국어의 연구 업적을 두루 통괄하여 살피기 힘들었던 저간의 사정에 그 원인이 있는 것으로 생각된다. 그러므로 여기에서는 앞에서의 고찰을 바탕으로 『廣修供養歌』에 나오는 '-良焉多衣'를 살펴보기로 한다. '-良焉多衣'가 어떻게 형태 분석이 되는지를 살피고 이를 바탕으로 올바른 의미 해석을 시도하기로 한다.

민저 『廣修供養歌』에 나오는 '-良焉多衣'에 대한 기존의 해독이 어떠한지를 검토하고, 그것이 어떠한 문제점을 지니고 있는지 살펴보기로 한다.

(27) 佛前燈乙直體良焉多衣 // 灯炷隱須彌也
　　　<廣修供養歌 2, 3>[43)]

---

43) 이 밖에도 다음과 같은 해독들이 있다.

<小倉進平> 부텨 앏 등잔올 고티는대 // 등잔심지는 須彌요
<양주동> 佛前燈을 고티란더 // 燈炷는 須彌여
<김준영> 佛前燈을 고텨언대[44] // 燈炷는 須彌여
<김완진> 佛前燈을 고티란더 // 燈炷는 須彌여

기존의 논의에서『廣修供養歌』에 나오는 '-良焉多衣'에 대한 해독은 크
게 두 가지로 나뉘어 이루어지고 있다. 하나는 '-란디(란대)'로 보는 것이
고[45], 다른 하나는 '-란디'가 아닌 다른 것으로 보는 것이다. 사실상 '-란
디'가 그 주류(主流)를 이루고 있다고 해도 과언이 아니다. 그리고 '-란디'
를 택하지 않았다 할지라도 '-는대'나 '-언대' 등 연결 어미와 관련지어
해독하고 있다. 문맥상 연결 어미가 나타나야 할 자리이기 때문에 이러한
결과가 나타난 것이다. 또한 이는 향가의 表記字에 대한 전반적인 이해를
바탕에 두고 이루어진 해독이라고 할 수 있다.

지헌영, 佛前燈을 고티란대//燈炷 須彌여
홍기문, 불전등을 고티란대//燈炷는 須彌야
이 탁, 븓전등을 곧이안ᄃ익//燈灯는 須彌여
정열모, 불전등을 고티란다여//등주는 수미라
김선기, 불젼등을 고텨란까이//심지는 수미야
유창균, 佛前燈을 고텨란대//燈炷는 須彌라

44) 김준영(1979=1996:195)은 해독의 표면형이 본고와 일치한다. 그러나 김준영은
'-언대'를 '-는데'의 방언형으로 파악한다는 점에서 '-언대'를 분석하는 관점은
본고의 태도와 다르다.

45) 이하에서는 모두 '-란디'로 대표형을 삼기로 한다. '-란디'나 '-란대'가 모두 15
세기 국어의 '-란디'를 염두에 둔 해독이기 때문이다. 그러나 '-란디'를 대표형
으로 삼는 데는 사실 문제가 있다. 그것은 '多'를 'ᄃ'로 읽을 근거가 없기 때
문이다. '多'는 '다'로 읽는 것이 합리적이다. '-란대'로 읽는 해독자들은 이 점
을 염두에 둔 것이다. 15세기의 '-란디'를 염두에 두면서도 '-란대'로 읽을 수
밖에 없는 것은 '多'를 고려한 때문인 것이다. 그러나 15세기 국어에는 '-란대'
가 존재하지 않는다는 점에서 '-란대'로 읽는 것도 문제를 가지고 있다. 15세
기 국어에는 '-란디'만이 존재한다. 본고에서는 15세기 국어와 관련하여 논의
하기 때문에, 편의상 '-란디'로 표기하고 기술하기로 한다.

사실 '-란디'로 읽는 것은 후기 중세국어 자료에 연결 어미 '-란디'가
존재하고 '良'을 '라'로 읽는 독법이 있으므로, 무리가 없는 해독일 수도
있다. 그러나 후기 중세국어의 '-란디'가 지닌 의미와 관련하여 보면, 이
러한 해독이 과연 타당한지 의문을 가지지 않을 수 없다. '-란디'로 해독
한 업적들에서는 모두 '-란디'를 현대어에서 [전제] 또는 [배경]의 의미를
가진 연결 어미 '-ㄴ데'에 대응되는 것으로 번역하고 있다. 그런데 후기
중세국어의 '-란디'는 [원인]이나 [이유]의 연결 어미로 쓰이고 있기 때문
에 문제가 생긴다. 기존의 해독에 따르게 되면, '-란디'가 향가에서는 그
의미가 [전제] 또는 [배경]을 의미로 가진 연결 어미였다가 후기 중세국
어에서는 [원인]이나 [이유]'의 의미를 가진 연결 어미가 된 것으로 보아
야 한다.46) 그러나 문법사에서 이처럼 격심한 의미 변화를 겪은 연결 어
미는 발견되지 않는다.

그리고 다음과 같은 두 가지도 고려의 대상이 된다. 첫째, 향가에서 '-란
디'로 해독해야 할 다른 예가 보이지 않는다. 물론, 이것이 '-란디'로 해독
하지 못할 적극적인 이유가 되는 것은 아니지만, 다음에 나오는 문제와
연관을 짓게 되면, 나름대로 그 의미를 지니게 된다.

둘째, 향가 이후의 표기라고 할 수 있는 『舊譯仁王經』 등의 석독 구결
에는 '-란디'로 읽어야 할 다른 예가 전혀 보이지 않는다. 석독 구결 표기

---

46) 허 웅(1975), 고영근(1987=1997) 등에서는 '-란디'의 의미를 '조건, 가정'을 나
　타내는 것으로 파악하였다. 리의도(1995)에서는 '가정', '설명 계속'의 뜻을 나
　타내는 것으로 보았다. 이에 대하여 정재영(1996)에서는 기존의 논의가 '가정
　이나 조건'으로 해석한 것을 비판하고, '이유나 원인'으로 해석할 것을 제안하
　고 있다. 정재영(1996:179~182)에서는 '-란디'의 의미 기능을 화자 또는 주체
　가 경험했거나 또는 과거의 확실한 사실로 인식한 내용을 담화 전제하고, 후
　행문에서는 선행문에서 전제된 내용의 이유나 당위적인 것으로 나타날 경우
　에 이들을 연결하는 것으로 보고 있다. 본고에서는 정재영(1996)의 견해가 타
　당하다고 보고 이를 받아들여 15세기 국어의 연결 어미 '-란디'를 '이유나 원
　인'의 의미로 해석하기로 한다.

에는 다른 몇몇 연결 어미가 보이는데, '-란디'를 표기한 것으로 보이는
예는 이제까지 발견된 자료에서는 확인되지 않는다. '-란디'의 존재는 고
려 후기 음독 구결에 가서야 발견된다.[47] 이는 문법사의 연속성을 고려할
때, 중요한 의미를 지닌다. 향가에 존재하던 어떤 어미가 한참 동안 발견
되지 않다가 이후 어느 시기에 갑자기 나타났다면, 향가 해독이 제대로
된 것인지 의심해 보아야 한다. 문법사의 연속선상에서 보면, 어떤 형태
가 갑자기 나타나거나 사라지는 경우는 없기 때문이다.

　그렇다면, '-良焉多衣'를 어떻게 보아야 할 것인지가 관심의 대상이 된
다. 이때 이것의 해독을 위해서는 다음 두 가지 조건을 충족시킬 수 있는
지를 먼저 고려하여야 한다. 첫째, 해독된 부분의 의미 해석이 제대로 이
루어질 수 있는가? 둘째, 해독이 이루어졌을 때, 형태 분석이 올바로 이루
어질 수 있는가? 이러한 두 가지 의문에 대하여 제대로 답을 할 수 있다
면, '-良焉多衣'에 대한 설명이 제대로 이루어졌다고 할 수 있을 것이다.

　이를 위해 여기서는 '-良焉多衣'의 형태 분석을 시도해 보기로 한다. 먼
저 의미 해석을 본다면, '-란디'라고 했을 때, 의미 해석이 제대로 이루어
지는지에 대해서는 의문을 품지 않을 수가 없다. 앞에서도 언급했지만,
15세기 국어에 대한 연구를 보면, '-란디'는 [원인]이나 [이유]의 의미를
갖는 것으로 되어 있다. 그런데 기존의 논의에서는 향가의 '-良焉多衣'를
15세기 국어의 '-란디'에 대응되는 것으로 파악하면서도, 그 의미에 있어
서는 [원인]이나 [이유]로 하기보다는 [배경]이나 [전제]에 해당하는 현대
어의 '-ㄴ데' 정도로 그 의미를 파악하고 있다. 이러한 것은 '-良焉多衣'에
대하여 두 가지를 생각해 보게 한다. 하나는 이 부분이 연결 어미가 올

---

47) 고려말과 조선초기 음독구결 자료에는 문헌에 따라 '-ㅅㄱ ㅊ', '-ㅅㄱ ㅿ'와 같
　　이 '-란디'에 대응되는 토로 두 가지가 존재하였다. 이 둘은 다만 표기상의 문
　　제인 것으로 보인다. 구결 문헌에 따라서는 '-ㅅㄱ ㅿ'만이 보인다는 것이 이를
　　뒷받침해 준다고 할 수 있다. 그러나 이의 형태, 의미론적 제양상에 대해서는
　　아직 면밀히 자세히 살펴본 바가 없으므로 속단하기는 어렵다.

자리라는 것이다. 다른 하나는 연결 어미가 온다면 [원인]이나 [이유]의 연결 어미보다는 [배경]이나 [전제]의 연결 어미가 올 자리라는 것이다.

그런데 여기서 한 가지 주의 깊게 살펴보고 넘어가야 할 것이 있다. 그 것은 현대 국어의 '-ㄴ데' 정도에 해당하는 것으로 15세기 국어에서 '-ㄴ 디' 또는 '-ㄴ대'를 찾을 수 있다는 것이다. 이는 '-良焉多衣'에서 '良'을 뺀 나머지 부분이 '-ㄴ디'로 읽힐 수 있다는 점에서 관심을 끈다.

'-焉多衣'에서 '焉'은 'ㄴ', '多'는 '다', '衣'는 '익/의'의 표기에 쓰일 수 있다는 것이다. 그러므로 '-焉多衣'는 '-ㄴ디'를 표기하는 것으로 볼 수 있 다.48) 이 경우에 '-良焉多衣'를 '-란디'로 보게 되면, '-라-'에 대한 처리가 문제가 된다.49) 그러므로 향가에 있는 다른 예들을 살펴 '良'을 다른 합리 적인 방법으로 설명할 수만 있다면, '-良焉多衣'의 해독에 한 걸음 다가설 수 있다고 본다. 이런 점을 염두에 두고, 우선 '良'이 향가에서 어떻게 쓰 이고 있는지를 살펴보기로 한다.

향가에서는 '良'이 '라'와 '아'의 두 가지로 읽히고 있다. '-良焉多衣'에 서 '良'이 '라'로 읽히고 있는 것은 이 때문일 것이다. 그러나 이것이 모

---

48) 여기서 '多'는 '다', '衣'는 '익/의'가 '디'를 표기했다는 사실에 대해서는 좀더 생각해 볼 점이 있다. 그러나 이에 대해서는 다음과 두 가지를 생각해 볼 수 있다. 첫째, 15세기 국어에서도 '익'와 '아'가 혼기되는 경우가 있다. 둘째, 본 고에서는 '-ㄴ디'를 명사구 보문 구성에서 온 것으로 보는데, 15세기 이전의 시기에서 국어에 의존 명사 '다'가 존재했는지는 의문이다. 오히려 '多'는 15 세기 국어의 'ᄃᆞ'가 합리적이라고 본다.

49) '良焉多衣'를 '-란디'로 보는 해독들과 연관하여, 정재영(1996)을 살펴볼 필요 가 있다. 정재영(1996)은 '-란디'의 구성을 '[[[-더-+오+ㄴ]# ᄃᆞ]+ 익]>[-란 디]>-란디'의 문법 형태화 과정을 거쳐 이루어진 것으로 보고 있다. 그런데 이렇게 파악하게 되면, 향가 제작 당시 '-더-'의 존재 여부 때문에 많은 문제점 이 생긴다. '-더-'의 존재는 고려 후기 음독구결에 가서야 비로소 본격적으로 보이기 시작하는데, 향가에서 그 존재 여부가 확실히 밝혀지지 않은 '-더-'가 문법 형태화하여 '-란디'가 형성될 수는 없는 것이기 때문이다. 향가의 '等'을 '-더'로 보는 경우도 있으나 이는 다시 살펴보아야 할 것들이다.

든 '良'을 '라'로 읽어야 하는 근거가 될 수는 없다. 이 문제의 해결을 위해서는, 우선 '良'의 독법이 위치와 용법에 따라 어떻게 달라지는지를 살펴볼 필요가 있다. 종결 어미의 위치에서는 이것이 '라'와 '아' 중 어느 것으로 읽히는가, 선어말 어미의 위치에서는 이것이 '라'와 '아' 중 어느 것으로 읽히는가 등이 먼저 밝혀져야 한다.

그런데 이 점에 있어서는 먼저 언급하고 넘어가야 할 것이 있다. 선어말 어미의 위치에서는 '라'로 읽히는 예가 존재하지 않는다는 것이다. '良'을 '라'로 읽는 것은 종결 어미의 위치에서 이루어지는 독법이다. 다음의 예들이 그것을 잘 보여 주고 있다.

> (28) ㄱ. 彌勒座主陪立羅良 <兜率歌 3>
> 彌勒座主 모리셔 벌라
> ㄴ. 法界毛叱所只至去良 <禮敬諸佛歌 4>
> 法界 업드록 니르거라

(28)에서 볼 수 있는 것처럼, '良'이 '라'로 읽히는 것은 종결 어미일 때뿐이다.[50] 그러므로 '良'이 종결 어미가 아닌 다른 위치에서 '라'로 읽힌다는 증거가 보이지 않는 한 '-良焉多衣'의 '良'을 '라'로 읽는 것은 무리이다.

그렇다면 '-良焉多衣'의 '良'을 어떻게 읽어야 할 것인가? 다음의 예들을 살펴보기로 한다.

> (29) ㄱ. 法界毛叱所只至去良 <禮敬諸佛歌 4>
> 一念惡中涌出去良 <稱讚如來歌 4>

---

50) 향가에서는 '良'이 모두 44회 쓰인다. 그 중에서 종결 어미로 쓰인 것은 모두 4회이다. 다음은 본문에 인용하지 않은 예들이다.
一念惡中涌出去良 <稱讚如來歌 4>
迷火隱乙根中沙音逸良 <恒順衆生歌 2>

迷反群无史悟內去齊 <普皆迴向歌 4>
ㄴ. 此月肹喰惡攴治良羅 <安民歌 8>
心未際叱肹逐內良齊 <讚耆婆郎歌 8>
奪叱良乙何如爲理古 <處容歌 8>
乾達婆矣游烏隱城叱肹良望良古 <彗星歌 2>

(30) ㄱ. 비타동사 : 時刂厺ろ7入乚(=時이거온돌)
<舊仁11:12>, 在ソ厺7丨十7(=在ᄒᆞ건다힌)
<華嚴14;2:24>
타동사 : 著ソ厺7(=著ᄒᆞ건) <華嚴14;3:1>
ㄴ. 타동사 : 見3 7丨十7(=見안다힌) <華嚴14;4:22>

(29)에서 보면, 15세기와 마찬가지로 향가에서도 비타동사에는 (29ㄱ)처럼 '-去-'가, 타동사에는 (29ㄴ)처럼 '-良-'이 규칙적으로 교체함을 알 수가 있다. 향가에 나타나는 예들은 이처럼 '-거/어-'의 교체에서 벗어나지 않는다. 일단은 이렇게 정확하게 타동과 비타동에 따른 교체를 반영하는 '-去/良-'에 관심을 가지고 위의 '-良焉多衣'에 접근할 필요가 있다. '-良焉多衣'의 '良'이 '-去/良-'의 교체를 반영하는 것으로 생각되기 때문이다. 또한 (30)의 석독 구결의 예들은 '-거/어-' 교체가 전기 중세국어 시기에도 존재했음을 보여 준다.[51] 그러므로 이를 염두에 두고 해독에 들어가기로 한다.[52]

먼저 문제가 되는 어구를 공통되는 해독대로 '直體'를 동사 어간, '-焉

51) 석독 구결의 '-거/어-' 교체에 대한 자세한 설명은 이 용(1999:117~9)를 참조. 다만, '-厺-' 가 비타동사에도 쓰이는 예가 있다는 것이 다소 문제가 되기는 하지만, 이는 설명이 가능하다. 그리고 음독 구결의 '-거/어-' 교체에 대해서는 김영욱(1996:69~115)를 참조. 여기에서는 음독 구결의 '-거/어-' 교체가 15세기 국어의 '-거/어-' 교체보다도 더욱 규칙적임을 보이고 있다.

52) 이두 자료나 『조선관역어(朝鮮館譯語)』, 『계림유사(鷄林類事)』 등에 나오는 '-거/어-'의 교체에 대해서는 고영근(1985=1995)를 참조.

多衣'를 연결 어미로 본다면, '良'은 동사 어간과 연결 어미의 사이에 오
므로 선어말 어미가 될 것이다. 선어말 어미와 연결 어미 사이에 올 수
있는 것으로는 선어말 어미밖에 없기 때문이다. 그리고 '直體'는 타동사
라는 점에서 '-良-'이 오는 것은 '-去/良-'의 교체에도 맞는다. 그러므로 본
고에서는 '-良焉多衣'를 '-언디'로 해독하고 각각 하나의 형성소인 '-어-'
와 '-ㄴ디'의 결합으로 이루어진 것으로 보기로 한다.53) 이렇게 한다면,
형태 분석의 문제가 해결되리라 본다.

　다음으로 의미의 문제를 생각하기로 한다. 15세기 국어의 '-란디'의 의
미 기능은 [원인]이나 [이유]라는 점에서 '-良焉多衣'를 '-란디'로 해석해
서는 뜻이 통하지 않는다. 대표적인 예로 유창균(1994)를 들 수가 있다.
유창균(1994:917~918)에서는 '-란디'는 조건, 가정을 나타내는 연결 어미
로 보면서, '-良焉多衣'를 '-란디'로 해독하였다. 그러나 현대어역에서는
이것을 '-ㄴ데'에 연결짓고 있다. '-란디'로 해독한 경우가 모두 그러하다.
예문을 다시 가져오기로 한다.

(31) 佛前燈乙直體良焉多衣 // 灯炷隱須彌也 // 灯油隱大海逸留去耶
　　　<廣修供養歌 3~5>

---

53) 이는 향가에 3.1.1.에서 본 '*-늘'의 존재에 말미암은 것으로, 중세국어의 연결
어미 '-거/어늘'의 '-*늘'이 『處容歌』나 『恒順衆生歌』에 존재하고 있다. 물론,
'*-늘'의 존재가 보인다고 해서 '-ㄴ디'를 연결 어미로 보아야 할 필연적인 이
유는 없지만, 향가에서는 아직 '-거-'와 '-늘'이 하나로 문법 형태화되지 않았
을 가능성이 크다는 점에서 이와 같이 생각해 볼 수 있다. 또한 15세기 국어에
들어서도 연결 어미에 보이는 '-거/어-'가 비타동/타동에 따른 교체를 보이기도
하는데, 이 점이 '-거/어' 계열의 연결 어미가 문법 형태화한 것이 오래지 않음
을 보여 주는 하나의 증거가 될 수 있지 않을까 한다. 문법 형태화의 시기가
오래 되었다면, 현대어처럼 '거'로 통일되었을 가능성이 클 것이기 때문이다.
실제로 15세기 국어에서는 '-거/어-' 계열과 연관짓기 어려운 연결 어미일수록
'거'로 통일되어 가는 경향이 있다. 반면 '-더늘-'과 계열관계를 이루는 '-거늘'
같은 예들은 비교적 '-거/어-'의 교체를 잘 반영하는 편이다.

위의 (31)을 대체적으로 해석해 보면, "부처님 앞의 등잔을 고치는데, 등잔 심지는 수미산이요 등잔 기름은 대해를 이루었네" 정도의 뜻을 가지고 있다.[54] 등잔을 하나 고치는 데에도 그 공양거리의 양이 수미산만큼이나 많다는 것을 나타내려고 하는 것이다.[55] 그러나 '-란디'로 보게 되면, "부처님 앞의 등잔을 고치니까, 등잔 심지는 수미산이요 등잔 기름은 대해를 이루었네"가 되어 앞뒤의 문맥이 맞지 않게 된다. '공양거리가 수미산만큼이나 길어진 것'이 '부처님 앞의 등잔을 고친 것'이 [원인]이나 [이유]가 되어 일어난 일은 아니기 때문이다. 그러한 점에서 '-ᄂ디'로 해독한 小倉進平(1929)는 문맥을 고려한 것이다.

기실 문제는 '-良-'에 있었던 것인데, '-良-'이 하나의 형성소로 확인법에 속하는 것임을 알았다면, 이는 쉽게 풀릴 수도 있었을 것이다. 우리가 '-良-'의 과정을 통해서 얻은 교훈은 향가의 해독을 위해서는 15세기 국어에 대한 정확한 이해와 차자 표기 전반에 대한 정확한 이해가 필요하다는 것이다.[56]

마지막으로 향가와 15세기 국어의 간극을 메워 줄 만한 예가 보이는가 하는 점을 확인해야 하는데, '-란디'를 표기한 것으로 보이는 예는 14세기

---

54) 현대어역으로는 확인법의 의미가 잘 살아나지 않는다. 확인법의 기능은 심증(心證)과 같은 화자 자신의 주관적 믿음에 근거하여 사태를 확정적으로 파악하는 데 있다.

55) 이에 대해서는 보현행원품의 공양분(供養分)을 참조할 필요가 있다. 이에 대한 해석은 법성언의(1992)를 참조할 수 있다. "悉以上妙諸供養具 而爲供養 所謂 華雲鬘雲 天音樂雲 天傘蓋雲 天衣服雲 天種種香 塗香 燒香 末香 如是等雲 ─一量如須彌山王(뛰어나고 묘한 공양거리란 구름처럼 많은 꽃이며 꽃다발이며 하늘 음악, 하늘 우산, 하늘 옷이며 하늘의 바르는 향, 사르는 향, 가루향이니 이와 같은 공양거리는 낱낱의 양이 수미산과 같다)"

56) 음운론적인 문제도 있을 수 있다. '體'를 '텨'로 읽게 되면, '텨' 속에 '어'가 이미 표기되어 있는 것 아니냐는 것이다. 그러나 이는 일면만을 고려한 태도라고 할 수 있다. 오히려 이것을 적극적으로 해석할 필요가 있다. 확인법이라는 의식 때문에 '良'을 한 번 더 쓴 것으로 생각해 볼 수도 있다.

의 음독 구결에 가서야 보인다. 그리고 향가에서도 '-란디'로 보았던 예는 '-良焉多衣'만 존재한다는 점을 강조할 필요가 있다. 유일례에 대해서는 항상 조심스럽게 다루어야 하기 때문이다. '-ㄴ디'의 경우에는 석독 구결에도 그 대응 형태가 존재한다. 이처럼 '-ㄴ디'의 연결형을 찾을 수 있다면, 문법사의 연속선상에 있어서도 '-良焉多衣'를 15세기 국어의 '-ㄴ디'에 연결시키는 것이 가능하다.

> (32) ㄱ. 漸漸銷殞ㅣ丷彡 殞亡乀 <u>不息丷灬ㄱㅿ</u> 決知此身乀 當從減盡丷
>   又乀ㅣ(=漸漸銷殞 다ㅎ야 殞亡이 不息ㅎ란디 決知此身이 當
>   從減盡ㅎ노이다) <기림능 2:2ㄴ>//점점 스러져 죽어 죽음이 그
>   치지 않기에 끝내 이 모미 반드시 없어져 다함을 따를 줄을 압
>   니다
>
> ㄴ. <漸漸> 스러 주거 주구미 긋디 아니ㅎ니 <決定>히 이 모미
>   반드기 업서 다오몰 조춫돌 아노이다 <능엄 2:4ㄴ>

(32ㄱ)의 예문은 음독 구결에 나오는 예이다. 이처럼 연결 어미 '-灬ㄱㅿ(란디)'의 존재는 음독 구결에 들어서야 비로소 발견된다. (32ㄴ)에서 보면, 15세기 국어의 언해본을 보면, [이유] 또는 [원인]의 연결 어미 '-니'에 대응되고 있다. 음독 구결에서는 '-란디'가 현대어의 '-ㄴ데'처럼 [전제]나 [배경]의 의미 기능을 가지는 예는 발견되지 않는다.

이 절에서는 15세기 국어의 연결 어미 '-ㄴ디'의 형성에 대하여 살펴보았다. 석독 구결에는 명사구 보문 구성의 'ノㄱㅿ'와 연결 어미 'ノㄱㅿ'가 존재하는데, 이를 통하여 연결 어미 '-온디'는 '선어말 어미 '오' +관형사형 어미 '-ㄴ'+의존 명사 '드'+처격 조사 '-에'의 결합이 문법 형태화하여 온 것으로 파악하였다. 음독 구결의 연결 어미 'ㄱㅿ'는 석독 구결의 '-온디'에서 공구성소화한 '오'가 소멸하여 이루어졌을 가능성이 크다. 이때 이것들의 의미는 [배경]이나 [전제] 정도가 된다.

그리고 이것을 바탕으로 『廣修供養歌』에 나오는 '-良焉多衣'한 구절에 대한 해독을 시도하였다. 먼저 '良焉多衣'가 '-란디'로 해독되는 것에 대하여 어떤 문제가 있는가를 논했다. 형태론적으로는 '라'를 처리할 방법이 없다는 점에서 문제가 있었다. 의미론적으로는 문맥상 [전제]나 [배경]의 연결 어미가 올 자리인데, 15세기 국어의 '-란디'는 [원인]이나 [이유]의 뜻으로 쓰이는 연결 어미라는 점에서 문제가 있었다.

향가에도 확인법 선어말 어미 '-去/良'이 존재함에 유의하여 '-良-'을 확인법 선어말 어미 '-어-'에 대응시키고, '-焉多衣'는 15세기 국어 [전제] 또는 [배경]의 연결 어미 '-ㄴ디'에 대응시켜 '-언디'로 해독하였다. 결과적으로 『廣修供養歌』의 '-良焉多衣'에 대해서는 '-언디'로 해독하고 '-良-(확인법)+-焉多衣(전제나 배경)'으로 형태 분석하였다.

4. '-ㄴ딘', '-ㄴ댄'의 형성

4.1 문제 개괄

여기에서는 15세기 국어에 존재하는 연결 어미 '-ㄴ딘', '-ㄴ댄'이 어떠한 과정을 거쳐서 형성되는가에 논의의 초점을 맞추기로 한다. 연결 어미 '-ㄴ딘', '-ㄴ댄'은 기원적으로 명사구 보문 구성에서 온 것으로 알려져 있는데, 이에 대해서는 문헌 자료를 통해 확인하기로 한다.

'-ㄴ딘', '-ㄴ댄'의 형성에 대하여 논의하기 전에 먼저 기존의 연구를 두루 살펴보기로 한다. 후기 중세국어 또는 근대국어에 대한 연구에서 '-ㄴ딘'은 [조건]이나 [가정]의 연결어미로 다루어지고 있다. 의미 기능에 대하여 허 웅(1975:544)에서는 15세기 국어를 대상으로 이것의 의미 기능을 "조건, 반응, 가정"으로 파악한 바 있다. 또한 이 연결 어미는 어간에 바로 붙기도 하고, 선어말 어미를 앞세우기도 한다고 언급하였다. 고영근 (1987=1997:369)에서도 마찬가지로 [조건]이나 [가정]을 보이는 연결 어미로 본 바가 있다. 장윤희(1989:51)에서는 '-ㄴ딘'은 선어말 어미로는 '-더-' 와 통합 관계를 보이는 것으로, [조건]의 의미를 가진 것으로 파악한 바가 있다.

이러한 업적들을 바탕으로 정재영(1996:148)에서 '-ㄴ딘'을 세 가지 유형으로 나누어 그 통사·의미적 특징을 살펴본 바가 있다. 첫째 유형은 '-온딘' 구문으로 일반적으로 지각 동사나 사유 동사와 결합하여 선행문이 전제한 영역 안에서 '보니까, 생각해 보니까' 후행문과 같은 사실이나 사태를 알게 되었다는 내용의 문장을 접속할 때 쓰이는 구문이다. 둘째 유형은 부사 'ᄒ다가'와 공기하여 쓰이는 것으로 그 의미는 [조건]으로 해석된다. 셋째 유형은 동사 '願ᄒ-'와 통합한 '願ᄒᄉ온딘 […] ᄒ쇼셔' 구문으로 담화 전제적 표현으로 해석된다.[57] 그리고 그 기원에 대해서는 [[[-ㄴ]# 드]+-이+-ᄋ]으로 본 바가 있다. 처격 조사 '-이'와 주제 표지 '-ᄋ'이 통합한 '드' 명사구 보문 구성의 통합 구조체가 문법 형태화한 것으로 파악하였다.

한편, '-ㄴ댄'에 대해서는 허 웅(1975:540)에서 '-ㄴ딘'과 마찬가지로 [조건], [가정]의 씨끝으로서, 어간에 바로 붙기도 하고, 선어말 어미를 앞세우기도 하는 것으로 보았다. 장윤희(1989:48)에서는 '-ㄴ댄'은 후행절의 [조건] 상황을 [가상]하여 접속시키되, 선행절 명제 내용에 대한 화자 자신의 판단뿐만 아니라 다른 사람들의 판단까지도 고려하는 객관적 조건을 제시하고 있다고 언급하고 있다.[58] 이에 대하여 정재영(1996:148)은 '-ㄴ댄'

---

57) 본고에서도 논의상의 편의를 위해 정재영(1996)의 구분을 받아들여서 사용하게 될 것이다.

58) 장윤희(1989:51)에서는 '-ㄴ딘'과 '-ㄴ댄'이 그 의미가 거의 유사하여 동일한 형태소에 대한 표기상의 차이라고 볼 가능성도 있다고 하였다. 그러나 그 분포가 완전히 동일한 것이 아니기 때문에 별개의 형태소로 취급한다고 부연하

은 '-ㄴ딘'과 비슷한 기능을 보이는 것으로서 역사적으로 처격 조사와 주제 표지를 확인할 수 있다고 하였다.

'-ㄴ댄'과 '-ㄴ딘'의 문법 형태화를 석독 구결 자료를 중심으로 파악한 것으로는 백두현(1995ㄴ)을 들 수가 있다. 여기서는 『華嚴經』에 많이 나오는 '-ㄱㅣ+ㄱ'이 '-ㄱㅣㄱ' 혹은 '-ㄱㅊㄱ'을 거쳐서 '-ㄴ댄' 혹은 '-ㄴ딘'으로 발달한 것으로 본 바가 있다. 그러나 이러한 발달 단계에 대한 가설에는 문제가 있다. 하나의 어미 구조체가 두 개의 연결 어미로 발달한다는 설명이 가능할지 의심스럽기 때문이다. 또한 15세기 국어의 '-ㄴ댄'과 '-ㄴ딘'은 형태적으로 살폈을 때, 유사성이 있기는 하지만 차이점도 다소 발견된다는 점을 고려해야 한다.

그런데 여기서 이 둘이 다소 분포상의 차이를 가지고는 있지만[59], 의미 기능이 유사하고, 처격 조사와 주제 표지가 'ㄷ' 명사구 보문 구성이 문법 형태화한 것으로 파악된다면, 이 둘은 전혀 별개의 것인지에 대해서도 생각해 볼 수 있다. 그러므로 본고에서는 이 둘이 가진 관련성에 대해서도 살펴보기로 한다. 그리고 정재영(1996)에서는 공시적 성과를 바탕으로 '-ㄴ딘'과 '-ㄴ댄'이 기원적으로 모두 처격 조사와 주제 표지에 관련된다고 하였는데, 이것이 문헌상으로도 확인이 가능한지 살펴보기로 한다.

4.2 석독 구결의 '-ㄱㅣ+ㄱ'

석독 구결에는 연결 어미 '-ㄴ딘' 또는 '-ㄴ댄'과 관련이 있는 것으로 보이는 '-ㄱㅣ+ㄱ'이 존재한다. 여기서는 이것을 중심으로 연결 어미 '-ㄴ딘', '-ㄴ댄'의 형성에 관하여 논하기로 한다.

고 있다.

59) 장윤희(1989)에서는 '-ㄴ댄'의 경우 '-건댄'의 형태가 많이 사용되었으나, '-ㄴ딘'의 경우 '-건딘'이 나타나지 않는다는 점에서 차이를 보인다고 하였다.

(33) 佛子氵 菩薩ㅣ <u>在家ㅅㄱㅣ十ㄱ</u> 當ㅅ 願ロ尸の ㄱ 衆生ㄱ 家性ㅋ
空ノㄱのし 知氵ホ 其 逼迫し 免ㅊㅌㅊ ㅅ乂母ホ 孝事ㅅ
ㅊㄱㅣ十ㄱ 當ㅅ 願入ㄱ 衆生ㄱ 善ㅊ 於佛し 事ㅅ白氵ホ 一切し
護ㅅ亐養ㅅ亐ㅅㅌㅊ효 妻子 集會ㅅㅊㄱㅣ十ㄱ 當 願 衆生 怨親平
等ㅅ氵ホ 永亠 貪著 離ㅊㅌㅊ효 <화엄 2:18~20> // 불자여 보살
이 집에 있을때에는 마땅히 원하건대 모든 중생이 집 성품의 공함
을 알아서 그 핍박을 면하소서 할 것이며, 부모를 효성으로 섬길 때
에는(섬기면) 마땅히 원하건대 모든 중생이 부처님을 잘 섬기어서
온갖 것을 보호하고 봉양하고 하소서. 처자가 모일 때에는(모이면)
마땅히 원하건대 모든 중생이 원수거나 친하거나 평등하여서 길이
탐착을 떠나소서.

위의 예문에서 보면, '-ㄱㅣ十ㄱ'과 '-ㅊㄱㅣ十ㄱ'이 나온다. 이 구결 통
합체는 『華嚴經』에만 나오는 것으로, 정재영(1996:31)에서는 대략 [[[-ㄱ]#
ㅣ]+十ㄱ] 또는 [[[-ㅊ-+-ㄱ]#ㅣ]+十ㄱ]의 구성으로 보았다.[60] 그리고
'-ㄹ 때(경우)에는' 정도로 해석하고 있다. 또한 현대국어로는 '-면' 정도로
해석하면 자연스럽다고 하였다.

그런데 이 경우 '-ㄱㅣ十ㄱ'과 '-ㅊㄱㅣ十ㄱ'에 나오는 '-ㄱㅣ十ㄱ'을
하나의 연결 어미로 보아야 하는지는 의문이다. 이 경우 연결 어미로 해
석이 가능하기도 하지만 명사구 보문 구성으로 보아 '-ㄹ 때(경우)에는' 정
도로 해석하더라도 문제가 생기지는 않기 때문이다. 또한 다른 문헌들에
는 이 구결 통합체가 보이지 않는다는 점을 고려하면 명사구 보문 구성
으로 처리하는 것이 합리적이다. '-ㄱㅣ十ㄱ'이 하나의 연결 어미로 굳어
졌다면 다른 문헌들에도 나와야 하기 때문이다.

그렇다면 '-ㄱㅣ十ㄱ' 구결 통합체가 정확히 어떠한 구성을 표기하고
있는지를 검토하기로 한다. 이에 대하여 박진호(1999)에서는 '-ㄱㅣ十ㄱ'

---

60) 유사한 구결 통합체로는 'ㅅㄱㅣ十ㄱ, ㅅㅊㄱㅣ十ㄱ, ㅅㅎㄱㅣ十ㄱ, ㅣㅊㄱㅣ
十ㄱ, ㅅ白ㅊㄱㅣ十ㄱ, ㅅ白ㅎㄱㅣ十ㄱ' 등이 있다.

을 동명사 어미 '-ㄱ', 의존 명사 '다', 처격 조사 '-(아)ㅎ'가 결합되어 조건 절을 형성한 것으로 보고 있다. 그리고 이 '-ㄱ ㅣ +ㄱ'을 15세기 국어 '-ㄴ댄'의 선대형으로 보고 있다. '-ㄴ다힌'에서 '-ㄴ댄'으로의 변화는 어말 음절의 초성과 핵모음이 탈락하고 반모음만이 남는 음성 변화에 근거한다고 하였다.[61]

그런데 이에 대해서는 의존 명사 '다'가 국어 문법사에서 존재했느냐의 여부를 생각해 볼 필요가 있다. 'ㅣ'를 의존 명사로 인정한다면, 국어 문법사에서는 석독 구결 시기에만 의존 명사 '다'가 보인다는 결론을 내려야 하는데 여기에는 의문이 남기 때문이다. 국어 문법사에서 의존 명사가 이처럼 짧은 기간 동안만 존재하다가 갑자기 사라지는 예는 극히 드물다.[62] 또한 사라지더라도 다른 형태와 문법적 관계를 이루던 것들이 문법 형태화하여 그 흔적을 남기는 경우가 많이 발견된다는 점도 고려해야 한다. 물론 이 경우 '-ㄴ댄'에 그 흔적을 남긴 것이 아니냐고 할 수도 있지만, '-ㄴ댄'에만 남아 있다고 보게 되면, 그 분포가 매우 제한되어 있다는 결론을 내릴 수밖에 없다.

또한 같은 석독 구결 자료에도 의존 명사 'ㅣ(다)'가 발견되는 경우가 없으므로, 이것도 'ㅣ'를 의존 명사로 보는 데 있어서 결함이 된다. 'ㅣ(다)'가 이 시기에 의존 명사로 존재했다면, 다른 석독 구결 자료에도 보여야 할 것이기 때문이다.[63]

---

61) 박진호(1999)는 이러한 변화를 보이는 예로, '그어긔>그에', '저긔>제', '새바긔>새배', '나조ㅎ>나죄'를 들고 있다. 이에 반해 남풍현(1977=1999)에서는 15세기 국어의 '-애/에'는 '良中' 계통의 조사가 '-아긔>아희>아의(아이)'의 발달을 거친 형태와 기원적인 '아의/아의(良衣)'가 후세에 약모음 'ㅇ/으'가 탈락되어 축약됨으로써 발달한 형태로 보고 있다. 둘 중의 어느 것을 택해도 본고의 논지에는 변화가 없으므로, 더 이상의 논의는 하지 않기로 한다.

62) 대표적인 의존 명사로 'ᄃ'와 'ᄉ'가 있다. 이들 의존 명사는 오랜 기간 동안 존재하다가 사라졌는데, 없어지더라도 흔적을 남기고 없어진다.

63) 15세기 국어의 자료에 '-ㄴ 다마다'가 보이는데, 이것이 문제가 될 수 있다. 이

그보다는 의존 명사 'ㄷ'에 연결시키는 것이 더 설득력이 있다. 이 'ㄷ'
는 국어 문법사에서 꽤 오랫동안 존재하였을 뿐 아니라, 석독 구결 시기
에는 'ㄷ'를 보문 명사로 가지는 명사구 보문 구성이 체계 지배적인 속성
을 가지고 있기 때문이다.[64] 이때, 'ㅣ(다)'를 'ㄷ'와 연결시켜 설명할 방법
이 있다면, 'ㅣ'를 굳이 국어 문법사에서 연속성을 지니지 못하는 'ㅣ(다)'
에 관련시키기보다는 'ㄷ'와 관련시켜 보는 것이 합리적이다.[65]

이 경우 'ㅣ+(다괴)'를 의존 명사 'ㄷ'와 어떻게 연관시킬 것인가 하는
문제가 생긴다. 본고에서는 이에 대해서 의존 명사 'ㄷ'에 처격 조사 '-아
괴'가 결합된 것으로 본다.[66] 이러한 견해는 정재영(1996:31)에서도 피력

때 '다'가 관형사형 어미 'ㄴ' 다음에 나타나는데 이를 의존 명사로 볼 수 있다
는 것이다. '-ㄴ다마다'의 '다'에서는 처소의 의미가 보이는데, 본고에서는 '-더/
듸'처럼 여기서의 '다'도 'ㄷ'에 처격 조사 '아' 결합하여 이루어진 의존 명사
로 본다. 음독 구결에는 처격 조사의 표기로 'ㅣ'가 보이는데, 이것은 '아'를
표기한 것으로 본다.

64) 본고에서 '체계 지배적'이라는 것은 공시적인 체계 속에서 지배적인 위치를
차지하고 있는 유형을 말한다. 음독 구결의 시대에는 'ㅅ'를 보문 명사로 가지
는 명사구 보문 구성이 체계 지배적인 유형을 차지하게 된다. 이는 사실 자연
형태론의 개념과도 관련을 지닌다. Wurzel(1989)에서는 어떤 단어를 하나의 굴
절 부류에 속하게 하는 패러다임-구조 조건들이 여럿이 있을 경우에는 이 가
운데 어느 하나가 결정적인 역할을 하는 경우가 있는데 이를 '지배적 패러다
임 구조 조건'이라고 부르기로 한 바가 있다. 굴절어를 대상으로 한
Wurzel(1989)의 논의가 교착어인 국어에도 적용이 가능한지는 계속적으로 논
의될 필요가 있다. 자연 형태론에 대한 개괄적인 소개는 전상범(1995)를 참조
할 수 있다. 그리고 최형용(1999)에서는 Wurzel(1989)에 대하여 비교적 자세하
게 소개하고 있다.

65) 참고로『華嚴經』에는 의존 명사 'ㅇ'가 나타나고 있다. 이를 근거로 'ㅣ'와
'ㅇ'가 둘다 나타나므로 의존 명사 'ㅣ'가 존재했다고 주장해 볼 수도 있다.
그런데『華嚴經』에서는 'ㅣ' 는 반드시 처격 조사와 관련된 곳에만 나타나고
'ㅇ'는 주격 조사나 대격 조사가 있을 때 나타난다. 이런 점을 염두에 둔다면,
'ㅣ'는 오히려 처격 조사와 결합할 때 쓰이는 표기일 가능성이 높다.

66) 학자에 따라서는 이것을 '아희'로 읽기도 한다. 여기서의 관심은 독음에 있지
않으므로, 이에 대해서는 더 이상 논의하지 않기로 한다. '아괴'로 읽든 '아희'

된 바가 있다. 의존 명사 '드+아긔'가 '다긔'로 실현되었다고 본 것이다. 이처럼 'ㅣ'를 설명할 방법을 마련할 수 있다면 의존 명사 'ㅣ'를 설정할 필요는 없다.[67] 의존 명사 'ㅣ(다)'를 하나 더 설정해서 생기는 이점이 없다는 것을 생각하면 더욱 그렇다. 그러므로 '-ㄱㅣ+ㄱ'은 '[[[ㄱ]#드]+-아긔+-ㄴ]'의 구성을 가진다고 보는 것이 합리적이다.

또한 여기서 다시 분명히 해 둘 것이 있다. 그것은 다름이 아니라 '-ㄱㅣ+ㄱ'이『華嚴經』에 많이 쓰이고 있는데, 이것이 연결 어미처럼 해석이 되어도 자연스럽다는 사실이다. 이러한 사실은 '-ㄱㅣ+ㄱ' 구결 통합체가 어떤 이유 때문에 연결 어미로 발전해 나갔는지를 잘 보여 준다. '-ㄱㅣ+ㄱ'은 그 구성이 의미상 [조건]이나 [가정]의 의미와 연관되어 있고, 이 때문에 [조건]이나 [가정]의 연결 어미 '-ㄴ댄'으로 발달해 나갈 수 있었다. 어떤 명사구 보문 구성의 통합 구조체가 언중들에게 하나의 단위처럼 인식되고 이것이 발달해 하나의 연결 어미가 되는 것을 다른 연결 어미의 형성 과정에서도 관찰한 바가 있었다.[68] 통사적 구성을 이루고 있던 것이 형태적 구성으로 바뀌었으므로, 이 경우도 일방향성의 원리를 지키고 있다.

그렇다고 해서 이것을 또 다른 [조건]이나 [가정]의 연결 어미 '-ㄴ딘'과 연관을 짓는 것은 문제가 있다. '-ㄱㅣ+ㄱ'을 '-ㄴ딘'과 연결시키는 것은 음운·형태론적으로 문제가 생기기 때문이다. 음운론적으로는 '-ㄱㅣ+ㄱ'이 어떠한 과정을 거쳐서 '-ㄴ딘'이 되는지가 밝혀져야 할 것이다. 형태론적으로 15세기 국어와 달리 '-ㄱㅣ+ㄱ'은 확인법 선어말 어미 '-ㅊ-'

로 읽든 본고의 논지에는 영향을 미치지 못한다.

67) 이건식(1996:177)에서는 'ㅣ'를 의존 명사 '드'에 연결시키고 '-ㄱㅣ+ㄱ'은 각각 ㄱ(관형사형 어미), ㅣ(의존명사 드), +(처격), ㄱ(보조사)'로 보았다. 이는 '…等ㅣ✓尸…', '… 等ㅣ✓ㄱ …' 등의 표기에서 'ㅣ'를 '드'로 읽는 것에 근거를 둔 것이다.

68) 본고에서 다루는 연결 어미들이 모두 여기에 속하는 것들이다.

와 결합하고 있는데, 이처럼 선어말 어미와의 통합 제약이 달라진 이유를 합리적으로 설명할 방법이 존재하지 않는다.[69] 이와 관련해서는 음독 구결에서도 '-ㄴ딘'을 표기하는 것으로 보이는 예들이 '-거-'와 결합하지 않는다는 점에 유념할 필요가 있다.

그렇다면 '-ㄴ딘'의 형성은 어떻게 이루어진 것인가? 이의 해결을 위해서는 또다른 처격 조사 '-ㅋ'에 관심을 기울일 필요가 있다.

> (34) ㄱ. 四無所畏ㅣㅋ 十八不共法ㅣㅋ 五眼ㅣㅋ 法身ㅣㅋㅅㄱ 大覺世
>   尊ㄱ 前ㅋ 已ㅏ 我ㅜ 等ㅅㄱ 大衆ㅋ {爲}ㅓㅎ <舊仁02:19~21>
>   // 四無所畏이거나 十八不共法이거나 五眼이거나 法身이거나
>   하신 大覺世尊은 전에 이미 우리들 大衆을 위하시여
> ㄴ. 餘ㄱ 前ㅋ 說ㄱㄱ [如ㅎㅅ尸矢ㅣ <유가 23:3~4> // 남은 것은
>   에 말한 바와 같을 것이다.

석독 구결에서 'ㅋ'는 일반적으로 처격 조사나 속격 조사로 쓰이는 구결자로 알려져 있다.[70] 그리고 여기에서 벗어난 예는 없는 것으로 보인다. 그러므로 처격 조사나 속격 조사의 두 가지 중 하나가 될 것이다. 처격 조사나 속격 조사 중 하나가 아니라는 것을 밝히면, 그 범주 중 하나로 결정될 것이다. 먼저 속격 조사라고 가정하기로 한다. 이 경우 'ㅋ'가 속격 조사로 쓰였다면, 이른바 주어적 속격이라고 볼 수밖에 없다. 김영욱(1997:249)에서는 이러한 주어적 속격을 동작주의 개념으로 발전시키고 동작주가 있을 때는 속격 조사는 'ㅋ'로 현토됨을 밝힌 바가 있다. 그러나 여기서의 '前'을 동작주로는 볼 수 없다. 동사 '說ㅎ-'의 동작주는 사람이 되어야 할 것이다.[71] 그러나 '前'은 사람이 아니기 때문이다. 그렇다면 이

---

69) 장윤희(1989:27)에서는 '-ㄴ딘'과 확인법 선어말 어미 '-거-'가 결합하는 예가 15세기 국어에서는 확인되지 않는다고 하면서도, 통합이 나타날 수 있는 가능성이 크면서도 통합예를 보이지 않는 경우로 분류한 바가 있다.
70) 위의 예문은 이건식(1996)에서 재인용한 것이다.

때, '彡'는 처격 조사로밖에 볼 수 없다.[72] 또한 15세기 국어의 '前'에 해
당되는 '앒'이 처격 조사를 취할 때는 '-익/의'를 취했다는 사실도 부연할
필요가 있다.[73]

남풍현(1975=1999:263)에서는 처격 조사 '-彡'를 15세기 국어 '-익/의'
와 연결시킨 바가 있다. 이러한 견해가 현재로서는 처격 조사 '-彡'를 설
명하는 데 있어 가장 합리적이다.[74] 이와 더불어 '-彡'가 15세기 국어에서
는 몇몇 체언의 뒤에서만 쓰이는 제한된 분포를 보인다는 것도 염두에
둘 필요가 있다.

그러나 음독 구결 자료에서는 '-彡'가 처격으로 실현되는 예가 나타난
다. 여기에서는 주 논의 대상을 석독 구결로 잡고 있으므로 자세한 논의
는 미루고 예문만을 제시하기로 한다.

---

71) 김영욱(1997:249)에서는 동작주는 동사에 의해서 할당되는 것으로 간주하고,
   사람이나 동물이 아닌 무정 체언도 동작주가 될 수 있다고 보았다.
72) 이 점에 관해서는 이건식(1996:145)에서도 언급한 바가 있다. '彡/ㄴ'의 교체에
   관한 자세한 설명은 김영욱(1997)을 참조. 여기에서는 속격 '彡/ㄴ'의 교체에
   [동작주]와 [존칭]의 자질을 가지고 설명한 바가 있다. 이러한 자질들에 대입
   해 보더라도 (2ㄴ) 예문은 속격이 될 수 없다. 김영욱(1997)의 설명에 따르면
   [-동작주][-존칭]의 자질을 가지면 'ㄴ'이 쓰여야 한다.
73) 정재영(1998:233)에서는 '前彡'를 명사 '앞'과 처격 조사 '-익'의 결합으로 보는
   견해에 대하여 반론을 제기하고 있다. 그것은 석독 구결 자료에서 처격 조사
   는 '-ㄴ' 앞을 제외하면 '十' 없이 나타나는 일이 없다는 데 초점을 둔 비판이
   다. 그리고 부사 '아릭'로 보면 이런 문제를 피할 수 있다고 보았다. '彡'를 말
   음 첨기로 보자는 것이다. 이는 일견 타당성이 있다. 그러나 향가의 예에서도
   살펴보게 되겠지만, 국어에서 '-익/의'는 오랫동안 존재했던 형태라는 점에서,
   '-익/의'가 석독 구결에 존재한다고 보는 것이 문제가 있을 것 같지는 않다. 그
   리고 '아릭'의 '-익'도 처격 조사와 무관하지 않은 요소일 가능성이 있다는 것
   도 고려해야 할 필요가 있을 것 같다.
74) 남풍현(1975=1999:263)은 '-彡 十'에 대해서는 15세기 국어의 '-애/에'를 표기한
   다고 보았다.

(35) ㄱ. 畢陵伽婆蹉ᄂ 卽從座起ㅅㅅ 頂禮佛足ㅅㅅ 而白佛言ㅅㅅㅿ 我
初ㅣ 發心ㅅㅣ 從佛入道ㅅㅣ 數聞如來 說諸世間 不可 樂事ノ
ㅌ 乞食城中ㅅㄴ土ᄂ 心思法門ㅅㅣ叮 <송성능 5:19ㄴ>

ㄴ. 畢陵伽婆蹉 卽從座起 頂禮佛足 而白佛言 我 初 發心ㅅㅣ 從
佛入道ㅅㅣ 數聞如來 說諸世間ㅣㅌ 不可樂事ㅅㄴ又ホ ノㅌ乞
食城中ㅅㄴ土ᅙ 心思法門ㅅㅣ叮 <가람능 5:11ㄴ>

ㄷ. 畢陵伽婆蹉ㅣ 卽從座起ᄒ야 頂禮佛足ᄒ옵고 而白佛言호ᄃ 我
ㅣ初發心ᄒ야 從佛入道ᄒ야 數聞如來ㅣ 說諸世間앳 不可樂事
ᄒᅀᆸ고 乞食城中홀 제 心思法門ᄒ다가 <능엄 5:47ㄴ>

ㄹ. 畢陵伽婆蹉ㅣ 곧 座로셔 니러 부텻바래 頂禮ᄒᅀᆸ고 부텻긔 ᄉᆞᆯ오
디 내 처엄 發心ᄒ야 부텨 조쪼와 道애 드러 如來ㅣ 모든 世間앳
즐겁디 아니ᄒᆫ 일 니ᄅᆞ샤ᄆᆞᆯ ᄌᆞ조 듣ᄌᆞᆸ고 城中에 乞食홀 제 ᄆᆞᅀᆞ
매 法門을 ᄉᆞ랑ᄒ다가 <능엄 5:48ㄱ>

위의 예문에서 보면, '-ᅙ'는 처격 조사로 쓰이고 있다. '관형사형 어미+
의존 명사+처격 조사로 이루어진 '-ㄴ土ᅙ'가 15세기 국어의 '-ㄹ 제'에
대응되고 있다. 허 웅(1974:280)에서는 '제'를 '저긔'가 축약된 것으로 보
고 있다. 그리고 '-저긔'는 '의존 명사 '적'+처격 조사 '-의'의 구성으로
이루어졌다고 하였다. 이는 '제'에서 처격의 의미가 드러난다는 점을 고
려한 것으로 보인다. 그렇다고 하여 '-土ᅙ'를 '-ㄹ 제'에 대응되는 표기로
보는 것은 곤란하다. '土'를 'ᄌᆞ/저'로 읽으면 적지 않은 문제가 생기기 때
문이다. 이것은 15세기 국어의 의존 명사 'ᄉᆞ'에 대응시켜 읽는 것이 가장
합리적이다.[75] 그리고 '-ᅙ'는 15세기 국어에도 처격 조사 '-이/의'가 존재
하므로, 이를 처격 조사 '-이/의'를 표기하는 것으로 볼 수 있다.
　다음은 '-ᅙ'의 고형이라고 할 수 있는 '-希'가 향가의 표기에 쓰인 예
이다.

---

75) 이에 대해서는 3. 7에서 다시 다루게 될 것이다.

(37) 紫布岩乎邊希 // 執音乎手母牛放教遣 <헌화가 1, 2>
　　<김완진> 지뵈 바회 ᄀ새 // 자ᄇ몬손 암쇼 노히시고

　(37)은 향가에서 '-希'가 쓰인 것이다.[76] 위에서 보면, 해독자가 모두 '-希'
를 처격 조사로 보고 있다. 물론 해독자들 모두가 이것을 처격 조사라고
한 것이 '-希'를 처격 조사로 보는 것에 대한 절대적인 근거가 될 수는 없
다. 그렇지만 하나의 表記字에 대해서도 해독이 일치하지 않는 경우가 많
은 향가에서 해독자 모두가 처격 조사로 처리하고 있다는 것은 유념할
필요가 있다. 무엇보다도 '希'를 처격 조사로 처리할 수 있는 근거로는 이
문장의 끝에 동사로 '放(놓-)'이 나온다는 사실을 들 수 있다. 동사 '放-'은
처격을 취할 수 있다는 점에서 '希'를 처격 조사로 보는 데 있어서 좋은
근거가 될 수 있다.[77] 그러므로 향가에도 처격 조사로 '-ㅋ'의 고형인 '-希'
가 쓰였음을 알 수가 있다.[78] 결과적으로 향가와 석독 구결에서는 'ㅋ'가

---

76) 다른 해독을 살펴보면 다음과 같다.
　小倉進平 ： 붉은 바회 ᄀ애
　양주동 ： 딛배 바회 ᄀ히
　지헌영 ： 딛배 바회 ᄀ히
　서재극 ： 질뵈 바오 겨틔
　김준영 ： 질뵈바호 ᄀ회
77) 그 다음에 나오는 2구는 "執音乎手母牛放教遣"이다.
78) 이와 관련해서는 『화랑세기』에 나오는 향가를 언급해 볼 필요가 있다. 여기에
　서도 처격 조사로 '希'가 쓰이고 있다. 이 책의 진위 여부 때문에 국사학계에
　서 많은 논란이 일고 있는데, 향가가 올바로 해독되고 이해될 수 있다면 이 책
　의 진위 여부를 가리는 데 많은 도움을 주리라고 본다. 이를 각각의 문법 형태
　들을 서로 비교·대조해 보는 것도 뜻있는 일이 될 것이다. 그리고 이 향가에
　나오는 구결자가 다른 향가에 나오는 구결자와 일치하는가의 여부도 따져 볼
　필요가 있다. 그런데 『화랑세기』의 향가에서 처격 조사로 '希'가 쓰이는 것은
　흥미롭다. 이 '希'는 『獻花歌』에만 유일하게 쓰이는 구결자이기 때문이다. 이
　것이 흥미로운 것은 또한 '執音乎手'이 일치하고 있기 때문이다. 만약 『화랑
　세기』에 나오는 향가가 원본이라면, 『獻花歌』의 '執音乎手'은 화랑세기의 향
　가에서 가져 왔거나 향가에서 투식적으로 쓰는 구절이었다고 결론을 내릴 수

처격 조사로 쓰이고 있다.

향가에는 또한 처격 조사 '-이/의'로 보아야 할 것도 존재한다.

> (38) ㄱ. 夜矣卯乙抱遣去如 <薯童謠 4>
>   <김완진> 바매 알홀 안고 가다
>   ㄴ. 放冬矣用屋尸慈悲也根古
>   <김완진> 어드레 쓰올 慈悲여 큰고

(38ㄱ)과 (38ㄴ)은 모두 '矣'자가 쓰인 것이다. 이 글자는 '이/의'로 읽힌다. 여기에서 '-矣'는 모두 처격 조사로 보아야 할 것들이다. (38ㄱ)을 보면, '-矣'는 시간의 위치를 가리키는 처격이다. '-矣'를 달리 속격 조사로 볼 수도 있으나 속격 조사로 보면, '밤의 알' 정도로 되어 전체적인 문맥이 통하지 않게 된다. 또한 앞에서도 언급한 바 있지만, 석독 구결의 '-이/의'와 마찬가지로 '夜'가 동작주가 되어야 하는데, 이는 가능하지 않다. 뒤에 동작주를 필요로 하는 서술어가 보이지 않기 때문이다. (38ㄴ)은 동사 '用(쓰)'이 처격을 필요로 한다는 점에서 처격 조사로 쓰인 것으로 볼 수 있다.

결과적으로 '-矣'가 처격 조사 '-이/의'를 표기하는 것으로 본다면, 향가에는 또다른 처격 조사 표기인 '-希'(희)가 보인다는 점에서 신·구 표기가 모두 공존하고 있다는 결론을 내릴 수가 있다. 그러므로 향가와 석독 구결에 처격 조사 '-이/의'가 있었다는 결론을 내릴 수가 있다.

'-ㄴ딘'도 이러한 결론에 따른다면 '-ㄴ댄'과 마찬가지로 '[[[관형사형 어미#의존 명사]+처격 조사]+주제 표지]로 이루어진 것으로 추측해 볼 수 있다. [[[-ㄴ#ᄃ]+-이+-ㄴ]이 문법 형태화하면서 이루어진 연결 어미인 것으로 추정해 볼 수가 있다. 이 경우에도 마찬가지로 '할 때에는', '할 경

밖에 없을 것이다. 연대상 『獻花歌』가 더 후대에 나왔다고 보아야 하기 때문이다.

우에는' 정도의 의미를 가졌던 것들이 언중들에게 하나의 단위로 인식되
면서 [가정]이나 [조건]의 연결 어미로 굳어진 것으로 예상해 볼 수 있다.

4.3 음독 구결의 '-ㄱㅊㄱ', '-ㄱㅿㄱ'

음독 구결 자료에 보면, 15세기 국어의 '-ㄴ딘', '-ㄴ댄'에 대응되는 구
결토로 '-ㅊㄱ, -ㄱㅿㄱ, -ㄱㅊㄱ'이 나타난다. 여기에서는 이 표기자들을
중심으로 살펴보기로 한다.

먼저 연결 어미 '-ㄴ딘'을 표기한 것으로 보이는 '-ㄱㅿㄱ'의 예이다.

(39) ㄱ. 我觀 現前 念念 遷謝ㆍ 3 新新不住 ノ ㄱ ㅿ ㄱ 如火 ﹀ 成灰ㆍ 3
<기림능 2:2ㄴ> // 내가 (눈) 앞에 나타나는 것이 변하야 생각마
다 새 것과 새 것에 안주하지 못함을 보니, 불이 재가 되듯 하여
ㄴ. 내 보니 現前에 念念이 올마 가 새와 새왜 머므디 아니호미 브
리 지 두외돗ᄒ야 <능엄 2:4ㄴ>
(40) ㄱ. 觀五十時 ノ ㄱ ㅿ ㄱ 宛然强壯ㆍ ㅣ ±﹀ ㅣ <기림능 2:3ㄱ> // (내
가) 쉰 살 때를 보니 완연히 강장(强壯)하였습니다.
ㄴ. 쉬닌 時節을 보건댄 번득히 强壯ᄒ다ᄉ이다 <능엄 2:7ㄱ>

(39), (40)은 모두 '-온딘'이 나온 구문이다. 이들 문장들의 공통점 중의
하나는 주어가 화자라는 것이다. (39)는 주어 자리에 '我'가 있어서 화자
가 주어임을 금방 알 수 있다. (40)은 화자인 '바사닉왕'이 세존에게 말하
는 부분으로 화자인 '바사닉왕'이 자신에 관한 이야기를 하는 부분이다.
이처럼 '-온딘'이 나오는 문장에서 주어가 화자인 것은 15세기 국어에서
도 같다.[79] 이 경우에 있어서 '-오-'는 15세기 국어의 '-오-'가 가진 기능

---

79) 정재영(1996:144)에서는 '-온딘' 구문을 설정하고 여기에서의 '-온딘'은 지각동
사나 사유동사와 결합하여 선행문이 전제한 영역 안에서 보니까(또는 들어 보

과 마찬가지로 1인칭 주어에 호응해서 쓰인다. 이때 '-�7 ㅿ7'으로만 나타나는데 여기서 '오'를 하나의 형성소로 따로 분석해 낼 수 있는지 논의해 볼 수 있다. 그런데 15세기 국어에서도 지각 동사나 사유 동사와 결합할 때는 '-ㄴ딘'이 '오'와 결합해서 쓰였다는 사실에 대해서 유의한다면, 15세기 국어의 '-온딘'에 대한 판단은 음독 구결 자료에서도 유용할 것으로 보인다.

15세기 국어의 '-온딘'에 대하여 장윤희(1989)와 정재영(1996)은 다르게 처리하고 있다. 장윤희(1989)에서는 '-던딘', '-리런딘'의 '-ㄴ딘'과 '온딘'의 '-ㄴ딘'이 모두 같은 의미를 가지고 있는 것으로 판단하고, '-온딘'은 '-오-'와 '-ㄴ딘'으로 분석해야 할 것으로 보았다. 반면에, 정재영(1996)은 '-온딘'을 '-오-'와 '-ㄴ딘'으로 분석할 필요가 없는 것으로 보았다. 이는 대략 두 가지를 고려한 때문으로 생각된다. 첫째, '-온딘'은 반드시 '-온딘'으로만 쓰인다. 둘째, 둘째 유형과 첫째 유형은 의미가 다르다.

이에 대하여 본고에서는 음독 구결 자료와 15세기 국어의 '-오-'와 '-ㄴ딘'을 각각 하나의 형성소로 분석하는 태도를 취한다. 이것은 다음의 두 가지를 고려한 것이다. 첫째, '-온딘'의 '-오-'는 거의 예외없이 화자 주어와 공기하여 쓰인다.[80] '7 ㅿ7'은 지각동사 '觀-'과 주로 호응한다는 데서 그 원인을 찾을 수 있다. 둘째, '-오딘'의 '오'와 '-온딘'의 '오'는 기능이 다르다. '-오딘'의 '오'는 아무런 의미가 없는 공구성소이다.[81] 기능이 다르다면, 형성소의 영역에서도 그것들을 따로 분리하여야 한다.

다음은 '-ㄴ댄'을 표기하는 것으로 보이는 '-ㄱ ㅊ7'의 예이다.

니까), 생각해 보니까 후행문과 같은 사실이나 사태를 알게 되었다는 내용의 문장을 연결하는 것으로 보았다.

80) 여기에서는 '거의 예외없이'라는 표현을 썼는데, 부사 '거의'를 빼도 좋을 정도로 15세기 국어의 '-온딘'은 1인칭 주어와 호응하는 양상을 보인다.

81) '-오딘'의 '오'에 대해서는 3. 6에서 다시 살펴보게 될 것이다.

(41) ㄱ. 若從明 來ㄱㅊㄱ 暗 即隨滅ㅎㅣ 應非見暗ㅎㅊ亽ㅅ 若從暗 來
印ㅊㄱ 明 即隨滅ㅎㅣ 應無見明ㅎㅊ亽ㅅ <기림능 3:2ㄱ> //
만약 밝은 데서 왔다면 어두워지면 곧 따라 없어져 어두움을 보
지 못할 것이며 만약 어두운 데서 왔다면 밝아지면 곧 따라 없
어져 반드시 밝음 봄이 없을 것이며

ㄴ. ᄒ다가 불고믈브터 옳딴댄 어드우면 곧 조차 업스릴씨 반ᄃᆨ기
어드우믈 보디 몯ᄒ리며 ᄒ다가 어드우믈 브터 옳딴댄 불ㄱ면
곧 조차 업스릴씨 반ᄃᆨ기 불곰 보미 업스리며 <능엄 3:3ㄱ>

위에서 볼 수 있는 바와 같이 '-ㄱㅊㄱ'은 '若'과 호응하여 [조건]의 뜻
을 가지게 된다. 15세기 국어의 경우에는 '-ㄴ댄'이 대개의 경우 '-거-'나
'-더-'와 통합하여 '-건댄', '-던댄'으로 사용되고 있는 것과 비교해 볼 수
있다. '-ㄴ댄'만으로도 [조건]이나 [가정]의 뜻을 가지는 것이 가능했는데,
나중에 [조건]이나 [가정] 상황에 대하여 화자가 적극적으로 확인하거나
회상하여 확정하는 경우 각각 '-거-, -더-'가 통합하게 된 것으로 보인다.[82]
이제까지의 결과를 정리해 보면, 음독 구결에서는 '-ㄴ딘'에 대한 표기
는 정재영(1996)에서 첫째 유형으로 구분한 것으로 쓰이고 있고, '-ㄴ댄'
에 대한 표기는 둘째 유형으로 구분한 것으로 쓰이고 있었다. 이러한 결
과가 정확히 무엇을 의미하는지는 다시 생각해 보기로 한다. 현재로서는
이를 『기림사본 능엄경』 구결의 표기자가 '-ㄴ딘'과 '-ㄴ댄'을 구별했다고
해석하는 수밖에 없을 것 같다. 이는 다른 음독 구결 자료와 비교될 필요
가 있다.

(42) ㄱ. 世尊下 我 見密移ㅿㄱㅿㄱ 雖此 殂落 ㅎㄒ <기림능 2:3ㄱ>
ㄴ. 世尊下 我 見密移ㅿㅿㄱ 雖此 殂落 ㅎㄒ <남풍능 2:1ㄴ>

---

82) 이러한 예로는 앞에서 살펴본 바가 있는 '-거늘'이 있다. 원래 '*-늘'이 연결
어미였는데, 선어말 어미 '-거-'가 결합되어 하나의 단위로 인식된 경우이다.
앞으로 살펴보게 될 '-거든'도 이러한 예에 속한다.

ㄷ. 世尊下 我 見密移ノㄱ厶ㄱ 雖此 殂落 ﹀乃 <송성능 2:3ㄱ>

(42)에서 보면, (42ㄴ), (42ㄷ)은 다른 문헌에 있는 것을 인용해 온 것이
다. 모두 '-오-'와 결합하고 있다. (42ㄴ)에서는 'ㄱ'이 생략되어 표기된
것인지 '-딘'을 하나의 연결 어미로 설정할 것인지의 문제가 있기는 하지
만, 여기서의 '-오-'도 1인칭 주어와 일치하고 있다.[83] 이처럼 'ノㄱ厶ㄱ'
처럼 1인칭 주어와 일치하여 쓰이는 것은 음독 구결 자료에서 거의 예외
가 없다.

> (43) ㄱ. 若此見聞﹀ 必不生滅﹀ㅌㅌㄱㅊㄱ <기림능 2:5ㄱ>
>   ㄴ. 若此見聞﹀ 必不生滅﹀ㄱㅊㄱ <남풍능 2:2ㄱ>
>   ㄷ. 若此見聞﹀ 必不生滅ㅊ <송성능 2:5ㄱ>

(43)에서 보이는 결과도 (42)의 결과와 다르지 않다. 앞에 나오는 '若'은
연결 어미 '-ㄱㅊㄱ'이 [가정]이나 [조건]의 의미를 가지고 쓰임을 잘 보
여 주고 있다. 물론 (43ㄷ)은 '-ㅊ'만으로 쓰이고 있기는 하나, 다른 문헌
에서도 '-ㅊ'가 '-ㄱㅊㄱ'이 쓰여야 할 자리에 쓰이므로 문제시할 것은 아
니다. 생략 표기로 보면 된다. 그리고 '대'를 표기하는 구결자로 'ㅊ'가 쓰
인다는 점도 생각해 둘 필요가 있다.

음독 구결 문헌들에서 보면 1인칭 주어와 일치를 보이는 경우에는 '-온
딘'을 표기하는 것으로 보이는 'ノㄱ厶ㄱ'이나 'ノ厶ㄱ'이 쓰이고, 1인칭
주어와 관련이 없는 경우에는 '-ㄴ댄'을 표기하는 것으로 보이는 '-ㅊ', '-

---

83) '-오딘'의 예는 15세기 국어의 자료에서도 발견된다. 그런데 "사르미 먼 길 가
딘 모로매 목수미 도울 糧食 이슈미 곧ᄒᆞ니라 <법화 2:205>"에서 볼 수 있는
바와 같이, 15세기 국어의 '-오딘'은 반드시 1인칭과 결합한다고 보기는 어렵
다. 그런 점에서 음독 구결에 나오는 '-ノ厶ㄱ'과 15세기 국어의 '-오딘'은 관
련이 없는 것일 가능성이 높다. 'ㄱ'이 생략된 표기로 보는 것이 적당할지 모
른다.

ㄱㅊㄱ' 등이 쓰이고 있다. 그런데 이것은 우연한 현상이라고 해석하기 어렵다. 다른 문헌들에서도 '-온딘'과 '-ㄴ댄'이 구별되어 표기되고 있으므로, 음독 구결 문헌에서는 언중들이 '-온딘'과 '-ㄴ댄'을 구별해서 표기하였다고 보는 수밖에 없을 것 같다.[84]

그런 점에서 다음은 15세기 국어의 '-ㄴ딘'과 '-ㄴ댄' 둘다 관련된 예이다.

(44) ㄱ. 兼又日遷ノ又土\ㅣ 沈思諦觀ノㄱ厶ㄱ 刹那刹那ᄾ
　　　　<기림능 2:3ㄴ>
　　ㄴ. 兼ᄒ야 또 날로 옮ᄂ니 좀좀ᄒ야 ᄉ랑ᄒ야 子細히 보건댄 刹那
　　　　刹那 <능엄 2:7ㄱ>

(44)는 음독 구결 자료인 『기림사본 능엄경』에 '-온딘'의 표기인 'ノㄱ厶ㄱ'이 쓰인 예이다. 여기에서는 지각 동사인 '觀(보-)'과 결합하고 있다. 이를 밑에 나오는 『능엄경언해(간경도감본)』와 대조해 볼 수 있다. 음독 구결의 '-온딘'에 해당되는 부분에 간경도감본에서는 '-건댄'이 대응되어 있다. 15세기 국어에 있어서는 '-건댄'의 '-ㄴ댄'은 '-오-'를 동반하지 않는 둘째 유형의 '-ㄴ딘'과 의미가 같은 것으로 알려져 있다. 그런데 여기서의 '-건댄'이 [조건]이나 [가정]의 의미를 가진 것으로는 보이지 않는다. 오히려 첫째 유형인 '-온딘'과 기능이 같은 것으로 볼 수 있다. 이 예문에서 '-ㄴ댄'은 주어가 1인칭이고, 동사는 지각 동사인 '觀'이 쓰이는 자리에 나왔으므로, 정재영(1996)처럼 해석한다면 [+완료]의 상태로 사건 또는 사태를 담화 진제하고 있다.

음독 구결 시기에는 '-온딘'과 '-ㄴ댄'이 구분되어 쓰이고 있다. 그러나 15세기 국어에 들어서는 음독 구결에서라면 '-온딘'이 쓰였을 자리에 '-건댄'이 쓰이기도 한다. 이러한 것은 15세기에 들어서면서 '-ㄴ딘'과 '-ㄴ댄'

---

84 그런데 문제는 음독 구결 자료에서는 정확하게 구분해서 표기되었던 것들이 15세기 국어에 접어들면서부터는 왜 이러한 구분이 없어졌느냐는 것이다.

의 구별에 대한 의식이 사라지는 경향을 반영한 것으로 해석할 수 있다.85)

> (45) ㄱ. 若此見聞ㄴ 必不生滅ᄼㅌㅎㄱㅊㄱ 云何世尊ㄴ 名我等輩ᄢ 遺
> 失眞性ㅁ 顚倒行事 <기림능 2:5ㄱ>
> ㄴ. 世尊하 ᄒ다가 이 見聞이 반ᄃ기 生滅 아니홇딘댄86) 엇뎨 世尊
> 이 우리 等輩룰 眞實ㅅ 性을 일코 顚倒히 이롤 行ᄒᄂ니라
> <능엄 2:11ㄴ>

(45)의 '必不生滅ᄼㅌㅎㄱㅊㄱ'은 '必不生滅ᄒᄂ닌댄' 정도로 읽을 수
있는 것으로 여기서는 '-ㄴ댄'이 쓰이고 있다. 앞에 나오는 '若'은 '-ㄱㅊㄱ'
이 [가정]이나 [조건]의 의미를 가진다는 사실을 잘 뒷받침해 주고 있다.

그런데 여기서 관심을 끄는 것은 'ᄼㅌㅎㄱㅊㄱ'의 구성이다. 본고에서
는 이것을 'ᄒ-+ᄂ(직설법)+-ㄴ(동명사 어미)+이-(계사)+-ㄴ댄(연결 어미)'으로
분석하기로 한다. 이 구결 통합체는 '-ㄱㅊㄱ'이 문법 형태화한 증거를 보
여 준다는 점에서 의의를 지닌다. '-ㄱㅊㄱ'이 문법 형태화했기 때문에,
앞에 '-ㄴ'이 결합할 수 있게 된 것이기 때문이다. '-ㄴ댄'의 '-ㄴ'이 원래
관형사형 어미에서 온 것인데, 언중들이 '-ㄴ댄'의 어원에 대한 의식이 없
어져서 '-ㄴ'과의 결합을 이룰 수 있게 된 것이다.

이 절에서는 '-ㄴ딘'과 '-ㄴ댄'의 형성에 대하여 살펴보았다. '-ㄴ딘', '-ㄴ
댄'은 모두 '[[[관형사형 어미#의존 명사]+처격 조사]+주제 표지]'가 어

---

85) 장윤희(1989:47)에서는 '-ㄴ댄'이나 '-ㄴ딘'이 이유의 의미를 가지게 되는 것은
선행 용언이 사유동사나 지각동사일 때 후행절의 내용이 선행 동사의 행위를
통해서 알게 되어 화자의 마음 속에 존재하는 것과 관련이 있는 것으로 보았
다. 후행절 내용은 선행 동사의 행위를 통해서만 도출되는 것이므로 필수적으
로 선행 동사의 행위가 먼저 요구된다는 것이다.

86) 음독 구결 자료를 바탕으로 해서 볼 때, '아니홇딘댄', '-딘댄'은 '-ㄹ#ᄃ+이-+-
ㄴ댄' 구성으로 보아야 합리적이다. 이런 구성은 '-ㄹ디언뎡', '-ㄹ디라도'의 예
에서도 찾아볼 수 있다.

미화한 것이다.

첫째, 석독 구결에서는 '-ㄱ ㅣ +ㄱ'의 구결 통합체를 확인할 수가 있는데, 이것은 '-ㄹ 때(경우)에는' 정도의 의미를 가지고 있다. 그리고 문맥에 따라서는 [가정]이나 [조건]으로 해석해 볼 수 있다. 본고에서는 '-ㄱ ㅣ +ㄱ'이 문법 형태화해서 연결 어미 '-ㄴ댄'이 된 것으로 파악하였다.

둘째, '-ㄴ턴'은 차자 표기에 존재하는 '-이/의' 계통의 처격 조사와의 통합체가 어미화한 것이다. '-이/의' 계통의 처격 조사는 향가에서는 '-矣', 석독 구결이나 음독 구결에서는 'ㅋ'로 표기되어 나타난다.

셋째, 음독 구결에는 'ノㄱ ㅿㄱ'과 '-ㄱ ㅊㄱ'이 존재하는데 이 둘은 구별이 되어 쓰이고 있다. 'ノㄱ ㅿㄱ'은 주어가 1인칭인 구문에서 담화 전제로 쓰이고 '-ㄱ ㅊㄱ'은 [가정]이나 [조건]의 의미를 가지고 있다. 15세기 국어에 들면 이러한 구별 의식이 없어지는 경향이 존재한다. 또한 'ㅅ ㅌ ㅌㄱ ㅊㄱ'처럼 동명사 어미 '-ㄴ' 뒤에 다시 '-ㄴ댄'이 오기도 하는데 이 것은 '-ㄴ댄'이 문법 형태화하였음을 잘 보여 주고 있다.

5. '−거든'의 형성

5.1 문제 개괄

여기에서는 15세기 국어에 나타나는 연결 어미 '-거든'이 형성되는 과정을 살피는 데 그 목적이 있다. 일반적으로 통사적 구성의 문법 형태화는 특정 시기에 갑자기 이루어지는 것이 아니라, 국어사 속에서 그 등장을 위한 오랜 준비를 하고 있다가 일정한 과정을 거쳐 이루어진다. '-거든'도 이런 문법 형태화의 일반적인 과정에서 벗어나지 않는다. 이 글에서는 이 점에 관심을 가지고, '-거든'의 형성 과정을 문법사적 입장에서 살펴보기로 한다. 이러한 통시적 고찰은 일정 시기에 사용된 '-거든', '-든',

'-ㄹ든'[87]만을 대상으로 하였을 때 간과하기 쉬운 사실들을 새로이 인식시켜 주는 계기가 될 수도 있을 것이다.

여기에서 다루게 되는 '-거든'의 기원과 관련이 있는 표기들인 '尸等隱', '等' 등은 신라 향가부터 보이기 시작한다. 이런 표기의 전통은 또한 고려시대 이두의 '乙等', '等', 석독 구결의 '尸ㅎㄱ', '尸ㅅㄱ', 음독 구결의 'ㅅㄱ', 'ㅊㄱ' 등의 표기에도 반영되어 있다. 이에 대해 개별적으로 연구가 이루어지기는 하였지만, 표기들이 가지는 전반적인 관련성에 대해서는 아직까지 본격적으로 연구된 바가 없다. 여기에서는 차자 표기 전반에 대한 고찰 속에서 이들 표기들의 상호 관계와 기능 따위를 살펴보기로 한다.

'-거든'의 형성과 관련된 기존의 연구에 대한 정리는 '-거든'을 표기한다고 보이는 것뿐만 아니라 '-든, -ㄹ든'을 표기한다고 보이는 것들에 대해서도 관심을 기울이기로 한다. 먼저 향가에서 '-ㄹ든', '-든'을 표기하는 것으로 보이는 '-尸等焉', '-尸等隱', '-等' 등이 小倉進平(1929) 이래 [조건]을 나타내는 어미로 파악되어 왔다. 양주동(1965), 김완진(1980), 최남희(1996) 등에서도 '-尸等焉', '-尸等隱', '-等'을 연결 어미로 설명하고 있다. 최근 최남희(1996:353)에서는 '-等'에 대하여 '조건, 가정'의 뜻을 나타내

---

87) '-거든/-거든'과 '-든/-든'에서 '-거든'과 '-든'을 기본형으로 잡은 것은 다음과 이유 때문이다. 먼저 '-거든'은 다음과 같은 두 가지를 고려하였다. 첫째, 15세기 국어의 연구에서는 '-거든'을 기본형으로 잡는 것이 일반적이다. 둘째, 15세기 이후 '-아든', '-어든', '-거든' 등의 이형태들이 '-거든'으로 통일된다. 다음으로 '-든', '-ㄹ든'을 기본형으로 잡은 것은 음운적·형태적 고려가 충분히 반영된 것은 아니다. 논의를 위한 편의상의 이유가 크다. 그러나 다음과 같은 점에 대한 고려도 있었다. 첫째, '-거든'에서 보이는 '-든'을 참고한 것이다. 둘째, 조선시대 후기 이두 자료에 보면, '等'을 '든'으로 읽는 독법이 존재한다. 그렇지만, 15세기 국어에 있어서 의존 명사 'ᄃ'와 보조사 '-ㄴ'의 결합은 반드시 '-ᄃᆞᆫ'으로 나타난다는 점을 생각하면, '-든', '-ㄹ든'으로 읽는 것이 합리적일 것이라는 생각도 든다.

는 씨끝으로 홀소리어울림에 따라 '-돈'과 '-든'이 교체된다"고 하여 향가에 연결 어미 '-든'이 존재한다는 사실을 보였다. 특히 관형사형 어미 '-ㄹ'이 '-든'에 앞서 나타나는 경우에 대해서는 그 원래의 구성이 의존 명사 '드'와 보조사 '-은'이 결부되어 어미로 녹아 붙은 것임을 보여 주는 증거라고 하였다. 그러나 'ㄹ'에 대해서는 의존명사에 대한 매김의 기능을 가진다고 하여, 어미 '-든' 앞에 관형사형 어미가 오는 특이한 결합을 상정하고 있다. 이는 '*-든'만을 어미로 인정하려는 데서 온 결과로 생각된다.

고려 이두에 대한 기존의 연구로는 서종학(1995)를 들 수가 있다. 서종학(1995:149~50)에서는 후기 중세국어의 '-거든'에 해당하는 것으로 [조건]이나 [양보]의 '-等'이 있음을 보였다. 그리고 '-乙等'과 '-去等'이 계열 관계를 이루고 있다고 주장하였다. 그러나 본고에서는 이 둘을 계열 관계로 파악하지 않는다. '-乙等'의 경우는 연결 어미의 기능을 가지는 '*-ㄹ든'에 해당하는 것으로 보았다.

조선 초기 이두 자료의 연구로는 박성종(1996ㄱ)과 김유범(1997)을 들 수 있다. 박성종(1996ㄱ:261)은 조선 초기의 이두 자료에 보이는 '-去乙等'과 후대 이두 자료에서 '-去等'을 '-걸등'으로 읽은 것을 논거로 '-去乙等>-去等'을 제시하였다. 그러나 이런 변화가 일어나는 원인에 대해서는 설명이 없다. 김유범(1997)은 이두 자료인 『趙溫賜牌敎旨』에 나타난 이두 '爲臥乎事是ホ'의 '是ホ'을 '是去ホ'에서 '去'가 생략된 형태로 파악하는 것이 보다 사실에 가까울 것이라고 하였다.[88] 그러나 '-거-'와 '*-든'이 결합하여 '-거든'이 형성되는 문법사적인 면을 고려하면 '是ホ'의 존재는 자연스러운 것이므로, 굳이 '-去-'의 생략을 가정할 필요는 있는지 궁금하다.

석독 구결에 대한 언급으로는 정재영(1996)을 들 수가 있다. 정재영

88) 그러나 김유범(1998)에서는 '-거든'에서 '거'가 생략된 것으로 보지 않고, 이용(1997)의 결론을 받아들여 '-든'에 '-거-'가 나중에 결합한 것으로 견해를 바꾸게 된다.

(1996:207~208)에서는 고려시대 석독 구결 자료에 '願入ㄱ' 외에 '願口尸 入ㄱ'이 나타나는 것을 확인하고 소망이나 기원을 나타내는 청원형 또는 소망형 연결 어미가 됨을 밝혔다. 그런데 여기에서는 '願入ㄱ'의 '-入ㄱ' 과 '願口尸入ㄱ'의 '-尸入ㄱ'이 정확히 어떤 연관을 지녔는지는 설명되지 않았다. 또한 정재영(1997)에서는 '-거든'은 의존 명사 '든' 구성체가 문법 형태화한 것으로 이들이 어미로 굳어지면서 보문소 '-ㄴ', '-ㄹ'이 탈락한 것으로 보았다. 그 근거로는 석독 구결의 '-口尸ㅇㄱ', 이두의 '-去乙等'을 들고 있다.

음독 구결에 대한 언급으로는 김영욱(1996)을 들 수가 있다. 김영욱 (1996)은 기림사본 능엄경에 나타나는 문법 형태들의 공시적 체계에 대한 연구를 통하여 '-든'의 분석 가능성을 제시한 바가 있다.

후기중세국어 '-거든'에 대한 연구는 분석적인 입장과 종합적인 입장으로 나누어 볼 수 있다. 분석적인 입장은 '-거-'와 '-든'을 나누어 보는 것이고, 종합적인 입장은 '-거든'을 하나로 보는 것이다. 분석적인 입장은 대표적으로 허 웅(1975)를 들 수가 있다. 허 웅(1975:549~553)은 '-든'을 조건, 반응, 상황, 가정을 나타내는 연결 어미로 파악하고, 이 '-든'이 줄기에 바로 붙는 일은 없고 반드시 선어말 어미 '-거-', '-아/어-', '-더-'를 앞세우는 것으로 기술하였다. 반면에, 통합적인 입장에서는 '-거-'와 '-든'을 분석하지 않는다. 이 입장을 취한 업적으로는 고영근(1987)과 장윤희 (1991)을 들 수 있다. 먼저 고영근(1987)에서는 구조적인 측면을 고려하여 공시적인 연구에서는 '-거-'와 '-든'을 형태 분석할 수 없는 것으로 보았다. 장윤희(1991)에서는 공시적으로는 '-거-'와 '-든'의 분리에 반대하면서도, 역사적으로는 '-*든'이 존재했을 가능성을 제시하였다는 점에서 의의를 지닌다.

역사적인 연구로는 서태룡(1996)을 들 수 있다. 서태룡(1997:677)에서는 '-든'을 15세기 이후에 '-아/어-' 다음에 통합하여 분포의 제약을 받으면서 단순한 조건의 뜻은 '-면'에 넘겨주고 '-거든'으로 남아서 가상적 조건의 뜻을 나타내게 된 것으로 보았다. 가상적 조건의 뜻을 나타내게 된 것은 '-거-'의 역할과 관련이 있을 것이라는 생각도 해 볼 수가 있다.

이상의 선행 업적을 살펴보면, '-거든'의 형성에 관하여 본격적으로 논의된 바가 없다는 것을 알 수 있다. 따라서 통시적인 입장에서 '-거든', '-르든', '-든'의 관계를 천착한 바도 없다. 이에 본고에서는 선행 업적을 바탕으로, 다음과 같은 세 가지를 주의해서 살펴보기로 한다. 첫째, '-거든'과 관련된 표기가 향찰, 이두, 구결 각각의 차자 표기 체계에서 어떻게 실현되고 있는가 하는 점이다. 둘째, 과연 '-거든'은 '-거-'와 '*-든'의 결합에 의한 것인가 아니면, '-걸든'에서 단순히 'ㄹ'이 탈락하여 만들어진 것인가 하는 점이다.[89] 셋째, '*-든'의 존재에 관한 것이다. 그리고 이와 관련하여 '*-든'이 어디서 기원하는가를 살펴볼 필요가 있다. 이 '*-든'이 '*-르든'에서 왔다면, 이 둘의 관계는 어떤 것인가도 관심의 대상이 된다. 이는 의미적·통사적 측면에서 주의를 기울일 필요가 있다.

5.2 후기 중세국어의 '-거든'

'-거든'의 변화를 구체적으로 다루기에 앞서 '-거든'에 대한 자료가 많이 남아 있는 15세기 국어를 먼저 정리하기로 한다. 15세기 국어에서 [조건]의 연결 어미로 쓰이는 '-거든'은 구조·의미적 측면을 고려할 때 공시적으로는 '-거-'와 '-든'으로 분석하는 것이 바람직하지 않다.

---

89) 본고에서는 '르든'으로 표기하고 있지만, 사실은 'ᇏ든'으로 표기해야 맞다. 본고에서는 편의상 국어학계의 일반적인 표기 양상을 받아들여 그냥 '르든'으로 표기하기로 한다. 'ㄷ' 앞의 /ㅭ/의 탈락은 음운론적으로는 상정하기 어렵다. 적어도 국어사의 명시적인 자료(15세기 이후)에서는 이런 변화를 보여 주는 경우를 필자는 아직까지 발견한 적이 없다.

(46) ㄱ. 아들옷 나<u>거든</u> 安樂國이라 ᄒ고 ᄯᅢ이어든 孝養이라 ᄒ라
　　　 <월석 8:83ㄴ>

　　 ㄴ. 諸佛ㅅ 甚히 기픈 힝뎍 니르<u>거시든</u> 듣ᄌᆞᆸ고 너교ᄃᆡ <석상 9:27ㄱ>

　　 ㄷ. 須達이 … 王舍城으로 가며 길헤 艱難ᄒᆞᆫ 사름 보<u>아든</u> 다 布施
　　　 ᄒᆞ더라 <석상6:15ㄴ>

(46)' ㄱ. 내 아랫 뉘예 이 經을 바다 디녀 닐그며 외오며 눔ᄃᆞ려 니ᄅᆞ디
　　　 아니 ᄒᆞ<u>더든</u> 阿耨多羅三藐三菩提를 ᄲᅡᆯ리 得디 몯 ᄒᆞ리러니라
　　　 <석상 19:34ㄱ>

　　 ㄴ. ᄒᆞ다가 부톄 相ᄋᆞᆯ <u>묻더시든</u> 쏘 能히 相ᄋᆞ로 對答ᄒᆞᅀᆞ오리라
　　　 <금삼 3:12ㄱ>

　먼저 15세기 국어 '-거든'의 통합 제약은 다음과 같다.[90] 대우법 관련
선어말 어미 '-ᅀᆞᆸ-', '-시-'와는 두루 통합할 수 있다. 그러나 서법의 선어
말 어미와는 통합을 보이는 예가 없다.[91] 현대국어와는 달리 '-거든'으로
연결된 평서문의 선·후행절이 일치하는 경우가 있다. 또한 후행절이 평
서문임에도 후행절 주어가 삼인칭이 될 수 있다. 서술어로는 타동사와 비
타동사 모두를 그 선행 어간으로 취할 수가 있다. 그리고 후행절에 나오
는 문체법 어미와의 공기 제약을 보면, 후기 중세국어의 '-거든'은 아무
제약 없이 후행절에 평서문이 와도 적격문을 형성한다.[92]
　다음으로 형태 분석의 가능성을 살펴보기로 한다. 우선 (46)에서 (46ㄱ)
과 (46'ㄱ)을 비교하면, '-거든'과 '-더든'의 '-거-'와 '-더-'는 15세기 국어

---

90) 자세한 내용은 장윤희(1991)을 참조
91) 장윤희(1991)에 의하면, 특히 과도형태인 '-거-', '-더-'를 가진 '-거든', '-더든'
　　은 여전히 확인법의 '-거-', 회상법의 '-더-'와 연관을 맺고 있어 이들과의 통합
　　은 잉여적인 것이 되기 때문에 통합을 허용하지 않는다고 한다.
92) 현대국어의 '-거든'은 중세국어의 '-거든'과 다른 모습을 보인다. 현대국어에서
　　'-거든'은 후행절의 문체법으로 의문문, 명령문, 청유문만을 취할 수 있으며 평
　　서문일 때는 후행절의 주어가 반드시 화자이어야 한다. 최재희(1991:122~123)
　　을 참조

에서 계열 관계를 이루고 있다. 그러므로 계열 관계를 단순하게 고려한다면, 이 둘을 각각 하나의 형성소로 분석할 가능성을 생각해 볼 수가 있다. 또한 '-거시든'의 출현도 '-거-+-든'의 분석 근거가 될 수 있다. (46ㄷ)은 '-거시든'의 어미구조체가 나타나는 예문이다. '-거든'이 하나의 형성소로 굳어졌다면, '-시-'가 끼어 든 것처럼 보이는 '-거시든'은 나올 수 없다.93) 이러한 두 가지를 고려할 때, 위의 예문에서 '-거든'과 '-더든'은 각각 형성소 '-거-+-든'과 '-더-+-든'으로 분석될 가능성도 없지 않다.

한편, 의미적인 측면을 고려하여도 이 둘의 형태 분석 가능성이 있다. 장윤희(1991)에 의하면, '-거든'은 화자가 조건상황에 대하여 적극적으로 확인하여 강조함으로써 그 조건의 실현 가능성이 '-(으)면'보다 강조되었을 때 쓰인다.94) 이때 확인과 강조의 기능은 '-거-'에서 온 것일 가능성이 크다.95) 더욱이 이때 '-거/어-'가 타동과 비타동에 따른 교체를 보인다는 점에서 '-거든'의 '-거-'가 확인법의 '-거/어-'와 관련이 있을 것이라는 심증을 굳힐 수가 있다.96) 한편, '-더든'은 선행절의 상황을 돌이키는 회상의 과정을 반드시 요구한다. 이 경우 회상의 과정은 '-더-'가 지닌 기능과 밀접한 관련이 있음에 틀림없다. 그러므로 이러한 의미적 측면 역시도 '-거든', '-더든'에서 '-거-'와 '-더-'를 분석할 수 있는 근거가 될 수 있다.

---

93) (1ㄷ)은 서술어가 목적어를 취하는 것처럼 보이기도 한다. 이는 '-거든'이 '-거-+-ㄹ#ᄃ+-ㄴ'에서 온 것임을 보여 주는 하나의 증거가 될 수 있다.

94) 장윤희(1991:41)에 의하면, 이러한 '-거든'의 의미적 특징은 '-거든'으로 소선이 제시된 후행절에 확실성을 띤 양태부사 '능히'가 공기하고 있다는 점에서 확인할 수가 있다고 한다.

95) 장윤희(1991:42)에서는 "그러나 '-거든'에서 과도적 형태 '-거-'의 의미를 제외한 나머지 의미가 '-든'의 의미라고 말할 수는 없다."고 하여, 재구조화된 통합형의 의미를 그 구성요소들의 원초적 의미의 총합으로 보는 태도를 경계하였다.

96) '-거/어-'의 교체에 대해서는 고영근(1980)을 참고. 고영근(1980)에는 '-거든'이 '不可型'에 속한다. '不可型'은 '거'의 선택은 불규칙적이나 '-어-'의 선택은 규칙적인 경우를 말하는 것이다.

그러나 앞서 들었던 것처럼, 형태론적, 의미론적 측면의 일부만을 중시하여 '-거든', '-더든'을 형성소의 영역에서 '-거'와 '-더'로 분석하는 태도는 15세기 국어 전반을 고려해야 하는 공시적인 측면에서는 바람직하지 않다. 이에 대하여 통합적인 입장을 취한 고영근(1987)에서는 15세기 국어에 있어서 '-거늘/-어늘', '-거든/-어든'의 '-거/어-'가 통합 관계상으로는 '-거/어-'가 빠진 '*-늘, *-든'이 없고 계열 관계상으로는 '-거/어-'의 자리에 다른 형태소가 대치된 '*-ᄂ늘, *-더늘, *-ᄂ든' 등의 어미도 없기 때문에 형태소의 일부가 되는 것으로 보았다. 장윤희(1991:17)에서도 형태소 위치상 계열 관계를 이루고 있는 다른 선어말 어미들과 계열 관계를 이루지 못하고 있기 때문에 '-거든', '-더든'은 더 이상 분석될 수 없는 하나의 단위로 보아야 한다고 주장한 바가 있다.

이때 '-거시든', '-더시든'에 대한 처리 방식은 두 가지가 있을 수 있다. 고영근(1981)에서는 불연속 형태의 개념을 도입하였고[97], 장윤희(1991)에서는 과도 형태의 개념을 도입하였다.[98] 장윤희(1991:17)은 이 어미가 확인법의 선어말 어미 '-거/어-'와 동일한 형태 교체 양상을 보인다는 점에서 기원적으로 확인법의 '-거-'와 접속어미 '*-든'이 통합하여 재구조화하여 형성된 것으로, '-거든'의 '-거-'는 과도적 형태일 가능성을 보인다고 하였다.

앞에서 논의된 것처럼 15세기 국어의 구조와 의미적인 측면을 고려한다면, '-거든', '-더든'을 '-거-+-든', '-더-+-든'으로 형태 분석하는 것은 무리이다. 그럼에도 본고에서는 '-거든', '-더든'을 '-거-+-든', '-더-+-든'으로 분석해 볼 여지가 있다는 데 지속적으로 관심을 두기로 한다. 이는 장윤희(1991)에서 언급한 것처럼 역사적으로 볼 때, '*-든'이 존재했을 가능성을 제시하기 때문이다.[99]

---

97) 불연속 형태에 대한 자세한 논의는 고영근(1991)을 참고
98) '-거시든'에 대하여 고영근(1981)은 공시적 측면에서 설명하려 하였고, 장윤희(1991)는 통시적 측면에서 설명하려 한 것이다.

5.3 향가와 이두의 '-等'

5.3.1 신라 향가의 '-等'

향가의 '等'은 일반적으로 후기 중세국어의 의존 명사 '-ᄃ'에 대응되는 것으로 알려져 있다. 그러나 각각의 예를 살펴보면, 이는 재고의 여지가 있다. 다음은 향가의 예이다. 먼저 『獻花歌』에서 그 예를 가져오기로 한다.

(47) 吾肹不喩慚肹伊賜等/花肹折叱可獻乎理音如 <獻花歌 3, 4>

『獻花歌』의 3구에 대해서는 대개 세 부분으로 나누고 마지막 부분에 있는 '等'을 현대국어의 '-면' 정도에 해당하는 연결 어미로 해석하는 데에 대하여 별 이견이 없는 것으로 보인다.[100] 이러한 해독은 小倉進平(1929:162) 이래 무리 없이 받아들여져 왔다. 다만 그 음을 '단/든'으로 추정하는 것만이 다를 뿐이다.[101] 그런데 이 견해를 받아들이게 되면, 한

---

99) 장윤희(1991:17)에서는 "'-*든'이 접속어미였는지 아니면 다른 요소였는지는 현재로서는 확실하지 않다. 단지 '-거-'가 확인법의 선어말 어미에서 온 것이라면 구조적인 특성을 고려해 볼 때 어말어미였을 것임을 확신할 수 있을 뿐인데, 선어말 어미와 종결어미의 통합체가 접속어미로 재구조화하는 현상이 일반적이지 않기 때문에 '-*든'이 접속어미였을 것으로 추측하는 것이다."라고 하였다.
100) 이 부분에 대한 기존의 해독을 살펴보면, 대략 다음과 같다.
    <小倉進平> 날 아닌지 붓글어워이샤든//곶올 꺽거 들이오리이다
    <양주동> 나흘 안디 붓흐리샤든//곶홀 것가 받즈보리이다
    <지헌영> 나흘 안디 붓흐리샤든//곶홀(볼홀) 것가 받즈오리이다
    <김선기> 우리 깔 아니 불깔이샤든//곶 갇가 받티오리다
    <서재극> 나흘 아닐 붓흐리시든//고춘 것가 받즈보림다
    <김준영> 나흘 안디 붓글히샤든//곶흘 것가 받즈오림답다
    <김완진> 나를 안디 붓그리샤든//고줄 것거 바도림다.
101) 본고에서는 향가와 이두의 '等'을 '단/든'으로 읽어도 무리는 없는 것으로 생각한다. 이는 다음과 같은 점들을 고려한 것이다. 먼저, 'ㅎ든'을 '一等'으로

가지 중요한 의문에 부딪히게 된다. 그것은 중세국어에는 연결 어미 '-든'
이 존재하지 않는다는 것이다. 그러나 중세국어 [조건]의 연결 어미 '-거
든'에 관심을 갖게 된다면, 문제의 해결에 대한 단서를 찾을 수 있다. 후
기 중세국어의 문헌에는 '-든'이 선어말 어미 '-거-'와 결합하여 '-거든'이
하나의 어미를 이루고 있기 때문이다.102)

향가에는 이 '-든'의 기원에 대하여 단서를 제공하는 자료가 보인다.
향가에는 후기 중세국어 '-거든'의 '-든'이 명사구 보문 구성 중 보조사 '-
은'과 결합한 '[[[-ㄹ]#ᄃ]+-은]' 구성에서 왔을 가능성을 보여주는 예가
있다. 다음은 균여 향가인 『總結無盡歌』에 나오는 예이다.

(48) 生界盡尸等隱 // 吾衣願盡尸日置仁伊而也 <總結無盡歌 1, 2>

(48)의 '-尸等隱'에 대한 이제까지의 해독들을 살펴보면, 小倉進平(1929)

표기한 것을 참고할 수 있다. 이 경우 뒤에 '隱'을 받쳐 적기도 한다. 이는
'一等'은 '一等隱'에서 '隱'을 생략해 적은 표기인 것을 말해 준다고 할 수
있다. 마찬가지로 '-等'도 '隱', '焉'을 받쳐 적는 경우가 있다. 이는 향가에
서 '돈/든'의 표기를 함에 있어 '等' 하나만으로 실현하는 것이 가능했음을
알 수 있다. 다음으로 조선 후기 이두 독음서를 참고할 수 있다. 『吏讀集成』,
『儒胥必知』 등에는 '等'을 '든'으로 읽는 독법이 존재하고 있다. 물론, 조선
시대 후기의 자료들이기는 하지만, 이것들이 어느 정도 이두의 전통적인 독
법을 반영하고 있을 가능성을 배제할 수 없다. 이런 점도 '等'을 '든'으로 읽
을 수 있는 근거가 된다고 하겠다. 그러나 '等'을 '든'으로 읽는 전통적인 독
법이 어떻게 생겨난 것인지에 대해서는 그 이유를 추측하기가 어렵다.

102) 그렇다고 여기서의 '-等'을 후기 중세국어의 '-거든'과 맹목적으로 연결시키
는 것은 곤란하다. 향가의 '-等'과 후기 중세국어의 '-거든'이 1:1로 대응한다
는 것은 논증된 바가 없기 때문이다. '-거든'이 '-等'과 1:1로 대응되지 않는
다는 사실은 둘의 의미 분석을 통하여 알 수가 있다. '-等'은 단순 조건인 데
비하여 '-거든'은 완결 또는 확정의 의미를 가졌기 때문이다. '*-든'은 원래
하던 역할을 '-면'에 건네주고 '-거-'와 결합하여 의미가 특수화하였을 가능
성이 크다.

이래 '-ㄹ돈/든'으로 이어져 내려오고 있다.[103] 여기서 먼저 이 해석에 대하여 그 구성을 기계적으로 분석해 보면, '-ㄹ'은 관형사형 어미, '-ㄷ'는 의존 명사, '-ㄴ'은 보조사 정도가 될 것이다. 그러나 '-尸等隱'을 이처럼 있는 그대로 분석해서는 해석이 제대로 이루어지지 않는다. '等'이 의존 명사가 된다면 이 문장에서는 두 가지 성분으로 쓰일 가능성이 있을 것이다. 하나는 주어이고 다른 하나는 목적어이다.

먼저 '等'이 이 문장의 주어가 된다면, 이 주어의 서술어를 찾아낼 수 있어야 하는데, 이는 용이하지가 않다. 위에서 '等'을 주어로 가정했을 때, 서술어로 볼 수 있는 것은 '盡'과 '仁伊而也'가 있다. 그런데 '盡'과 '仁伊而也'는 모두 '等'의 서술어가 될 가능성이 없다. 우선 '盡'이 서술어가 될 가능성을 살펴보면, '盡尸'에서 尸로 이루어진 내포문이 "나의 생계가 다하는 것은 나의 원이 다하다."로 해석이 되어야 한다. 그런데 이렇게 해서는 문장의 호응 관계가 제대로 이루어지지 않는다. 뒤에 '같다', '다르다' 정도의 동사가 존재해야만 할 것이기 때문이다. 이번에는 뒤의 '仁伊而也'를 '等'의 서술어로 보는 방법이 있다. 그러나 '仁伊而也'는 '等'의 서술어로 쓰인다기보다는 보조사 '-置'를 동반하는 주어 '日'과 호응한다고 보는 것이 적절하다. 만약 '仁伊而也'가 '等'과 호응하게 된다고 보면, '日'의 서술어가 없게 된다. 다음으로 목적어로 보는 방법이 있다. 이것은 극히 어렵다고 할 수 있다. 목적어가 된다면, 우선 뒤에 타동사가 와야 하는데, 타동사가 보이지 않는다. 그리한 점에서 '等'을 목적어로 볼 수는 없

---

103) 『總結無盡歌』의 1, 2구에 대한 기존의 해독을 살펴보면 다음과 같다.
  <小倉進平> 生界를 다올돈//나의 願 다올 날도 인이마리여든
  <양주동> 生界 다올돈//내 願 다올 날두 이시리여
  <지헌영> 生界 다올돈//내 願다올 날두 이시리여(이신마리여)
  <김선기> 생개 다알다//우리 원 다알 날도 읻니이라란
  <김준영> 生界 다올든//나의 願 다올 날두 인시리여
  <김완진> 生界 다올돈//내이 願 다올 날도 이시리마리여,

을 것이다.

그러므로 여기서의 '等'을 주어로도 목적어로도 볼 수 없다면, 다른 방법을 생각해 볼 수밖에 없을 것이다. 언급하지는 않았지만 이러한 이유와 의미적인 면을 고려하여 기존의 연구에서는 '-尸等隱'을 [조건]을 나타내는 하나의 연결 어미로 본 것이다. 이를 하나의 연결 어미로 보는 데는 두 가지 태도가 있을 수 있다. 하나는 '-尸等隱'을 '[[[-ㄹ]#ᄃ]+-은]'의 통사적 구성이 단어 및 형태소 경계가 소멸하면서 재구조화한 통합형 어미로 보는 것이다.104) 다른 하나는 '-尸等隱'을 '[[[-ㄹ]#ᄃ]+-은]'의 구성으로 파악하고 형태 분석의 방법으로 그 구성 요소를 확인할 수 있으므로 어미 구조체로 보는 것이다.105) 이에 대하여 본고에서는 전자의 입장을 취하기로 한다. 후자의 태도로 보게 되면, 형태와 기능의 불일치가 나타날 수밖에 없기 때문이다. '-尸等隱'을 하나의 연결 어미로 해석하자는 것 자체가 이미 '-尸等隱'이 재분석의 방법으로만 구성요소들의 확인이 가능하다는 것을 말해 주는 것이라 하겠다. 여기에서는 '-尸等隱'이 단순히 '[[[-ㄹ]#ᄃ]+-은]'의 기능만을 가진 것이 아니라, 이전과는 달리, 하나의 형성소가 되어 연결 어미의 의미 기능을 수행하고 있다는 점을 고려해야 한다.

그러나 여기서 한 가지 문제점이 먼저 해결되어야 할 필요성을 느낀다. 향가의 표기법이 '-든'의 교체를 반영할 수가 있느냐는 것이다. 이에 대해서는 향가의 표기법이 '-온/은/ㄴ'의 교체를 반영할 수가 없었다는 것을

---

104) 정재영(1996)에서는 '통합형 어미'를 다음과 같이 정의하고 있다.
   통합형 어미 : 통사적 구성이 특정한 환경에서 인접한 통사적 구성요소 간의 통합 관계의 긴밀성 등으로 인하여 통합 구조체로 인식되고, 이 통합구조체에서의 단어 및 형태소 경계가 소멸하면서 하나의 어미로 굳어진 것이다. 통합형어미는 통사적 구성이 문법 형태화하여 통시적으로 생성된 어미이다.
105) 서태룡(1988)에서는 '어미 구조체'를 "형태 분석의 방법으로 그 구성요소를 확인할 수 있는 복합어미"로 정의하였다.

참고할 수 있다. 이는 '-올/을/ㄹ'의 교체가 제대로 반영되지 않아 '-乙' 하나로만 표기할 수밖에 없었던 차자 표기법상의 제한과 관련지어 볼 수 있을 것이다.106)

이와는 달리 '-去尸等' 자체를 연결 어미로 보는 입장에서는 '-ᄋ-'를 '-거-'의 이형태로 보아 '-올돈'을 하나의 연결 어미로 보는 것이 좋다고 주장할 수도 있다. 이것은 고려시대나 조선시대의 이두 문헌에 보면, '爲白去乙等'과 같은 자료가 나오는데, 이를 참고한 것이다. 그러나 이런 태도는 적어도 다음과 같은 두 가지를 고려하면 문제가 있다. 첫째, 중세국어에서 '-거-'의 이형태로 '-ᄋ-'가 보이지 않는다. 둘째, 신라 향가에 있어서 '-거/어-'는 타동과 비타동에 따른 구별을 보이는데,107) '盡'은 자동사이어서 '-거-'가 결합해야 함에도 '-ᄋ-'가 결합하고 있다. '-ᄋ-'가 '-거/어-'의 교체를 반영한다면, 음성적인 면에서 '-거-'보다는 '-어-'를 반영해야 할 것이다. 이러한 두 가지를 고려한다면 'ᄋ'를 확인법의 형성소 '-거/어-'의 일종으로 보아 '-올돈'을 하나의 연결 어미로 보자는 태도는 문제가 있다.108) 그러므로 'ᄋ'는 어간 '다ᄋ-'의 'ᄋ'를 표기한 것으로 보는 것이 적당할 것이다.

이상에서 향가에는 '-等(돈)'과 '-尸等隱(ㄹ돈)'이 하나의 연결 어미로 쓰

---

106) "'-거든'의 형성"에 대해서는 구결학회에서 발표한 바가 있다. 당시 김유범 선생이 이에 대하여 조언을 한 바가 있다. 그의 조언에 의하면, 향가에서 사용된 차자 '隱'과 '焉'은 양주동(1965:257)과 김완진(1980:13)에서 언급된 바가 있듯이, '隱'이 양성 모음을 갖는 '온/ᄂ'과 음성 모음을 갖는 '은/ᄂ' 모두에 쓰인 반면에 '焉'은 양성 모음을 갖는 '온/ᄂ'만을 표기하기 위한 의식적인 차자라고 한다.

107) 향가에서 '-거/어-'가 타동과 비타동에 따른 교체를 보인다는 사실은 김영욱(1995:107~108), 이용(1997)을 참조.

108) '爲白去乙等'의 존재 때문에 그동안 '-거든'은 '-걸든'에서 '-ㄹ'이 생략되어 형성된 것으로 보는 견해가 있다. 그러나 본고의 논의를 지켜보면 알겠지만, 연결 어미 '-거든'은 연결 어미의 기능을 가진 '-걸든'에서 'ㄹ'이 생략되어 형성된 것이 아니다.

인다는 것을 살펴보았다. 그런데 이제까지 '-等'과 '-尸等隱'이 연결 어미로 쓰인다는 사실만 확인하였을 뿐이고, 이 둘의 관계에 대해서는 살펴보지 못했다. 다음은 향가에서 '-든'과 '-ㄹ든'을 표기한 것으로 보이는 예들을 모두 든 것이다. 이들 예를 보고, 둘의 관계를 생각해 보기로 한다.

(49) ㄱ. 阿邪也 吾良遺知支賜<u>尸等隱</u> // 放冬矣用屋尸慈悲也根古
　　　　<禱千手觀音歌 9, 10>
　　ㄴ. 君如臣多支民隱如 // 爲內<u>尸等</u>焉國惡太平恨音叱如
　　　　<安民歌 9, 10>
　　ㄷ. 生界盡<u>尸等隱</u> // 吾衣願盡尸日置仁伊而也
　　　　<總結無盡歌 1, 2>
　　ㄹ. 吾肹不喩慚肹伊賜<u>等</u> // 花肹折叱可獻乎理音如
　　　　<獻花歌 3, 4>
　　ㅁ. 史毛達只將來呑隱 // 日遠鳥逸□□過出知遺
　　　　<遇賊歌 2, 3>
　　ㅂ. 伊羅擬可行<u>等</u> // 嫉妬叱心音至刀來去 <隨喜功德歌 9, 10>
　　ㅅ. 吾里心音水清<u>等</u> // 佛影不冬應爲賜下呂
　　　　<請佛住世歌 9, 10>
　　ㅇ. 衆生安爲飛<u>等</u> // 佛體頓叱喜賜以留也 <恒順衆生歌 9, 10>

　먼저 향가에 나오는 '-ㄹ든' 또는 '-든' 표기의 통합 형태들을 표면적으로 보면 '-ㄹ든' 표기는 대체적으로 '-시-', '-ㄴ'와 다양하게 결합하고 있는 반면, '-든' 표기는 '-시'만 결합한 양상을 보이고 있다. 그런데『恒順衆生歌』에 나오는 '爲飛等'의 '飛'는 차자 표기의 일반적인 양상을 고려할 때, '놀'을 표시했을 가능성보다는 시상 또는 서법의 형성소 '-ㄴ-'를 표기했을 가능성이 크다는 점을 감안하면 사정이 달라진다.[109] 향가에서는 '-ㄹ든'

───────────────

109) 이는 특히 구결에서 선어말 어미 위치에 나타나는 '-ㅌ-'를 참고한 것이다. 연결 어미 '-늘'을 표기하는 자리에 쓰인 '-ㅌ'도 있기는 하나, 이는 어말 어미 위치에만 나타난다는 점을 고려해야 한다.

표기와 '-든' 표기가 결합할 수 있는 형태들의 양상이 비슷하다는 결론이 나오기 때문이다. '-ㄹ든' 표기가 '-시-', '-ㄴ-'와 결합하는 것과 마찬가지로 '-든' 표기도 '-시-', '-ㄴ-'와 결합하는 양상을 보여 준다. 이는 '-ㄹ든'과 '-든'이 지닌 상관성이 높다는 것을 말해 주는 한 증거가 될 수 있다.

구문상의 특성도 이들의 상관성을 설명하는 데 도움을 준다. 먼저『安民歌』의 '-尸等焉…音叱如'와『獻花歌』의 '-等…音如'가 보이는 양상이 매우 유사한 데 초점을 맞추어 보기로 한다. '-尸等焉'과 '-等'이 지니는 이러한 유사성은 이 둘이 서로 관련을 맺고 있다고 보지 않고서는 설명이 불가능하다. 또한 위의 예문들에서 '-ㄹ든'을 표기하는 '-尸等隱', '-尸等焉'과 '-든'을 표기하는 '-呑隱', '-等'이 [조건]의 의미를 가지고 있다. 현대국어로 풀이하자면, '-면' 정도에 해당한다. 이러한 점도 '-尸等焉'과 '-等'이 지닌 관련성에 대한 좋은 설명을 제공할 수 있다.

그리고 '-尸等隱', '-等'이 4구체인『獻花歌』에서는 3구에 나타나고 10구체인 신라 향가나 균여 향가에서는 주로 9구에서 나타난다는 것도 유념할 필요가 있다. 이런 사실은 '-尸等隱'과 '-等'의 정체를 밝히는 데 좋은 근거를 제공한다고 할 수 있다. 신라 향가나 균여 향가의 9구에서는 '-尸等隱', '-等' 등이 [조건]을 나타내는 데에 쓰이고 있다. 10구에서는 수사의문이나 감탄의 구문 또는 당위성 구문인 종결 어미 구성체 '-音叱如'가 사용된다.

마지막으로 산술적으로 신라 향가에서는 형성소 '-ㄹ든'을 표기하는 '-尸等隱'과 형성소 '-든'을 표기하는 '-等'이 혼재되어 하나의 연결 어미 기능을 수행하고 있지만, 균여 향가에서는 주로 '-等'이 쓰이고 있다는 사실에 관심을 기울이기로 한다. 이를 적극적으로 해석한다면 변화의 방향성과 관련지을 수 있다. 즉 '-ㄹ든>-든'의 변화 방향에 대하여 설명해 주는 것으로 볼 수 있다.110) 같은 문맥에서 전 시대에 많이 쓰인 것이 나중에 쓰이지 않고, 전 시대에 잘 쓰이지 않던 것이 나중에 많이 쓰이게 된다면,

나중에 쓰이는 것이 점차 주류를 차지해 갔다고 생각해 볼 수 있을 것이다. 그러나 균여 향가보다 후대의 문헌이라고 할 수 있는 석독 구결 자료에서는 '-ㄹ든'을 표기하는 것들이 '-든'을 표기하는 것들보다 더 많이 쓰이므로 향가에서 '-ㄹ든>-든'의 변화가 일어났다고 속단하기는 곤란하다. 다만 신라 향가와 균여 향가가 보여 주는 경향에 대해서는 언급하고 넘어가기로 한다.

5.3.2 고려시대 이두의 '等'

고려시대 이두의 '等'은 '의존 명사+대격 조사'인 '-둘'과 연결 어미의 기능을 가지는 '-든'의 두 가지를 표기하고 있다.

먼저 '等'이 '의존 명사+대격 조사'로 이루어진 경우이다.

> (50) 與民爭利爲 魚物乙 盡奪輸入爲如乎等 用良 萬民失業殫盡爲 最只
>   教是 <尙書都官貼:69>

(50)의 예문들에서는 동사 '用'의 목적어가 들어설 자리에 '等'이 위치하고 있다. 이 경우 일반적으로 '等'은 의존 명사 '드'와 관련지어 논의되어 왔다. 또한 차자 표기법 전반을 고려할 때, '等'이 의존 명사 '-드'와 관계된 표기라는 것은 의심의 여지가 없다.[111]

---

110) '르든'의 'ㄹ'이 탈락하는 현상은 음운론적 설명하기 어렵다. 사실 이때의 'ㄹ'은 앞에서도 언급한 바가 있지만, 관형사형 어미에서 유래한 것이어서 사실 그것의 실체는 /फ़/으로 보아야 할 것이다. '-फ़든'의 경우 'ㄷ' 앞에서 'फ़'은 탈락되기보다는 오히려 'ㄷ'을 된소리화해야 자연스러울 것이다. 그렇다면, '-르든'과 '든'의 관계는 형태론적으로 해결해야 할 문제이지 음운론적으로 해결해야 할 문제는 아닐 것이다. 그런 까닭에 본고에서는 공구성소의 개념을 도입하여 이를 형태론의 영역에서 풀어보고자 한다.

111) 이두의 '等'이 의존 명사로 쓰이는 것에 대한 자세한 설명은 이승재(1992ㄱ)와 서종학(1995)를 참고

이처럼 '等'이 의존 명사로 쓰이는 경우는 문제가 없다. 그러나 연결
어미의 기능을 보인다면, 이는 고려의 대상이 되지 않을 수 없다. 다음은
'等'이 연결 어미로 사용된 예문이다.112)

(51) ㄱ. 各 後所生 幷以 子孫傳持使用爲良於爲 出納成給爲臥乎 事是
     等 右事須貼 <尙書都官貼:108~109>113) // 각 후소생과 아울
     러 자손이 전하여 지녀 사용하도록 출납 성급할 일이거든(므로)
     위의 일로 공문을 보낸다.
   ㄴ. 覺眞國師門徒等乙 不動入院 完護衆作法祝上是在 味 出納成
     給爲臥乎 事是去等 右事須貼 <白巖寺貼文> // 覺眞國師의
     제자들을 건드리지 말고 안으로 들여 중들을 보호하고 불법을
     행해서 윗사람을 축복하라는 분부 출납 성급할 일이거든(므로)
     위의 일로 공문을 보낸다.

(51ㄱ)의 '出納成給爲臥乎 事是等'과 (51ㄴ)의 '出納成給爲臥乎 事是去等'
은 비교의 대상이 될 수 있다. 위의 예문들에서 볼 때, 둘은 큰 차이를 갖
지 않은 것으로 보인다. 다만 차이가 있다면, '白巖寺貼文'의 '事是去等'에
확인법의 형성소인 '-去-'가 더 들어 있다는 것뿐이다. 이에 대한 설명은
두 가지로 생각해 볼 수가 있다. 하나는 '尙書都官貼'의 예문에 '-去-'가

---

112) 이두의 '-等'을 해석함에 있어서 문제가 되는 것은 [조건]보다는 [원인]의 의
    미로 보는 것이 자연스럽다는 것이다. 이 점은 김유범(1997)에서도 밝힌 바가
    있다. (6)의 예문들도 [원인]의 의미로 해석하는 것이 자연스럽다. 여기서는
    더 이상의 논의는 유보하기로 하고, 훗날의 연구로 미루기로 한다. 다만 김유
    범(1997)처럼, [조건]이 일차적이고 [원인]은 부차적이라는 데에 대해서는 의
    견을 같이한다.
113) '尙書都官貼'을 자료로 다룰 때는 '尙書都官貼'은 원 자료를 볼 수 없는 2차
    자료라는 사실에 유의해야 한다. 그런데 이승재(1992ㄱ:24)에서는 이 문서에
    사용된 이두가 고려 시대의 이두에서 크게 벗어나지 않으므로 1차 자료와 동
    일시하여도 무방하다고 보았다. 본고에서는 이승재(1992ㄱ)의 견해를 수용하
    여 '尙書都官貼'을 1차 자료와 동일시하여 다루기로 한다.

생략되어 있다고 보는 것이고, 다른 하나는 '白巖寺貼文'의 예문에 '-去-'
가 더 들어가 있다고 보는 것이다. 그런데 다음과 같은 점들을 고려하면,
후자의 가능성이 높다는 것을 알 수가 있다. 첫째, 전대의 신라 향가나 균
여 향가에는 '-거-'와 결합하지 않고도 연결 어미의 기능을 수행하는 '-ㄹ
든' 또는 '-든'이 존재한다는 것이다. 더 나아가 향가에는 연결 어미로 쓰
이는 '-든'이 선어말 어미 '-去-'와 결합한 예가 보이지 않는다. 둘째, '-去-'
가 생략된 것으로 보게 되면, '-去-'가 생략된 것에 대한 타당한 이유를
제시할 수가 없다. 더욱이 15세기 국어 문헌에서는 '-거든'의 '-거-'가 생
략되지 않는데, 이 현상을 어떻게 설명할 것인가도 문제이다. 셋째, '-거-'
가 있고 없는 것의 차이에 대한 설명상의 문제를 생각하지 않을 수 없다.
고려시대 이두에서 '-去-'는 확인법의 기능을 가지고 쓰인다는 점을 염두
에 두어야 할 것이다.[114] '-거-'가 생략된다면, 필요가 없기 때문에 생략이
가능할 것인데, (51ㄴ)의 '-거-'는 아무런 기능도 가지지 않은 공구성소로
보기 어렵다. '-거-'의 기능이 '확인과 강조'에 있다면, 일종의 선택적인
요소가 될 것이다. 화자의 의도에 따라 필요한 경우에 사용된다고 할 수
가 있다.[115] 이러한 요소이므로, 화자가 '-去-'를 사용할 수도 사용하지 않
을 수도 있는 것이다. 이렇게 설명해야 (51ㄱ)과 (51ㄴ)의 차이가 드러난다.
　여기서 '-去-'와 '-等'의 결합이 보이기 시작한다는 사실은 유념할 필요
가 있다. 신라 향가에는 '-거-'와 '-든'의 결합으로 파악 가능한 예가 없었
는데, 고려시대 이두 자료에서부터 보이기 시작한다. 이는 '-去等'의 어미
화에 대한 준비가 고려시대부터 시작되었음을 말해 준다고 하겠다. 이전
시기에는 확인의 기능을 가진 '-거-'와 통합하는 예가 없었는데, 그 예가

---

114) 고려시대 이두에서 '-去-'가 확인법으로 쓰이는 것에 대한 자세한 설명은 이
　　승재(1992ㄱ)를 참고.
115) 고영근(1981:106)에서는 확인법에 대하여 "'오늘 비가 오렷다'라고 화자가 獨
　　白하였다면 心證과 같은 주관적 경험에 의지하여 비가 온다는 사실을 推定
　　的으로 확인하는 것이다."라고 설명하고 있다.

서서히 나타나기 시작하는 것이다. 또한 조선 초기 이두 자료에서 '-去乙
等'이 나타난다는 점을 중시할 필요가 있는데, 이때도 '-去-+-乙等'으로
분석해야 한다. 다음에서 보는 것처럼, 드물기는 하지만 '-ㄹ든'을 표기하
는 것으로 보이는 '-乙等'이 연결 어미의 기능을 하는 예도 발견되기 때문
이다.

(52) 啓受使內乎 所 有 事是乙等 聖住寺住持 性照禪師中延 所志內乙
    仍于 判付是乎 狀內爲乎矣 <監務官貼文:10> // 지시를 받은 바
    있는 일이거든 聖住寺 住持 性照禪師 中延의 所志 內容 때문에 처
    결이 내려진 서류에 이르되

서종학(1995)에서는 '-乙等'이 '-去等'과 계열 관계를 이루는 것으로 파
악하고 있다. 그러나 본고에서는 '-乙等' 표기를 향가의 '-尸等' 표기에 대
응되는 것으로 본다. '-乙等'이 '-去等'과 계열 관계를 이루고 있다고 파악
하려면 '-去等'의 '-去-'와 마찬가지로 '-乙等'의 '乙'이 선어말 어미가 되어
야 한다. 그런데 고려시대 차자 표기 전반에서 '乙'이 선어말 어미로 쓰인
예를 발견할 수 없을 뿐만 아니라 역사적으로도 선어말 어미 '-乙-'이 존
재하지 않으므로 '乙'이 선어말 어미가 될 가능성은 거의 없다고 하겠다.
그러므로 '-乙等'을 '-去等'과 계열 관계를 이룬다고 파악하는 것은 무리
이다. 오히려 고려시대 이두 표기에서는 'ㄹ'을 '乙'로 표기한다는 점에
착안하여 '-乙等'을 '-ㄹ든'의 표기로 보는 것이 순리이다.

이두에서 '-ㄹ든'을 반영하는 '-乙等'보다는 '-든'을 반영하는 '-等'이 많
이 보인다는 점도 '-ㄹ#든>-ㄹ든>-든'의 변화 과정을 잘 반영하고 있다.
'-ㄹ든'의 'ㄹ'이 공구성소화하였기 때문에 'ㄹ'의 소멸이 이루어지는 것
이다. 고려시대 이두에서 '-乙等'이 거의 보이지 않는 것은 이 시기에 들어
'ㄹ'의 소멸이 거의 완성 단계에 들어섰음을 뒷받침한다.

'-ㄹ든>든'의 과정에서 'ㄹ'이 사라지는 이유에 대해서는 두 가지의 가

능성을 생각해 볼 수가 있다. 첫 번째는 생략 표기의 가능성이다. 김유범 (1997)에서는 이두가 지닌 생략 표기의 가능성을 제시하고 있는데, 이를 향가나 이두에 적용해 볼 수도 있다. 이러한 생략 표기는 주로 동명사 어미에서 많이 일어나는 것으로 출현 위치의 예측이 가능하기 때문이라고 생각해 볼 수 있다. 그러나 이는 향가나 이두 표기 전체를 두루 살펴서 결정해야 할 것으로, 그 당시의 언중들이 연결 어미처럼 쓰이는 '-ㄹ든'에서 'ㄹ'이 출현할 가능성을 예측했기 때문에 'ㄹ'을 생략 표기하게 되었는지는 의문이다. 연결 어미로 쓰였다면 더욱 'ㄹ'을 예측하기가 힘들었을 것이기 때문이다. 이보다는 두 번째의 가능성이 높을 것으로 보인다. '-ㄹ든'의 문법 형태화가 진행되면서 '-ㄹ든'의 기원에 대한 언중의 의식이 없어지면서 'ㄹ'이 점차 없어진 것이 아닌가 하는 것이다.116) 이에 대해서는 2장에서 제시된 공구성소의 개념을 도입해 볼 수 있다. 여기서의 'ㄹ'은 관형사형 어미의 문법 기능을 잃고 소멸하는 과정 속에서, 문법 기능은 없고 형태만 존재하는 과도기적인 상태로 지속하다가 결국은 소멸하고 마는 공구성소인 것이다. 이러한 공구성소의 소멸은 국어사의 흐름 속에서 존재한 것으로, 연결 어미의 경우는 '-올디>-오디'의 변화에서 'ㄹ'의 소멸을 그 예로 들 수 있다. '-ㄹ든'과 '-올디'는 모두 'ㄹ'이 탈락되어 연결 어미를 형성한다는 점에서 공통점이 있다. 반면에, '-오디'는 다시 '-오'가 없어진 뒤 '-되'로 바뀌지만, '-든'은 '-거-'와 통합하여 '-거든'을 형성한다는 점에서 차이가 있다.117)

---

116) 이는 Bybee(1985)와도 연관지어 생각해 볼 수 있다. Bybee(1985)에 따르면, 의미 변화는 형태 변화를 동반한다고 한다. 처음에 '-ㄹ든'이 [[[-ㄹ]#ㄷ]+-ㄴ]'의 단순한 합이었을 때와 비교하여 '-ㄹ든'으로 재구조화하여 연결 어미가 되면서 의미 변화가 생기자 형태 변화가 일어났다고 볼 수 있는 것이다. 의미 변화와 형태 변화의 연관 관계에 대해서 살펴볼 수 있는 대표적인 예로는 중세국어의 '-어 잇-'이 현대국어의 '-었-'으로 변한 과정을 들 수가 있다. '-어 잇-'은 처음은 단지 완결의 '-어'와 존재동사 '잇-'의 단순한 합이었으나, 나중에 의미가 과거로 변하면서 형태 변화를 겪게 된다.

한편, 이두에 있어서 '-든', '-ㄹ든'과 선어말 어미의 통합 양상을 보면, '-去-'와 결합하는 것만 보인다. 그렇다고 해서 '-去等' 또는 '-去乙等'을 하나의 연결 어미로 보기는 어렵다. 단독형으로 쓰인 '-等'이 보일 뿐만 아니라, 후대의 음독 구결 자료에서도 '-去ホㄱ'이 '-去-'와 '-ホㄱ'으로 분석되기 때문이다. 이두에서 '-等'과 '-乙等'이 '-去-'와만 통합하는 양상을 보이는 것은 자료의 제한 때문일 가능성도 있다. 조선 후기 자료에도 "爲白內等<이문대사 3>" 같은 예가 존재하기 때문이다.118)

5.4 구결의 '-ㄹㅁㄱ', '-ㅁㄱ'

5.4.1 고려시대 석독 구결의 '-ㄹㅁㄱ', '-ㅁㄱ'

단순한 가정 또는 조건의 연결 어미로 '-ㄹ等'과 '-等'이 동시에 존재하는 향가와 비교할 때, 석독 구결에서는 '-ㄹ든'을 표기하는 'ㄹㅁㄱ', 'ㄹㅅㄱ'이 주로 발견된다.119) 이는 석독 구결의 자료 특성과 관련이 있는

---

117) 여기서 '-ㄴ든'>'-든'의 가능성이 제시되지 않은 것에 대하여 의문을 가질 수도 있다. '-ㄴ든'>'-든'의 변화 가능성에 대하여 다루지 않은 것은 다음과 같은 다섯 가지를 고려한 것이다. 첫째, 문헌상에 '-ㄴ든'>'-든'의 가능성을 상정할 수 있는 자료가 보이지 않는다. 둘째, [[-ㄴ]#ㄷ]+온]의 구성은 문법 형태화하여 15세기 국어에서는 통합형 연결 어미 '-ㄴ든'이 되는데, 이는 결코 '-ㄴ든'으로 교체되는 법이 없다. 셋째, 두 어미 구조체가 하나의 연결 어미를 만들어 내는 법이 없다. 넷째, 관형사형 어미 '-ㄴ'의 어미 구조체가 연결 어미를 만들면서 '-ㄴ'이 소멸하는 다른 예가 보이지 않는다. '-ㄴ디', '-ㄴ딘', '-관디', '-란디' 등에서 볼 수 있는 바와 같이 결코 '-ㄴ'이 없어지는 법이 없다. 다섯째, '-ㄴ든'이 [조건]이나 [가정]의 의미를 가지는 것처럼 보이는 예가 존재하나 이 경우에 있어서 가정의 의미는 주제 표지 '-ㄴ'에서 오는 것으로 생각해 볼 수 있다. 주제 표지 '-ㄴ'은 조건이나 가정의 의미와 밀접한 관련을 지니는 것이므로 '-ㄴ든'을 명사구 보문 구성으로, '-ㄴ'을 주제 표지로 볼 수 있다.
118) 장윤희(1995:82)를 참조
119) 이하에서는 논의상 편의를 위해 대표형으로 'ㄹㅁㄱ'을 쓰기로 한다.

것으로 보인다.120) 여기에서는 석독 구결에서 'ᄃ' 명사구 보문 구성 중
보조사 '-은'과 통합한 '[[[-尸]#の]+-ㄱ]' 구성과 통합형 연결 어미 '-尸の
ㄱ' 또는 '-のㄱ' 구문을 연구 대상으로 삼기로 한다.

먼저 '-尸のㄱ'이 단순히 '[[[-尸]#の]+-ㄱ]'의 구성으로 이루어진 경우
를 살펴보기로 한다.

> (53) 空法ㅅ 四大法ㅅ 心法ㅅ 色法ㅅ 如ㅣᄼㄱ ㅣ氵 相續假法ㄱ 一 非
> 矢㫆 異 非矢㫆ᄼ ナ ㅣ // 一ㅣㅣᄼ口尸のㄱ 亦ᄼㄱ 續ᄼ仐 不矢氵
> 異ㅣㅣᄼ口尸のㄱ 亦ᄼㄱ 續ᄼ仐 不矢ㄱのᆢ� <舊仁14:06~08>
> // 空法과 四大法과 心法과 色法과 같은 것이며 相續假法은 하나도
> 아니고 다르지도 않다. // 하나이다 하는 것은 또한 이어질 것이 아
> 니며 다르다 하는 것도 또한 이어질 것이 아니기 때문이다.

정재영(1996:39)에서는 중세국어의 의존 명사 'ᄃ'는 그 의미 기능 때문
에 속격, 여격, 공동격, 호격 조사 등과는 통합할 수 없다고 한 바 있
다.121) 또한 보조사 중에는 '-은'과 통합하는 것만이 가능하다. 위의 예문
에 나오는 '尸のㄱ'의 '-ㄱ' 역시도 주제 표지 '-은'이라고 할 수 있다. 여
기에서는 주어의 자리에 주제 표지 '-은'이 쓰이고 있다. 현대국어로 풀이
하자면, '-尸のㄱ'은 '-는 것은' 정도에 해당할 것이다. 본고에서 살펴보고
자 하는 것은 위의 예처럼 명사구 보문 구성을 이루는 것들이 아니고 연
결 어미가 되는 것들이다.

> (54) 此 陀羅尼呪乙 誦持ᄼ白口ナ尸入ㄱ 得氵齐 一切怖畏ㅣㄱ 一切惡獸
> ᆢ 一切 惡鬼ᆢ 人非人 等ᄼㄱ 怨賊ᆢ 災橫ᆢ 諸腦ᆢ ノ尸乙 度脫ᄼ

---

120) 여기서 생각해 볼 수 있는 것은 석독 구결의 자료가 고려시대 이두의 자료보
다 표기에 있어서 오래된 형태를 반영하고 있지 않느냐는 것이다.
121) 정재영(1996:40)에 따르면, 의존 명사 'ᄃ'는 사건이나 사태를 나타내는 보문
명사로 사용되며, 특히 명제 내용에 대한 화자의 주관적인 판단이나 태도와
관련된 표현에 많이 쓰이는 의존 명사라고 한다.

3 五障乙 解脫ソ分 二地乙 念ノ尸入乙 忘 不冬ソホソ立七丨
<금광명경 09:16~8>//이 다라니呪를 誦持하고 있사오면 능히 一
切 두려운 것인 一切 惡獸이니 一切 惡鬼이니 人非人 같은 怨賊이
니 재난이니 모든 번뇌이니 하는 것을 벗어나 五障을 解脫하며 二
地를 念하는 것을 잊지 않을 수 있다.

위의 예문에서, '尸入ㄱ'의 '入'를 의존 명사로 보게 되면, 해석이 제대
로 이루어지지 않는다. 먼저 '入'가 의존 명사가 된다면 이 문장에서는 두
가지 성분으로 쓰일 가능성이 있다. 그 두 가지는 주어와 목적어이다. 그
런데 위의 예문에서는 '入'가 주어의 기능을 하지도 목적어의 기능을 하
지도 못한다는 데에 문제가 있다. 먼저 '入'가 이 문장의 주어가 된다면,
이 주어의 서술어를 찾아낼 수 있어야 하는데, 이는 용이하지가 않다. 위
에서 '入'를 주어로 가정했을 때, 서술어로 볼 가능성이 있는 것으로는
'度脫ソ-'가 있다. 그런데 '度脫ソ-'가 '入'의 서술어로 기능하면 주어에 대
한 해석이 이상해진다. 度脫의 행위는 사람만이 할 수 있는 것인데, 의존
명사인 '入'가 度脫의 행위를 할 수는 없기 때문이다. 다음으로 목적어로
보는 방법이 있다. 이것도 매우 어렵다. 목적어가 된다면, 우선 뒤에 타동
사가 와야 하는데, 여기서는 타동사 '度脫ソ-'가 보이기는 하지만, 타동사
'度脫ソ-'가 '入'를 목적어로 취하는 것으로 보기 힘들다. 'ノ尸乙'의 대격
조사 '乙'이 타동사 '度脫ソ-'에 호응하고 있기 때문이다. 그러므로 '入'를
목적어로 볼 수 없다.

이러한 점들을 염두에 두고 위의 예문을 해석하게 되면, 향가에서와
마찬가지로 연결 어미의 가능성이 높아진다. 이러한 가능성은 우선 위의
예문이 향가와 유사한 구문 구조를 가졌다는 점에서도 뒷받침될 수 있다.
이에 대해서는 선행절에 '-尸入ㄱ'가 나오고 후행절의 어미에 '-立七丨'가
나오는 것에 관심을 기울일 필요가 있다. 『獻花歌』에서 선행절에 연결 어
미 '-等'이 나오고 후행절의 어미에 '音如'가 나왔는데, 이를 볼 때, 『금광

명경』의 이 예문은 구문의 구조가 『獻花歌』의 3, 4구와 유사하다는 것을 느낄 수가 있다. 나아가 『安民歌』의 9, 10구에 나오는 "爲內尸等焉…太平恨音叱如"는 더욱 유사한 구성을 취하고 있다.

또한 『華嚴經』에 나오는 많은 '-尸入ㄱ'의 예들이 한자 '若'과 호응을 보인다는 점도 [조건]의 의미로 해석하는 데 좋은 근거가 된다. 다음은 '-尸入ㄱ'이 '若'과 호응을 보이는 예이다.

(55) 若七 常刂 [於]諸ㄱ 佛乚 信奉丷白ㅌ<u>尸入ㄱ</u> 則支 能支 戒乚 持丷ㄋ 學處乚 修ㄋ丷ㅌ禾亇 <華嚴14;10:10> // 만약 항상 모든 부처를 믿고 받들면, 곧 능히 戒를 지니고 배울 곳을 닦고 할 것이며

원래 한문에서 若은 [가정] 또는 [조건]의 절을 이끄는 데 쓰이는 것이다. 한문 구절에 대한 이러한 해석은 음독 구결인 『기림사본 능엄경』에서도 나오는 것으로 같은 문맥에서 '-去入ㄱ'이 쓰이고 있다. 물론 같은 위치에서 '-去入ㄱ'이 쓰였다고 하여 이것이 '-尸入ㄱ'과 같다고 단정지을 수는 없지만, 둘의 관련성을 짐작해 볼 수는 있다.

석독 구결도 향가와 마찬가지로 '-ㄹ든'만이 아니라 '-든'도 연결 어미의 기능을 가지고 쓰이는 예가 있다.

(56) 世諦ㄱ 幻化灬 起丷口ㄱ 譬<u>の ㄱ</u> 虛空七 花 如丨丷亇 影ㆍ 三ㄓ七 手刂 無ノㄱ丁ノ令 如丨丷亇丷ㄱ ㆍ <舊仁15:7> // 世諦는 幻化로부터 일어나니 비유하자면 虛空의 꽃 같으며 그림자야 셋째 손이(손가락이)없구나 하는 것과 같으며 하는구나.

위의 예문에 나오는 譬のㄱ의 'のㄱ'을 '의존 명사+보조사'로 보게 되면, 해석이 제대로 이루어지지 않는다. '譬のㄱ'의 'のㄱ'이 '의존 명사+보조사'가 되려면, 의존 명사 '-入'는 문장 성분으로 주어 또는 목적어가 되어야 할텐데 이는 용이하지가 않다. 먼저 주어라고 보게 되면, '비유하

는 것이 허공의 꽃 같으며'가 되어야 할텐데, 이렇게 해서는 비유의 대상이 제대로 드러나지 않는다. 또한 목적어로 보게 되면, 뒤에 타동사가 오지 않는다는 문제가 생긴다. 그러나 연결 어미로 보게 되면, '世諦는 幻化로부터 일어나니 비유하면 虛空의 꽃 같으며' 정도가 되어 문법적으로나 의미적으로 올바른 해석이 이루어지게 된다.

다만 이 'の丁'이 『舊譯仁王經』이나 『금광명경』에서는 동사 '譬' 뒤에만 나온다는 점에서 분포상의 문제가 있다. 나타나는 범위가 매우 좁기 때문이다. 『華嚴經』에는 '猶入丁', '譬入丁' 등 비교적 '-入丁'이 쓰인 예가 많이 나온다.

(57) ㄱ. 佛子氵 若七 諸丁 菩薩刂 善支 其心乚 用ソ匕尸入丁 卽支 一切勝妙功德乚 獲匕オ罒 <華嚴14;2:12~17>
ㄴ. 若七 常刂 [於]諸丁 佛乚 信奉ソ白匕尸入丁 則支 能支 戒乚 持ソ亐 學處乚 修亐ソ匕オケ <華嚴14;10:10>
ㄷ. 此陀羅尼呪乙 誦持ソ白口ナ尸入丁 得氵亦 一切怖畏刂丁 一切惡獸亠 一切惡鬼亠 人非人等ソ丁 怨賊亠 災橫亠 諸腦亠 ノ尸乙 度脫ソ氵 五障乙 解脫ソケ 二地乙 念ノ尸入乙 忘 不多ソ亦ソナ立七丨 <금광명경 9:16~18>

석독 구결의 '-尸入丁'과 '-入丁'을 보면 그 분포상의 차이가 뚜렷하게 나타난다. '-ㄹ든'을 표기하는 '-尸入丁'은 통합할 수 있는 선어말 어미로 '-白', '-ニ', '-口', '-匕' 등이 있는데 비하여 '-든'을 표기하는 'の丁'과 '入丁'은 통합할 수 있는 선어말 어미가 없다는 것이다. 그러나 이러한 차이가 어디서 오는지는 아직 설명하기 어렵다. 특이한 것은 향가와 마찬가지로 석독 구결에도 '-尸入丁'과 '-去-'의 결합이 보이지 않는다.[122]

---

122) 이는 '-거늘'의 경우 '-늘'이 향가부터 '-거-'와 결합하는 예를 보인다는 점과 차이가 있다. 그러나 결국에는 '선어말 어미+연결 어미'를 통해 어미화가 이루어진다는 점에서는 '-거든'과 '-거늘'이 공통점을 보인다.

5.4.2 음독 구결의 '-든'

음독 구결에도 '-든'이 명사 기능을 하는 것과 연결 어미 기능을 하는 것의 두 가지가 보인다. 먼저 'ㅅㄱ' 또는 'ㅊㄱ'이 'ㄱ'과 같이 쓰여 [[[관형사형 어미]#의존 명사]+보조사] 구성을 취하는 예를 능엄경 구결문에서 살펴보기로 한다.

> (58) ㄱ. 能見林泉ノㄹㅅㄱ 無有是處ㅅ히ㅅㅣ <박동섭본 1:7ㄴ>
> ㄴ. 能見林泉ノㄹㅊㄱ 無有是處ㅅ히ㅅㅣ <남권희본 1:11ㄴ>
> ㄷ. 能見林泉ㅅ 無有是處ㅅ쇼土ㅅㅣ <송성문본 1:20ㄴ>
> ㄹ. 能見林泉 호미 無有是處ㅎ이다 <능엄경 1:50ㄴ>
> ㅁ. 能히林泉 보미 이런 고디 업스이다 <능엄경 1:50ㄴ>

위의 예문 (58)에서 보면, 음독 구결의 'ノㄹㅅㄱ' 또는 'ノㄹㅊㄱ' 표기가 간경도감 언해본의 능엄경 구결문과 언해문에서는 명사형 어미 '-옴/움' 구성인 '호미'와 '보미'로 대치되어 나타남을 알 수 있다. 15세기의 언해 자료에는 의존 명사 '드'가 많이 사라지고 '-옴/움'으로 대치된 것이다. 이러한 것을 보면, 음독 구결의 'ノㄹㅅㄱ' 또는 'ノㄹㅊㄱ' 표기가 [[[관형사형 어미]#의존 명사]+보조사] 구성을 취한 것임을 알 수가 있다.

다음으로는 연결 어미로 쓰인 예를 보기로 한다.

> (59) ㄱ. 若復無此三種光明ㅊㅅㄱ 則不能見ㅅ ㅅ히ㅅㅣ
> <기림능 2:30ㄱ>
> ㄴ. ㅎ다가 ㅼㅗ 이 세가짓 <光明>이 업스면 <能>히 보디 몯ㅎㄴ니이다 <능엄 2:71ㄴ>
> (60) ㄱ. 以人ㅅ 食羊 ノㅗㅅㄱ 羊死 爲人ㅁ <기림능 4:12ㄱ>
> ㄴ. 사ᄅᆞ미로ᄡᅥ <羊>ᄋᆞᆯ 머거든 <羊>이 주거 사ᄅᆞᆷ 두외며
> <능엄 4:30ㄱ>

위의 (59ㄱ)에서 먼저 若에 주의를 기울일 필요가 있다. 후기 중세국어 문헌에서는 'ㅎ다가'로 번역되어 [조건]을 나타낸다. 若으로 도입되는 종속절에 'ㅊㅅㄱ'을 넣은 이유를 생각해 보아야 한다. 이것은 고려시대 석독 구결인『華嚴經』과 같은 구문에서 쓰이는 것이다. 같은 한문 구문에 대하여『華嚴經』에는 주로 '-ㄹㅅㄱ'이 쓰였지만, 음독 구결에서는 '-ㅊㅅㄱ'이 쓰이고 있다. 이것은 '-ㄹㅅㄱ'이 '-ㅊㅅㄱ'으로 바뀌어 쓰이고 있음을 보여 주는 것이라 할 수 있다. 그리고 여기서 주의할 것은 '-거-'가 확인법의 기능을 가지고 쓰인다는 것이다. 뒤에서 밝히겠지만, '-ㅊㅅㄱ'은 '-ㅊ-+-ㅅㄱ'으로 형태 분석이 되어야 한다. 이때, '-ㅊ-'가 들어가는 이유가 문제가 되는데, 이는 확인법과 관련하여 화용론적으로 살펴볼 필요가 있다. 원래 확인법은 화자 자신의 주관적 믿음에 근거하여 사태를 확정적으로 판단하는 것인데, 이런 문장에는 화자의 주관에 관련되는 양태 부사 '틀림없이' 등이 쓰인다. 여기서도 '-ㅊ-'의 의미적 특징은 '-ㅊㅅㄱ'으로 조건이 제시된 후행절에 확실성을 띤 양태부사 '能'이 공기하고 있다는 점에서 잘 드러난다. 화자가 확인 또는 강조를 할 필요가 있을 경우, '-거-'를 쓰다가 그것이 일반화된 것으로 추측할 수 있다.

(60)의 예문은 15세기와 마찬가지로 '-거/어-'의 교체가 반영된 것이다. '食'이 타동사이므로, '-어-'를 반영하는 '-ㅗ-'가 선택되어 쓰이고 있다. 향가나 이두 또는 석독 구결에서 '-거/어-'의 교체가 반영되지 않았던 것과 비교가 된다.

여기에서 간과하지 않아야 할 사실 중의 하나는 '-거든'은 결코 '-걸든'으로 어미화하여 'ㄹ'이 탈락되어 이루어진 형태가 아니라는 것이다. 이제까지 확인해 왔던 사실 즉 이전까지 '-든'이 단독으로 쓰여 연결 어미의 기능을 담당하던 데에 초점을 맞추어 볼 필요가 있다. 이때의 '-거든'은 단순히 '-걸든'에서 'ㄹ'이 생략된 표기가 아니라는 사실은 앞에서 설명한 바가 있다. '-든'이 단독으로 쓰여 연결 어미의 기능을 담당한다면 '-거

든'은 '-거-+-든'으로부터 온 것임을 추측할 수 있다. 이러한 것은 연결 어미 '-ホㄱ'의 존재를 통하여 더욱 뒷받침될 수가 있다.

(61) ㄱ. 既讚謝已ソニロ 重請後法ソニ<u>ホㄱ</u> 兼盡斷惑障ソ3 成就果也ソ令 <기림능 3:48ㄱ>
ㄴ. ᄒᆞ마 讚謝ᄒᆞᅀᆞᆸ고 다시 後엣 法을 請ᄒᆞᅀᆞ와 惑障ᄋᆞᆯ 다 그처 果願 일우믈 ᄇᆞ라니라 <능엄 3:115ㄴ>

(61)의 예문에서는 '-든'을 표기한 '-ホㄱ'이 연결 어미의 기능을 가지고 있다. 이러한 것은 간경도감 능엄경 언해문의 해석을 통해서도 잘 나타나고 있다. 같은 구문에 대하여 '기림사본 능엄경'의 편찬자는 [조건]으로 판단하고 있는 데 비하여, 『간경도감 능엄경』의 편찬자는 [이유]나 [원인]으로 판단하고 있다. 뿐만 아니라 '-든'의 존재는 '-든'과 결합한 선어말 어미의 결합 양상을 통해서도 증명될 수가 있다. 음독 구결 자료를 보면, '-든'이 '-ニ-', '-ロ-', '-去-'와 자유로이 결합하고 있는데, 이는 '-든'이 분석 가능함을 잘 보여 준다고 하겠다. 그럼에도 거의 대부분의 예문에서 '-든'은 '-거-'와의 통합을 보이므로, 이 시기는 '-거-+-든'>'-거든'의 변화가 진행되는 시기라는 것을 알 수 있다. 연결 어미 '-늘'의 경우도 거의 대부분 '-거-'와 결합하는데, 이는 이 시기가 '-거늘', '-거든'의 어미화가 활발히 진행되는 시기라는 것을 말해 주는 셈이다.

한편, 이 시기에 오면 벌써 '-ㄹ든'이 하나의 연결 어미 기능을 하는 예가 보이지 않는다. 비록 많은 문헌을 통해 확인해 보지 않은 아쉬움이 있기는 하지만, 그 예가 극히 적거나 또는 발견되지 않을 것이라 예상할 수 있다. 이 점에서 고려후기 음독 구결 시기에는 '-ㄹ든>-든'의 변화가 어느 정도 완성된 것이 아닌가 생각해 볼 수 있다. 물론 음독 구결과 비슷한 시기의 이두 표기 자료에 '-去乙等'과 같은 예가 존재하나, 이 때문에 '-ㄹ든>-든'의 변화가 거의 완성되었다는 사실이 부정될 수 없다. 이는 다음과 같은 두 가지 이유 때문이다. 첫째, 시대적으로 얼마 차이가 나지 않는 15세기에는 '-거든'이 하나의 연결 어미가 되었다. 둘째, 이두 자료를 보면, 조선 후기 자료에도 '-去乙等'이 나타난다.[123] 이는 조선 후기 이두 자료에 존재하는 '-去乙等'의 존재는 '-르든'의 표기에 관한 한 이두가 의고적임을 잘 보여 준다고 하겠다.

그러므로 결과적으로 '-거-'+'-든'>'-거든(연결 어미)'을 가정해야지 '-거-'+'-르든'>'-걸든(연결 어미)'>'-거든(연결 어미)'을 가정해서는 안 된다. '-거든'이 연결 어미의 기능을 갖게 되는 것은 '-르든'의 '르'의 소멸이 이루어져 연결 어미로 '*-든'만이 쓰이게 된 뒤에야 일어나기 때문이다.

이 절에서는 15세기 국어의 '-거든'과 '-더든'이 보여 주는 형태적 특성에 관심을 가지고, 이 둘의 계열 관계를 고려하여 '*-든'이 존재했을 가능성을 생각하고 '*-든'의 존재를 국어사 속에서 살펴보았다. 또한 '-거든'의 형성 과정에 대해서도 문법사적 관점에서 고찰하였다.

향가에는 연결 어미의 기능을 수행하는 '-等', '-等隱' 등의 표기가 보인다. 이 경우에 '-尸等隱'은 [[[-尸]# 等]+-隱] 구성의 형태 경계가 소멸하면서 하나의 어미로 굳어진 것이다. 연결 어미 '-等'은 '-르든'을 표기하는 '-尸等隱'이 어미화하자, 공구성소 '르'의 소멸이 이루어지면서 생긴 것이다. 신라 향가에서는 이 두 표기가 공존을 이루고 있으나, 균여 향가에는 주로 '-等'이 보인다. 이는 '-尸等隱>-等隱'의 변화를 반영할 가능성이 있다.

이두에는 연결 어미 '-乙等'이 보이기도 하지만, 대체적으로 '-等'으로 표기되고 있다. 이것은 고려시대 이두에는 '-르든>-든'이 과정이 어느 정도 진행된 상태라는 것을 보인다. 그리고 '-거-'과 '-든'의 결합인 '-거든'이 많이 나타난다.

석독 구결에는 '-르든'을 표기하는 '-尸ㅅㄱ'이 주류를 차지하고, '-든'

---

123) 장윤희(1995)를 참조

을 표기하는 '-ㅅㄱ'은 몇몇 동사와만 나타나는 제한성을 보인다. 석독 구결 자료에는 선행절에 '-尸ㅅㄱ'가 나오고 후행절의 어미에 '-ㅎㄷㅣ'가 나오는 예가 보이는데, 이 구문의 구조가 향가와 연결된다는 점에서 관심을 끈다. 향가에서는 '安民歌'의 '-尸等焉…音叱如'와 '獻花歌'의 '-等…音如'가 보인다. 그리고 『華嚴經』에 나오는 많은 '-尸ㅅㄱ'의 예들이 한자 '若'과 호응을 보이는데, 이는 음독 구결에 나오는 많은 '-ホㄱ'의 예들도 한자 '若'과 호응을 보이고 있다.

음독 구결 자료에서는 대개 '-去-'와 '-ㅅㄱ'으로 분석 가능한 '-去ㅅㄱ'이 쓰이고, '-ㅅㄱ'은 [가정] 또는 [조건]의 기능을 수행한다. 그러나 대개 '-去ㅅㄱ'으로 나타난다는 점에서 이 시기는 '-거든'으로의 문법 형태화가 진행되는 시기라고 할 수 있다. 이때 '-ㄹ든'을 표기하는 예가 나오지 않는다.

이제까지의 연구 결과를 바탕으로 '-거든'의 문법 형태화 과정을 정리하면 다음과 같다.

① '-든'의 형성 [[[ㄹ]#ᄃᆞ]+은]>[-ㄹ든]>[-든]
② '-거든'의 형성 [[-거-]+[-든]]>[-거든]

6. '-오ᄃᆡ'의 형성

6.1 문제 개괄

이 절에서는 15세기 국어에 보이는 연결 어미 '-오ᄃᆡ'가 형성되는 과정을 통시적으로 살펴보기로 한다. '-오ᄃᆡ'에 대해서는 그동안 많은 논의를 통해 그 형성이 관형사형 어미 '-ㄴ', '-ㄹ'과 관련이 있을 것으로 언급되어 왔다. 그러나 연결 어미 형성의 관점에서 본격적으로 논의된 적은 없었다.

'-오디'의 기원과 관련이 있는 표기들은 고려시대 이두 자료에서부터 보이기 시작한다. 고려시대 이두의 '-乎矣', 석독 구결의 '-ノ尸厶, -ㅎ尸 厶', '-ノㄱ厶, -ㅎㄱ厶', 음독 구결의 '-ノ厶' 등의 표기에 반영된 것으로 논의되어 왔다. 그러나 이들 표기들이 지닌 전반적인 관련성에 대한 논의가 포괄적으로 이루어지지는 않았다. 그러므로 이 글에서는 차자 표기 자료 전반을 그 대상으로 삼아 각각이 어떻게 관련되어 있는지를 논의하기로 한다.

여기에서 논의하게 될 '-오디'의 형성과 관련해서는 먼저 이두의 '-乎矣'에 대해서 살펴보기로 한다. 고려시대 이두를 다룬 논의로는 대표적으로 이승재(1992ㄱ)과 서종학(1995)를 들 수가 있다. '-乎矣'에 대해서 이승재(1992ㄱ:204~205)에서는 의존 명사 'ᄃ'의 명사구 보문이 융합된 연결 어미로 '-矣'가 있는데 이 '-矣' 앞에는 대개 동명사 어미 '-乎'이 온다고 하였다. 관심을 끄는 것은 '乎'이 오지 않은 채 '矣'가 동사 어간에 직접 통합된 예도 쓰인다고 언급한 것이다. 이때는 동사 어간이 '令'과 '敎' 혹은 '敎是'로 한정되는 것으로 파악하였다. 그렇다면 이때 '乎'가 생략 가능한 표기인가 아니면 원래 '-矣' 단독으로 올 수 있는가에 대하여 관심을 가져 볼 수 있다. 서종학(1995:150~151)에서는 고려시대에는 주로 '乎矣'의 형식으로 쓰였는데, 이것은 후기 중세국어의 설명형 어미인 '-디'가 언제나 '-오/우디'로만 쓰이는 것에 견주어 볼 수 있다고 하였다. 그리고 '矣'도 '-오/우디'의 표기로 보는 것이 타당하다고 하였다.

조선시대 초기 이두에 대한 논의로는 박성종(1996ㄱ)을 들 수 있다. 박성종(1992ㄱ:262)에서는 '-矣'가 15세기 국어와 마찬가지로 선어말 어미 '-오-'에 연결되어 사용됨이 일반적이나, 때때로 '乎' 없이 동사 어간에 직접 통합되어 쓰인 용례가 있다고 하였다. 그러나 여기에 속하는 예들은 모두가 동사 어간 '賜', '令', '敎' 뒤에서만 오는 것이라 하고, 이를 표기상의 문제로 설명한 바가 있다.

석독 구결에 대한 언급으로는 이승재(1995ㄱ), 정재영(1997ㄱ), 장윤희(1998) 등을 들 수 있다. 먼저 이승재(1995ㄱ)에서는 15세기 국어의 '-오디'가 석독 구결의 '-ろ尸厶(올디)', '-ㆆ尸厶(올디)'와 '-ろ1厶(온디)', '-ㆆ1太(온디)'에서 온 것으로 파악하였다. 그런데 이 경우에 있어서 '-오…디'를 불연속 형태로 설정하고 이것이 하나의 형태소를 이룬다고 하였다. 그리고 이 불연속 형태가 이미 어미화한 '-尸', '-1' 다음에 첨가된다고 보았다.[124] 그러나 이처럼 불연속 형태를 굳이 설정할 필요가 있는지 의심스럽다. 정재영(1997ㄱ)에서는 석독 구결에 보이는 '-ろ尸厶'와 '-ろ1厶', 고려시대 이두에 보이는 '-乎矣'를 고려하여 '-ろ尸厶'와 '-ろ1厶'가 15세기 국어의 '-오디'로 이어지는 것으로 파악하였다. 문법 형태화를 통하여 생성된 '-오디'는 '-오-+-ㄴ, -ㄹ#ᄃᆞ+ -의'가 문법 형태화한 결과 보문소 '-ㄴ'이나 '-ㄹ'이 탈락한 것이 특이하다고 하였다. 그런데 석독 구결에서 과연 '-ろ尸厶'와 '-ろ1厶'가 같은 의미를 가졌는지 의심스럽다.[125] 두 개의 서로 다른 명사구 보문 구성이 문법 형태화하여 하나의 의미를 가지게 되고, 이것들이 합류하는 예가 문법사에서 발견되는지 궁금하다.[126] 장윤희(1998:60)에서는 석독 구결 자료를 대상으로 '-온디'를 표

124) 여기에서의 '어미화'는 '연결 어미화'를 말하는 것으로 이해된다.

125) 반면에 정재영(1996:113)에서는 '-ノ尸厶, -ㆆ尸厶, ろ尸厶' 구문 중 일부만이 '-오디' 구문과 직접적으로 맥이 닿는다고 한 바가 있다. 그리고 이승재(1995ㄱ:232)에서는 '-1厶'와 '-尸厶'의 의미 기능이 서로 달랐을텐데 어찌하여 15세기에서는 '-오디/우디' 하나로 중화되는가 하는 문제가 제기된다고 하였다. 이를 보면, '-올디'와 '-온디'가 모두 나중에 '-오디'로 변했다는 데에 대해서는 모두들 문제 제기를 하고 있음을 알 수 있다.

126) 사실 문법 형태화에 대하여 다루면서 공시적인 자료만을 배열하여 논의하는 것은 한계가 있다. 공시적인 자료만을 문법 형태화의 연구 대상으로 삼게 되면, 이론적인 검토 과정만 있을 뿐 실제적인 검증은 뒷전으로 밀리는 불합리가 생길 가능성이 크기 때문이다. 어미의 형성에 대한 연구가 이처럼 자료를 중심으로 이루어지면, 어미화 현상을 쉽게 유형화하거나 결론을 내리는 피상적인 연구에서 벗어날 가능성이 크다는 것이 본고의 생각이다. 그러나 자료

기하는 '-ㅊㄱㅿ', '-ㅎㄱㅊ'는 15세기 국어의 '-오디'와 달리 뒤에 'S (ㅎ-)'와 같은 직접 화법적인 문장을 후행시키는 일이 없는 것으로 보았다. '-온디' 는 [전제] 정도의 의미를 가지는 것으로 후행절에는 선행절의 [방법]이나 [결과] 등의 내용이 오도록 선·후행절을 연결시키는 기능만을 지닌 순수 한 연결 어미로서의 용법만을 가진다고 보았다. 이러한 언급은 '-온디>-오 디'의 변화에 대하여 의문을 제기했다는 점에서 의의가 있다.

전정례(1995:148)에서는 15세기 국어의 '-오디'를 대상으로 '-오-'와 '-디' 로 형태 분석하고, 자료에서 '-디' 앞의 관형사형 어미로는 '-ㄹ'이 발견되 지 않고 '-ㄴ'만이 발견되므로, '-디' 앞의 관형사형 어미는 '-ㄴ'이었을 가 능성이 크다고 하였다. 그러나 이는 달리 생각할 수도 있다. '-ㄹ'이 보이 지 않는 것은 오히려 이것이 소멸하였기 때문일 가능성이 높기 때문이다.

이처럼 기존의 논의를 정리하고 보면, 논의의 초점은 두 가지로 정리 된다. 첫째, '-오디'는 '-오+{-ㄴ, ㄹ}#ᄃ+-이' 구성이 문법 형태화한 것 인가이다. 그리고 연결 어미화한 '-온(올)디'가 '-오디'가 되었다면, 'ㄴ'과 'ㄹ'이 소멸한 것은 무엇 때문인가 하는 점도 관심을 가져야 한다. 더 나 아가 전정례(1995)의 논의처럼 'ㄴ'과 'ㄹ' 중 하나가 소멸한 것이라면 이 중 어느 것이 소멸한 것인지 논의하기로 한다. 둘째, '-오디'의 '-오-'가 소 멸한 시기는 언제인가 하는 점이다. 이 경우 이두에서 '-矣' 단독으로 쓰 인 것처럼 보이는 예들은 어떻게 해석해야 할지가 관심의 대상이 된다.

6.2 후기 중세국어의 '-오디'

먼저 후기 중세국어에서 '-오디'가 보이는 예들을 살펴보기로 한다.

에 대한 해석을 바탕으로 시기별로 존재하는 같은 자료에 기계적으로 대응 된다고 해서 이 둘이 같다고 생각하는 것은 결코 바람직하지 않다.

(62) ㄱ. 그 나랏 法에 붉 텨 사ᄅᆞ믈 <u>모도오ᄃᆡ</u> 퉁부플 티면 十二億 사ᄅᆞ미
　　　 몯고 … 금부플 티면 십팔억 사ᄅᆞ미 다 몯더니라 <석보 6:28>
　　ㄴ. 法雨를 <u>비호ᄃᆡ</u> 게을우미 업소니 <법화 3:41>
　　ㄷ. 葡萄 업거늘 粳米 <u>나ᄃᆡ</u> 한 됴호 마시 다 ᄀᆞᆺ더니 <월석 1:43>
　　ㄹ. 지블 <u>빗이샤ᄃᆡ</u> 七寶로 쑤미시며 <천강곡 상, 기 117>

　후기 중세국어의 '-오ᄃᆡ'에 대해 허 웅(1975:612)에서는 앞의 말에 이어
서 계속 설명을 해 나가거나, 인용을 나타내는 기능을 가진 것으로 본 바
있다. 이러한 설명은 고영근(1987=1997)에도 이어진다. 그런데 후기 중세
국어 '-오ᄃᆡ'의 연구에서 무엇보다도 관심의 대상이 되는 것은 '-오ᄃᆡ'의
'오'와 'ᄃᆡ'가 형태 분석될 수 있는지의 여부이다. '-오ᄃᆡ'의 형태 분석 여
부에 대해서는 두 가지 입장으로 나누어 볼 수가 있다. 하나는 분석이 가
능하다는 것이고 다른 하나는 분석해서는 안 된다는 것이다.
　후자에 속하는 대표적인 논의로는 고영근(1987=1997)을 들 수 있다.
통합 관계를 고려했을 때, 'ᄃᆡ'가 존재하지 않으므로, '-오-'와 'ᄃᆡ'로 분
석할 수 없다는 것이었다. 반면에, 허 웅(1975)에서는 '-오-'와 'ᄃᆡ'를 분
석하는 태도를 취하고 있다. 여기에서는 '-오ᄃᆡ'를 '-오-+-ᄃᆡ'로 형태 분
석을 한 다음, '-ᄃᆡ'에 대해서는 설명형 어미라고 하였다. 그리고 이것에
필수적으로 전접하는 '오'에 대해서는 아무런 문법적 기능이 없다고 하였
다. '-오ᄃᆡ'의 '오'가 선어말 어미 '-오/우-'와 형태 변이의 양상이 같다는
점이 고려되었기 때문이다. 이와는 다른 입장에서 '-오ᄃᆡ'를 분석해야 한
다는 입장을 취한 논의로는 전정례(1991)을 들 수가 있다. 전정례(1991)에
서는 '-오ᄃᆡ'의 '오'는 명사구 보문 표지로서의 기능을 하고 있으므로, 하
나의 형태소로 분석해야 한다고 보았다. 이것은 '-오ᄃᆡ'의 '오'가 문장 형
성의 기능을 가진다고 본 것이라 할 수 있다. 이런 설명에 있어서 난점은
두 가지가 있다. 첫째는 구조적인 면을 고려할 때, '-ᄃᆡ'가 혼자서는 문장
형성의 기능을 가질 수 없으므로 형성의 측면에서 둘을 분석하는 것이

불가능하다는 것이다. 둘째는 이전 시기의 모습은 어떠했는지 알 수 없지
만, 15세기 국어에서는 '-오디'의 '오'가 명사구 보문 표지의 기능을 하지
못한다는 것이다. '오'가 명사구 보문 표지라면 '-기'에는 결합해서 나타
나지 않는 이유를 설명하기가 어렵다.

이에 대하여 본고에서는 '-오디'의 '오'가 보여 주는 음운론적 실현 방
식에 근거하여 후기 중세국어 '-오디'의 '오'는 구성소로 볼 수 있다는 것
을 앞에서 논의한 바 있다. 이처럼 구성소의 영역에서 분석이 되는 것은
역사적으로 형성소이었을 가능성이 크다는 것도 살펴본 바가 있다. 15세
기 국어 '-오디'가 분석에 있어서 이처럼 문제를 보이는 근본적인 이유는
역사적 변화와 관련이 있다. 이는 본고를 통해서도 밝혀지겠지만, 연결
어미 '-오디'의 형성은 '형성소+형성소'가 '구성소+구성소'로 변화하면
서 분석상의 문제를 가져온 것이다.

다음은 번역소학(飜譯小學)과 소학언해(小學諺解)의 예이다. 여기서는 두
문헌의 비교를 통해 드물기는 하지만 '-오디'가 '-디'로 변화하는 과정을
볼 수 있다.

(63) ㄱ. 혀근 아히롤 <u>フ르쵸디</u>(敎小兒호디) <번소 6:2>
     ㄴ. 젹은 아히롤 <u>フ으치디</u>(敎小兒호디) <소학 5:2>

위의 대비 자료에서 보이는 '-오디>-디'의 변화는 공구성소인 '오'의
소멸과 관련이 있다. '오디'가 하나의 형성소이고 이 경우에 있어서 '오'
는 구성소이기 때문에 비활성 어휘부에 존재하지 활성 어휘부에는 존재
하지 않는다. 이러한 예에서 원래 형성소이었던 것이 공구성소가 되고 이
것이 소멸하는 것을 관찰할 수 있다.

6.3 이두의 '-오ᄃᆡ'

이두에서는 의존 명사 'ᄃᆡ'의 명사구 보문 구성이 어미화한 것으로 볼 수 있는 '-乎矣'가 적지 않게 나온다. 이에 대한 설명은 이승재(1992 ㄱ:204~205), 서종학(1995:150~151), 배대온(1997:150~157) 등에서 이루 어진 바가 있다. 여기서는 기존의 논의를 중심으로 살펴보기로 한다.

다음은 본고에서 다루고자 하는 것과 관련이 있는 '乎矣'의 예들이다.

> (64) ㄱ. 右寺 原 <u>問內乎矣</u> 大山是在以 別地主 無亦 在彌 <慈寂碑陰 2~3>
>   ㄴ. 大小兩班鄕吏等矣 戶口成籍乙 式爲 <u>使內乎矣</u> 今年 以後 無 戶口爲遣 <高麗末戶籍文書 둘째폭 9>

위의 예들에서 보면 '-乎矣(온ᄃᆡ)'가 나타나고 있다. 여기서의 '乎'에 대 하여 이승재(1992ㄱ:180)에서는 '온'으로 읽고 15세기의 '온/은'에 대응되 는 동명사 어미로 파악하였다. 그리고 '-乎矣(온ᄃᆡ)'는 15세기 국어의 '호 ᄃᆡ'에 대응된다고 하였다. 이에 대하여 정재영(1997ㄴ:608)에서는 '乎'를 '온'으로 읽고 '-乎矣(온ᄃᆡ)'는 명사형 어미 '-ㄴ'을 가지고 있다고 하였 다.[127] 아직 연결 어미화하지 않은 명사구 보문 구성으로 나중에 연결 어 미 '-오ᄃᆡ'가 되는 것으로 보았다. 그러나 이 경우에 '-온 ᄃᆡ' 구성이 문법 형태화하면서 '-오ᄃᆡ'로 변화했다고 한다면, 이 과정 속에서 '-ㄴ'이 어떤 이유로 소멸하였는지가 밝혀져야 한다. 3. 5에서 우리는 명사구 보문 구 성이었던 '-ㄹ ᄃᆞᆫ'이 하나의 연결 어미 '-ㄹᄃᆞᆫ'이 된 다음에 공구성소화한 'ㄹ'이 소멸한 예를 살펴본 바가 있다. 그렇다면 여기서의 'ㄴ'도 소멸의 예로 볼 수 있는 것인지에 대해서 생각해 볼 수 있다. 'ㄴ'의 소멸에 대하 여 설명할 수 없다면 '-온ᄃᆡ>-오ᄃᆡ'의 변화는 다시 검토되어야 한다.

---

127) 여기에서는 '-온 ᄃᆡ', '-올 ᄃᆡ'가 '오ᄃᆡ'로 문법 형태화된 이후에 '-乎矣'가 사 용된 자료에서는 '-오ᄃᆡ'로 읽는 것이 적당하다는 견해를 밝힌 바 있다.

그러므로 '-온디>-오디'의 변화에 대해서는 조심스럽게 접근하여야 한다. 이것은 나중에 다루게 될 석독 구결과 관련된다. 석독 구결 자료에는 15세기 국어의 '-오디'를 직접적으로 표기하는 것으로 보이는 예는 존재하지 않고, 각각 '-올디'나 '-온디'를 표기하는 것으로 보이는 '-ㅇㄹㅿ'나 '-ㅇㄱㅿ'만이 존재한다. 그런데 '-ㅇㄹㅿ'는 15세기 국어의 '-오디'와 통사・의미적 유사성이 많으나 '-ㅇㄱㅿ'는 오히려 '-ㄴ디'와 유사하고 15세기 국어의 '-오디'와는 차이를 보인다.

다음과 같은 예들은 '-온(올)디>-오디'의 변화에 대하여 반증을 하는 것처럼 보인다. '-矣'만 나타나기 때문이다.

(65) ㄱ. 西班是去等 隊正乙良 校尉 無織者 眞拜把令 爲等如 差備爲良
　　　於爲 <u>敎矣</u> <尙書 71~72>
　　ㄴ. 長行祇聖法席 今萬一焚修乙 氣行爲良於爲 <u>敎矣</u> <監務官貼文>
　　ㄷ. 父祖職乙 傳襲管軍 <u>令是矣</u> 子孫亦 實 無爲去等 <明律 2, 3,
　　　14ㄴ>

위의 예문에서 (65ㄱ, ㄴ)은 고려시대 이두에 보이는 예들이고, (65ㄷ)은 조선시대 이두에 보이는 예이다. 이 예들에서는 '오'가 없이 '-디'가 연결 어미로 쓰이는 예가 존재하는 것처럼 보인다. (65)의 예들은 또 다른 가설의 가능성을 제시한다. 그것은 이제까지의 통설과는 달리 연결 어미 '-디'가 형성되고 다음에 선어말 어미 '오'가 결합되었을 가능성을 상정하는 것이다. 이러한 추론을 가능케 하는 예로는 앞에서 살펴본 '-거늘'이 있었다. 3. 2에서는 연결 어미 '-늘'이 형성되고 다시 형성소 '-거-'가 결합되어 연결 어미 '-거늘'이 형성되는 과정을 살펴본 바 있었다. 위의 '-오디'도 연결 어미 '-디'에 형성소 '-오-'가 결합하여 이루어진 연결 어미의 가능성을 생각해 볼 수 있다.

그러나 15세기 국어의 '-오디'를 연결 어미 '-디'에 형성소 '-오-'가 결합하여 이루어진 것으로는 보기 어렵다. 만약 연결 어미 '-디'에 형성소 '-오-'

가 결합하여 이루어졌다면, 15세기 국어를 바탕으로 할 때, 이 '오'는 1인칭 주어와 일치를 보일 가능성이 매우 높다. 그런데 여기서의 '-오-'는 1인칭 주어와 일치를 보이지 않는다. 이들 문장에서는 모두 주체 존대의 형성소 '-시-'를 상정해야 하기 때문이다. 15세기 국어에서는 1인칭 주어와 일치를 보이는 '-오-'가 주체 존대 '-시-'와 결합하지 않는다. 일반적으로 이두에서 '敎'는 주체 존대의 형성소 '-시-'와 관련지어 해석되어 왔다.

이 문제의 해결을 위해 기존의 연구를 살펴보기로 한다. 먼저 고려시대 이두의 예들에 대하여 이승재(1992ㄱ)에서는 '乎'가 없이 '-矣'가 오는 예가 존재하는데, 이때는 동사 어간이 '令'과 '敎' 혹은 '敎是'로 한정된다고 하였다. 여기에서는 '-矣'가 오는 분포를 밝히기는 했지만, 그 이유에 대해서는 언급하지 않았다.

조선시대 초기 이두 자료에 나오는 '-矣'에 대해서는 박성종(1996ㄱ)에서 다룬 바가 있다. 박성종(1996ㄱ:262)에서는 고려시대와 마찬가지로 동사 어간이 '令', '敎', '敎是'일 때만 '-矣'가 올 수 있다고 하였다. 또한 (65ㄷ)처럼 '令是-'에 '-乎-'가 없이 '-矣'가 붙었다고 해서 이것을 '*시기디'로 읽을 수는 없다고 하면서 이를 '시기샤디'로 읽었다.[128] 그리고 이처럼 '-矣'가 몇몇 동사와만 결합하여 쓰이는 것을 표기상의 이유로 설명한 바가 있다. 현재로서는 이처럼 표기상의 이유로 해석하는 것이 가장 합리적이다.

다음으로는 이때의 '乎'를 어떻게 읽었는지 고심하기로 한다. 이승재(1992ㄱ:180)에서는 '乎'를 '온'으로 읽고 이것이 15세기의 '온/은'이 대응된다고 한 바 있다. 이에 따른다면 '-乎矣'는 '온디' 정도로 읽을 수 있다. 이것은 고려시대의 석독 구결 자료를 보면, '-ノ ㅣ ㅿ, '-ㅎ ㅣ ㅿ'가 나타나는데, 이것들을 통해서도 확인할 수 있다.[129] 그러나 앞에서도 언급하였

---

128) '시기샤디'로 읽을 수 있는 근거로 다음과 같은 것을 들었다. "徒年已過年數乙 幷計爲 更良 當役令是乎矣 不得過四年齊 <明律 1:21ㅈ>"

129) 조심스럽게 논의되어야 하겠지만, 15세기 국어의 '-오디'에 해당되는 것이 석

지만 '온디'로 읽기에 문제가 없는 것은 아니다. 위에서 발견되는 '-乎矢' 의 예들은 모두 [설명]이나 [인용]의 의미를 가지고 있는데 석독 구결 자료의 '-ノㄱ厶, -⊃ㄱ厶'는 [전제]나 [배경]으로 파악된다.

6.4 구결의 '-올디'와 '-오디'

그동안 많은 논의를 통해서 '-올(온)디'>'-오디'의 변화가 받아들여져 왔다. 그런데 이러한 변화를 받아들이기 위해서는 다음과 같은 두 가지 의문에 대한 답이 선행되어야 한다. 먼저 '-올디'와 '-온디'가 같은 의미를 가지는지가 의문이다. 다음으로 두 개의 형태가 합류를 경험하였는데도 15세기 국어 문헌에는 '-온디'와 관련이 있을 것으로 보이는 '-ㄴ디'가 부분적이기는 하지만 남아 있다는 사실이다.

석독 구결 자료의 '-ノ尸厶'는 두 가지가 있다. 하나는 선어말 어미 '-오-'+관형사형 어미 '-ㄹ'+의존 명사 '〻'+처격 조사 '-의'의 결합이다. 다른 하나는 연결 어미이다. 먼저 전자의 예이다.

(66) 不可思議ㄴ 刹ㄴ 嚴淨ノ分 一切 諸ㄱ 如來ㄴ 供養ノ白分 大光明

독 구결에서는 '-ノ尸厶, -⊃尸厶' 등으로도 나타나므로, 고려시대 이두의 '-乎矢'를 '-올디'로 읽어 볼 가능성도 생각해 볼 수 있다. 또한 이두 자료에는 동명사 어미 '-ㄹ'을 표기하는 것으로 '-乙'이 있지만, 그 예가 얼마 되지 않는다는 점도 고려할 필요가 있다. 이처럼 그 예가 많이 보이지 않는다고 해서 동명사 어미 '-ㄹ'이 이두에서 잘 쓰이지 않았다고는 하기 어렵다. 석독 구결에 '-올디'를 표기하는 것들이 많이 보이는데 이두에는 '올디'를 표기한다고 보이는 예들이 한 번도 발견되지 않는다는 사실도 이를 뒷받침한다. 이두 자료에서는 동명사 어미 '-ㄴ'과 마찬가지로 '-ㄹ'도 잘 표기되지 않는다는 사실을 고려할 필요가 있다. 이러한 점에 대하여 김유범(1998:126)에서는 동명사 어미 '-ㄹ'을 표기하는 이두자로 '乙'이 있기는 하지만, '爲乎事(ᄒᆞ올 일), 爲去(홀가)'처럼 생략되는 예들이 많이 나타난다는 점을 거론한 바가 있다.

> 乚 放ノ7ム 邊ㄕ 有無リソ⺀ 衆生乚 度脫ノㄕム 亦ソ7 限ㅎ 無リソ⺀ <華嚴14; 15:3~4> // 不可思議의 刹을 엄히 깨끗이 하며 一切 모든 如來를 供養하오며 大光明을 내놓음에 가 없이 하며 중생을 도탈함에 또한 끝 없이 하며

예문 (66)의 '-ノㄕム'는 명사구 보문 구성을 보인다. 뒤에 나오는 동사 '無'는 처격을 지배하는 동사이므로 '-ノㄕム'에 처격 조사가 있는 것으로 파악할 수 있다. 이것은 또한 (66)의 예문에 보이는 '-ノ7ム'와 비교해 볼 수 있다. 이 두 표기는 현대어로 번역할 때, 그 차이가 드러나지 않는다. 그러나 석독 구결 단계에서 관형사형 어미 '-ㄴ'과 '-ㄹ'은 시제적인 차이를 반영한 것으로 짐작해 볼 수 있다. 확실하지는 않지만 '放ノ7ム'는 먼저 행한 것을 '度脫ノㄕム'는 나중에 행할 것을 나타내려 했을 가능성이 있다. 또한 이 문장에서 '목적어+서술어+ノ7(ㄕ)ム+無リ ソ⺀'의 구성이 대구적으로 쓰이고 있다. 그러므로 여기에서의 '度脫ノㄕム'는 명사구 보문 구성으로 파악할 수 있다.

이제까지는 이러한 명사구 보문 구성이 둘다 나중에 어미화하여 연결 어미가 된 것으로 파악하고 '-올(온)딕>오딕'의 변화를 보인 것으로 가정해 왔다. 그러나 이는 적어도 두 가지는 간과한 것이다. 첫째, 연결 어미 '-온딕'와 '-올딕'가 같은 의미를 가지고 있는지, 둘째, 두 어미 구조체가 하나의 연결 어미를 만들어 낼 수 있는지가 그것이다. 그러므로 '온딕'와 '올딕'가 모두 15세기 국어의 '-오딕'로 변천했다는 데 대하여 의문을 제기할 수 있다.

또한 '-온딕'와 '-올딕'가 모두 '-오딕'로 바뀌어 갔다면 '-온딕'의 'ㄴ'과 '-올딕'의 'ㄹ'이 사라지는 이유가 명시되어야 한다. 본고에서는 '-든'의 형성을 다루면서 명사구 보문 구성의 '-ㄹ 든'이 하나의 연결 어미 '-ㄹ든'이 된 다음에 공구성소 'ㄹ'이 소멸하는 것으로 설명하였다. 그런데 '-든'의 형성 과정과 달리 '-오딕'의 형성 과정에서는 하나로 문법 형태화하지 않

은 경우에도 'ㄴ'이나 'ㄹ'이 사라진다면 이에 대한 설명이 따로 필요할 것이다. 이 때문에 '-온(올)디>오디'의 변화를 위해서는 '-온디'와 '-올디' 가 하나의 연결 어미로 쓰이는 시기가 있었다고 보는 것이 합리적이다. 그런데 석독 구결 자료에는 '-온디'와 '-올디'를 연결 어미로 볼 수 있는 예가 발견된다.130)

다음은 본고에서 관심의 대상이 되는 연결 어미의 예이다.

(67) 口 ß + 常ㅂ 說法ㅅ白 ß ㄹ厶 無義ㅅㄱのㄴㅄ 非多ㅅㄱ〃 心智 寂滅ㅅㄴ下 緣 無ㄴㅂ 照ㅅㄴㄹㄴ〃 <舊仁11:10> // 口에(입으로) 언제나 說法하시되 無義한 것을 아니 하시며 心智가 寂滅하시어 緣(인연) 없이 비추시며
(68) 그럴씨 六根을 닐오디 賊媒라 하니 <월석 2:21>131)

위의 예문 (67)에서 '說法ㅅ白 ß ㄹ厶'의 '-ß ㄹ厶'는 선어말 어미 '-오-'+ 관형사형 어미 '-ㄹ'+의존 명사 '디'+처격 조사 '-익'로 보아서는 해석이 제대로 이루어지지 않는다. 무엇보다도 '-ㄹㄱ厶'에 처격 조사 '-익'가 들어 있다고 보기 어려운 결정적 이유는 이 문장에 처격 조사를 필요로 하는 동사가 있지 않는다는 데 있다. 이때 '說法ㅅ白ㄹ厶'는 '설법하시되' 정도로 해석해 볼 수 있다. (68)의 15세기 국어의 예에서는 '-오디'에 후행하는 문장이 앞 문장에 대해 설명하는 기능을 가지고 있는데, '-ß ㄹ厶'도 마찬가지이다. 그렇다면 여기서의 '-ß ㄹ厶'를 하나의 형성소로 파악하여 연결 어미로 설정해 볼 수 있을 것이다.

그런데 석독 구결 자료에서 화법 동사의 경우에 '-ß ㄹ厶'와 결합하는 예는 보여도 '-ßㄱ厶'와 결합하는 예는 보이지 않는다는 사실은 주의깊게 살펴보아야 한다. 15세기 국어의 '-오디'가 지닌 주된 의미가 [설명]이

---

130) 연결 어미로 볼 수 있는 '-온디'의 예에 대해서는 3. 3에서 다룬 바가 있다.
131) 이현희(1994:69)에서 재인용.

나 [인용]이므로 화법 동사와의 결합 여부는 '-ろ尸ム'와 '-ろㄱム'를 '-오딕'와 연결시키는 데 있어서 중요한 역할을 한다.132)

(67)에서는 '-ろ尸ム'가 화법 동사 '說'과 함께 쓰여 설명이나 인용을 위해 쓰이고 있다. 앞에서도 언급했지만, 이처럼 화법 동사와 같이 쓰이는 것과 쓰이지 않는 것은 커다란 차이를 지닌다. 15세기 국어 '-오딕'의 의미를 고려한다면, 화법 동사와 결합을 보이지 않는 '-ろㄱム'가 '-오딕'로 변했다고 판단하는 것은 문제가 있다. 이는 '의미 지속의 원리'와도 관련이 있는데 이 원리에 의하면 원래의 기원형이 지니는 통사적 제약은 문법 형태화된 이후에도 남는다. 그러므로 기원적으로 화법 동사와 결합을 보여 주지 못했던 '-온딕'가 '-오딕'가 되어 화법 동사와 결합하게 된다고 보기는 어렵다.

다음은 비교적 후대의 석독 구결 자료라고 할 수 있는『瑜伽師地論』의 예이다.

(69) ㄱ. 正法乚 <u>聽聞ノ尸ム</u> 便亐 能ケ 所設法義リㄱ 甚深上味乚 領受ソ3尒 此乚 因亐 廣大ソㄱ 歡喜乚 證得ソ𢀳 又 能ケ 出離 善根乚 引發ソ𢀳ソナ禾罒 <유가 5:23~25> // 正法을 듣되 말한 바 법의인, 매우 깊은 으뜸가는 맛을 잘 받아들여서 이로 인하여 광대한 歡喜를 證得하고 또 능히 벗어남의 착한 뿌리를 잘 끌어내고 할 것이다.

ㄴ. 必ハ 能ケ 正性離生3十 <u>趣入ノ尸ム</u> 餘ㄱ 前ラ <u>說ノㄱ</u> [如]支ソ尸矢丨 <유가 23:3~4> // 반드시 正性離生에 잘 나아가 들되 남은 것은 앞에 말한 바와 같을 것이다

ㄷ. 又 自ラ 增上生事人 及七 決定勝事人乚 依3<u>ノ尸ム 謂ㄱ</u> 已ラ

---

132) 이현희(1994ㄱ:69)에서는 '-오딕'의 주된 의미를 [전제]로 보고 '-오딕'에 후행하는 문장이 그 앞 문장에 대해 설명하는 기능을 가진다고 파악한 바 있다. 고영근(1987 =1997:370), 허 웅(1975:612)에서는 '-오딕'의 의미를 [설명]으로 파악한 바 있다.

身ㅗ 財寶ㅗノ亽亽人 所證人七 盛事氵十 作意思惟ソ氵尔 歡喜
乚發生ソ夕 <유가 28:9~10> // 또 스스로 增上生의 일과 決
定勝의 일을 의지하되 자기 몸이니 財寶이니 하는 것과 증독한
바의 큰 일에 뜻을 짓고 생각하여서 歡喜를 내며

(69)의 예에서 보면, 'ノ尸ム'는 모두 [설명]의 의미를 가지고 있다. (69
ㄱ)에서는 후행하는 문장이 앞 문장에 대해 설명하는 기능을 보이고 있
다. '聽聞ノ尸ム'에 대한 설명이 뒤에 나오고 있다. 이것은 [설명]의 기능
을 가진 후기 중세국어의 '-오디'와 연결시켜 볼 수 있다. (69ㄴ, ㄷ)도 마
찬가지로 [설명]의 의미를 가진 것으로 볼 수 있다. 이처럼 『瑜伽師地論』
에서는 'ノ尸ム'가 모두 [설명]의 의미를 가진다. (69ㄴ)의 경우에는 뒤에
'說ノㄱ'이 오는데 'ノ尸ム'의 성격을 잘 드러내 주고 있다. 특히 (69ㄷ)의
경우에는 'ノ尸ム'뒤에 '謂ㄱ'이 나오는데, 구문상 'ノ尸ム'가 '謂ㄱ' 앞에
나타나는 대신에 '謂ノ尸ム'로 실현되어도 무리가 없다.

또한 『瑜伽師地論』에 'ノ尸ム'는 보이지만 'ノㄱ ム'는 보이지 않는다는
사실을 밝혀둘 필요가 있다. 이것이 'ノ尸ム'와 'ノㄱ ム'의 변화와 관련을
지닌 것인지 아니면 『瑜伽師地論』이 가진 특성과 관련되는지는 아직 밝히
기 어렵다. 그러나 『瑜伽師地論』에 나오는 'ノ尸ム'는 15세기 국어의 '-오
디'의 밀접한 관련을 지닌 구결체라는 사실은 유념할 필요가 있다.

다음은 음독 구결 자료에서 '-오디'가 연결 어미의 기능을 보이는 예들
이다.

(70) ㄱ. 王 言ノム 不也 乚ㅣ <기림능 2:4ㄴ>
      <王>이 솔오디 아니이다 <능엄 2:10ㄱ>
   ㄴ. 阿難乚 白佛言ソ亼ム 世尊下 如來乚 常說和合因緣ソ亼ム
      <기림사3:27ㄴ>)
      阿難이 부텻긔 솔오디 世尊하 如來ㅣ 和合과 因緣을 샹녜 니ᄅ
      샤디 <간경3:64ㄱ>

(71) 而菩薩ㄱ 應生孝順心〳ㆍㄣ 救度一切衆生〳ㆍㄣ 淨法… 與人ㅣㅅㅌ
而反更起一切人婬ノ厶 不擇畜生乃至母女姉妹六親〳ㆍㄣ 行婬〳ㆍㄣ
無慈悲心者ㄱ 是菩薩 波羅夷罪ㅅ <범망엄:10ㄴ> // 菩薩은 마땅
히 孝順心을 내어 一切 衆生을 제도하여 청정한 법으로 사람들에
게 베풀어야지, 도리어 一切 사람에게 음란을 일으키되 畜生에서
母女, 姉妹, 六親에 이르기까지 가리지 않고 음란을 행하여 자비심
이 없는 것은 이것은 菩薩의 波羅夷罪다

(70)의 예들은 모두 '-오뎌'가 연결 어미로 쓰인 예들이다. (70ㄱ)은 15
세기 간경도감 언해본과의 비교를 통해서 '-오뎌'에 대응됨을 알 수 있다.
(70ㄴ)도 역시 간경도감 언해본과의 비교를 통해서 '-오뎌'와 대응시켜 볼
수 있다. '-ㅅㅿ'의 '-ㅅ-'는 '-시-+-오-'가 형태론적 교체를 통해 '-샤+ø'
로 변한 것이다. 여기서의 '-오뎌'는 15세기 국어와 마찬가지로 [설명]이
나 [인용] 정도의 뜻을 가진다.

(71)의 예에서 '-오뎌'는 [역접]의 의미와 관련시킬 수 있다. 이 [역접]
의 의미는 원래의 [설명]의 의미에서 분화되어 나온 것이다. 여기서도 후
행절이 선행절에 대하여 [설명]을 해 주고 있음을 발견할 수 있다.[133]

이상에서 음독 구결의 '-오뎌'를 살펴보았다. 그런데 음독 구결의 '-오
뎌'도 그 의미를 [설명]으로 볼 수 있었다. 그렇다면 음독 구결의 '-오뎌'
는 의미상으로 석독 구결의 '-올뎌'와 관련을 지녔다고 할 수 있다. 반면
에, 석독 구결의 '-ノㄱㅿ'는 [전제]나 [배경]의 의미를 가지고 있다는 점
에 유의해야 한다. 또한 『瑜伽師地論』에는 '-올뎌'를 표기하는 것만 나타
나는데 이것도 역시 '-오뎌'는 '-올뎌'에서 'ㄹ'이 소멸하여 온 것으로 보
는 근거가 될 수 있다. 그러나 이두 자료를 고려할 때는 '-올뎌>-오뎌'를
일반화하기는 곤란하다. 이두 자료에는 'ㄴ, ㄹ'이 잘 표기되지 않는다는

---

133) 후기 중세국어에서도 이처럼 [역접]의 의미를 가진 예들이 발견된다. 이에 대
한 자세한 설명은 이현희(1995ㄱ)을 참조

표기상의 불안을 가지고 있는데, '-乎矣'의 '-올딘'를 표기했다기보다는 '-온딘'를 표기했다고 보는 것이 더 일반적이기 때문이다.

6.5 향가의 '-오딘'

다음은 향가에서 '오딘'와 관련지어 해독했던 예이다.

(72) 魂是去賜矣//中三鳥賜敎 <悼二將歌 3, 4>
  <김완진> 넛시 가샤딘//몸 셰오신 말씀,
  <지헌영> 넉시 가샤이여//亽라(수리)여이신
  <양주동> 넉시 가샤딘//사ᄆ샨
  <유창균> 넉시 가샤딘//ᄆ숨 삼오샤 내리신 벼슬 말씀

'悼二將歌'의 3, 4구에 대하여 지헌영을 제외한 나머지 해독자들은 '賜矣'를 중세국어의 '-샤딘'에 대응시키고 있다. 이러한 해독의 배경에는 중세국어의 '-샤딘'에 대한 지식이 깔려 있다.[134] 그런데 여기에서 생기는 의문은 과연 '-賜矣'가 '-샤딘'를 표기했느냐는 것이다. 이에 대해서는 김완진(1980)에서도 의문을 제기하고 있다. 그는 "'矣'로 표시되는 것은 '-딘'지만, 현대어의 '-되'처럼 어간에 직결되는 일이 없고, 반드시 '-오/우-'를 介入시키는 것이기 때문에, 원칙적으로 '賜=시'를 마음에 두면서도 '아'를 보충하여 '가샤딘'를 인정한다"라고 하여 '賜'를 '샤'로 보는 것이 과연 적당한가에 대하여 의문을 품고 있다. 이러한 지적은 '賜'가 '샤'와 '시'의 두 음을 다 표기하지는 않았을 가능성이 크나는 점을 고려한 것이다. 이러한 점을 염두에 둔다면, '-賜矣'를 곧바로 '-샤딘'에 연결짓는 것은 문제가 있다.

---

134) 중세국어의 '-샤딘'에서 '-샤'는 뒤에 '-오-'를 가진 형태가 올 때에만 나타나는 '-시-'의 이형태이다. 이때 '-샤'의 뒤에 오는 '-오-'는 생략을 겪게 된다. 이러한 점에 유의하여 연구자들이 '賜矣'를 '-샤딘'에 대응시킨 것이다.

다음은 향가에 나오는 '-賜-'의 예들이다. 이 예들의 경우에는 '-賜-'를 '-샤'로 보게 되면, '-賜-'의 독법에 문제가 생긴다.

(73) ㄱ. 阿冬音乃叱好支賜烏隱 <慕竹旨郎歌 3>
    ㄴ. 三花矣岳音見賜烏尸聞古 <彗星 4>
    ㄷ. 慕人有如白遣賜立 <願往生歌 8>

우선 위의 예문 (73ㄱ, ㄴ)에 나오는 '賜'를 보면, '賜' 하나만 쓰이지 않고, '-오/우-'에 해당하는 '烏'와 같이 쓰이고 있다. 위의 세 예문 이외에도, 향가에서 '-오/우-'가 나타날 자리에서 나타나지 않는 예는 없는 것으로 보인다. 그렇다고 (73ㄷ)과 같은 예들이 '-쇼셔'나 '-샤셔'를 나타냈을 것 같지도 않다.[135] 그러기 위해서는 먼저 '賜'를 '쇼'나 '샤'로 볼 수 있는 근거가 마련되어야 하기 때문이다.

그러나 이에 대해서는 이두의 표기를 고려할 필요도 있다. 이두 자료에서도 '矣'는 앞에 '乎'를 반드시 필요로 하지만, '賜' 뒤에서는 '乎' 없이 나타날 수 있기 때문이다. 이를 염두에 둔다면, 『도이장가』를 15세기 국어에 관련시켜 볼 수 있다. 그러나 이것을 '샤딕'로 읽을 수 있는지는 의문이다.

이 절에서는 15세기 국어에서 형태론적 분석 문제를 안고 있는 '-오딕'에 대하여 살펴보았다. '-오딕'는 '-오-'와 '-딕'로 나뉠 가능성이 있어 관심의 대상이 되었던 것이다.

첫째, 향가나 고려 시대의 이두 자료에는 15세기 국어의 '-오딕'와 관

---

135) 이에 대하여 장윤희(1998)에서는 '쇼셔'를 '시+α+셔'로 생각해 본 바가 있다. 이때 'α'의 값은 김영욱(1998)에서 제기된 것처럼 '오'일 가능성이 크다. 그러므로 더욱더 '賜'가 '쇼' 또는 '샤' 음을 나타낸다는 보는 것은 근거가 없는 주장이라는 것을 알 수 있다.

련된 것으로 보이는 '乎矣'와 '矣'가 존재한다. 이 중에서 '矣'는 '슈'과 '敎' 혹은 '敎是' 등 몇몇 이두자 뒤에서만 나오는 것으로 이때는 '온'을 넣어서 읽는 것이 좋다.

둘째, 석독 구결 자료에서는 '-ㅋ尸厶'와 '-ㅋㄱ厶'를 중심으로 '-오ᄃᆡ'의 형성에 대해서 살펴보았다. 그런데 이 둘은 분포에 있어서 중요한 차이를 가진다. 그것은 화법 동사의 경우에는 '-ㅋ尸厶'와 결합하는 예는 보여도 '-ㅋㄱ厶'와 결합하는 예는 보이지 않는다는 사실이다. 15세기 국어 '-오ᄃᆡ'가 지닌 주된 의미가 [설명]이나 [인용]이므로 화법 동사와의 결합 여부는 '-ㅋ尸厶'와 '-ㅋㄱ厶'를 '-오ᄃᆡ'와 연결시키는 데 있어서 중요한 역할을 한다. 그러므로 일반적으로 얘기되었던 '-온ᄃᆡ>오ᄃᆡ'는 조심스럽게 접근해야 한다. 또한 석독 구결에서는 후대의 자료라고 할 수 있는 『瑜伽師地論』에 'ノ尸厶'만 존재하고 이것이 [설명]의 의미를 지니고 있음을 살펴보았다.

셋째, 고려 시대의 음독 구결 자료에는 '-오ᄃᆡ'의 표기와 관련된 'ノ厶'가 보이는데, 이것은 [설명]의 의미를 가지고 있다. 이는 석독 구결에서 '-올ᄃᆡ'를 표기하는 것들도 [설명]의 의미를 가지고 있었으므로 '-올ᄃᆡ>오ᄃᆡ'의 변화 방향에 대한 근거를 제시해 준다. 그러나 이러한 변화 방향은 이두 자료를 고려한다면 조심스럽게 검토되어야 한다.

7. '-ㄹ식'의 형성

7.1 문제 개괄

여기에서는 음독 구결과 15세기 국어를 중심으로 연결 어미 '-ㄹ식'가 어떠한 과정을 거쳐서 형성되는가를 살펴보기로 한다. '-ㄹ식'는 명사구 보문 구성이 하나의 단위처럼 인식되고 그 결과 인접 요소들의 경계가 허물어지면서 문법 형태화한 것이다. 또한 이러한 연결 어미 '-ㄹ식'의 형성 과정이 문법사에서 어떠한 의의를 가질 수 있는지 생각해 보기로 한다. 연결 어미 '-ㄹ식'의 존재에 대해서는 향가부터 존재한 것으로 보는 경우도 있다. 그러나 '-ㄹ식'의 형성 과정을 살펴보면 이러한 견해는 문제가 있다.

먼저 '-ㄹ식'의 형성에 대하여 논의하기 전에 기존의 논의를 살펴보기로 한다. 후기 중세국어 또는 근대국어에 대한 논의에서 '-ㄹ식'는 [이유]나 [원인]의 연결 어미로 다루어지고 있다.

허 웅(1975:529)에서는 15세기 국어를 대상으로 이것의 의미 기능을 뒷말에 대한 원인을 나타내는 연결 어미로서, 어간에 바로 붙기도 하고, 선어말 어미를 앞세우기도 하는 것으로 파악하였다. 고영근(1987=1997:369)에서도 '-ㄹ식'를 [이유]나 [원인]의 연결 어미로 본 바가 있다. 정호완(1987)에서는 15세기 국어에 대한 지식을 바탕으로 [이유]나 [원인]의 연결 어미 '-ㄹ식'를 [[-ㄹ(관형사형 어미)#ㅅ(의존 명사)]+-ㅇㅣ(처격 조사)]의 구성에서 온 것으로 보고 있다. 이는 유창돈(1964)에서 먼저 거론된 바가 있다. 이현희(1988)에서는 『번역소학(飜譯小學)』과 『소학언해(小學諺解)』의 비교를 통해 '-ㄹ식'의 용법이 변하는 양상을 설명하고 있다. 『번역소학』에서는 대개 [원인]이나 [이유]를 뜻하는 연결 어미이지만, 『소학언해』에서는 대개 [시간]이나 [전제], [양보]를 뜻하는 것으로 보고 있다. 이러한 것들이 『번역소학』과 『소학언해』가 보여 주는 번역상의 특징인지 연결 어미 '-ㄹ식'의 변화를 반영하는 것인지 살펴보기로 한다.

한편, 김완진(1980)에서는 이 '-ㄹ식'가 이미 향가에 나오고 있는 것으로 파악하고 있다. 이는 서태룡(1997:697)에도 계속해서 이어지고 있다. 『安民歌』에 나오는 '物生'을 '몰씨'로 해독하고 있다. 그런데 향가의 '物生'을 연결 어미로 파악하기에는 적지 않은 문제가 있다. 무엇보다도 '-ㄹ

시'의 기원에 있어서 중추적이라고 할 수 있는 의존 명사 'ㅅ'가 향가나 석독구결의 자료에는 보이지 않는다는 사실 때문이다. 그러므로 '-ㄹ식'와 관련하여 의존 명사 'ㅅ'가 언제부터 발견되는지가 관심의 대상이 된다.

'-ㄹ식'가 [[[-ㄹ]#ㅅ]+-이]의 통사적 구성에서 발달하여 이것의 쓰임이 연결 어미로 형성되어 가는 과정이 자료를 통해서 확인이 가능한지도 살펴보기로 한다. 그리고 명사구 보문 구성의 소멸과 함께 '-ㄹ식'의 세력이 급격히 약화되는데, 이 점은 다른 연결 어미의 형성과 관련지어 설명하기로 한다.

7.2 음독 구결의 '-ㄹ식'

연결 어미 '-ㄹ식'와 관련이 있는 의존 명사 'ㅅ'는 음독 구결 자료에서부터 보이기 시작한다. 'ㅅ'는 음독 구결 자료에서는 신형이라고 할 수 있다. 현재로서는 그 이전 시기의 자료에서 확실하게 'ㅅ'를 표기했다고 보이는 예가 발견되지 않는다. 이 'ㅅ'는 양주동(1939:139~141)에서 원시추상명사로 거론되었다.『請佛住世歌』의 '몃놈'를 감탄법 어미 '-ㄹ셔'로 해독하고 이를 고려가요의 '-ㄹ셔'에 연결시킨 뒤에 '-ㄹ셔'에는 궁극 원형(窮極原形)인 의존 명사 'ㅅ'가 들어 있는 것으로 보았다.

그리고 양주동(1939) 이후에는 이 형태의 의미와 의존 명사 'ㅅ' 구성이 어미로 변하는 과정을 중심으로 그 논의가 이어져 왔다. 그러나 'ㅅ'와 연결시킬 수 있는지의 여부가 불분명한 것들을 'ㅅ'에 연결시켜 'ㅅ'를 원시추상명사로 보는 것은 문제가 있다. 이 'ㅅ'는 음독 구결 자료에서부터 의존 명사로 쓰이는 예가 보이기 시작한다.

'ㅅ'는 관형사형 어미 '-ㄹ' 뒤에서만 나오는데, 이것은 관심을 가질 만하다. 석독 구결 시대에 활발하게 쓰였던 의존 명사 '의(ᄃ)'는 보문 구성을 이룰 때 '-ㄴ'과 '-ㄹ'을 모두 취할 수 있었다. 반면에 음독 구결 문헌 자료에서부터 보이기 시작하는 의존 명사 '士(ᄉ)'는 명사구 보문을 이룰 때 '-ㄹ' 관형사형 어미와만 결합하는 양상을 보이고 있다.136) 그리고 이와 관련하여 음독 구결 문헌에서는 의존 명사 'ᄃ'가 대체적으로 '-ㄱ'과 결합하는 예를 보인다는 점도 언급할 수가 있다. 그러나 현재의 자료로는 이러한 'ᄃ' 명사구 보문의 분포상의 변화가 'ᄉ' 명사구 보문의 형성과 어떠한 관련이 있는지를 명확하게 판단하기 어렵다.137)

이러한 'ᄉ'는 음독 구결에서는 주격의 '-ㅣ', 대격의 '-올', 처격의 '-의', 계사 '이-'와 결합하는 양상을 보인다. 그런데 이러한 명사구 보문 구성은 15세기에 들어서면, 명사형 어미 '-옴'의 발달과 더불어 그 사용이 크게 줄어들게 된다. 'ᄉ'가 처음 보이는 것이 음독 구결 자료임을 고려한다면, 국어의 문헌에서 보이는 'ᄉ'는 비교적 짧은 동안만 주체가 되었다가 사라진 의존 명사라고 하겠다.

이처럼 음독 구결 자료에 처음 보이기 시작하는 의존 명사 'ᄉ'는 대격 조사, 도구격 조사, 처격 조사, 주제 표지 등과 결합하여 쓰인다.

다음은 'ᄉ'가 각각의 조사와 결합하는 양상을 보이는 것이다.

> (74) ㄱ. 此身ㆍ 死後 斷滅ㆍㄹ士乙 名爲涅槃ㅅ ㆍホヒ <기림능 2:1ㄴ>
> ㄴ. 汝ㆍ 同見一物ㆍㄹ士又 是見吾之見ㅅ ㆍㄱ大ㄱ <기림능 2:15ㄴ>
> ㄷ. 携子ㆍ 3 謁之ㆍㄹ士ㄱ 求長壽也ㆍㅌㅣ <기림능 2:4ㄴ>

위의 예문에서 (74ㄱ, ㄴ, ㄷ)은 의존 명사 'ᄉ'가 각각 대격 조사, 도구격 조사, 주제 표지와 결합하는 예를 보이고 있다. 이처럼 음독 구결 자료

---

136) 이승재(1995ㄱ:226)에서도 의존 명사 '士(ᄉ)'가 처음 보이기 시작한 것은 고려 후기부터라고 언급하고 있다.

137) 이러한 경향에 대하여 명확한 설명을 하는 것이 현재로서는 어렵다. 다만 이것이 의존 명사나 관형사형 어미의 의미와 관련이 있을 것이라고 추측해 볼 수는 있을 것이다.

에서는 의존 명사 'ᄉ'가 다양한 분포를 가지고 쓰인다. 의존 명사 'ᄉ'는 처격 조사와 결합하기도 하는데 이는 조심스럽게 살펴보아야 한다. 표기는 유사하지만 관형사형 어미 '-ㄹ', 처격 조사 '-의'의 명사구 보문 구성이 아닌 연결 어미 '-ㄹᄉ'가 있기 때문이다.

다음은 명사구 보문 구성으로 보아야 할 '-ㄹᄉ'의 예이다.

(75) ㄱ. 我 初 3 發心ᄂ 3 從佛入道ᄂ 3 數聞如來 說諸世間 不可樂事
　　　ノヒ 乞食城中ᄂ ㄴ 土ᄂ 心思法門ᄂ ㅣ 可 不覺路中 3 毒刺傷足
　　　ᄂ 3 <송성능 5:19ㄴ>
　　ㄴ. 我 初 發心ᄂ 3 從佛入道ᄂ 3 數聞如來 說諸世間 3 ㄴ 不可樂
　　　事ᄂ ㄱ ㅈ ホ ノヒ 乞食城中ᄂ ㄴ 土ᄀ 心思法門ᄂ ㅣ 可 不覺路中
　　　3 毒刺傷足ᄂ 3 <가람능 5:11ㄴ>
　　ㄷ. 我ㅣ 初發心ᄒ야 從佛入道ᄒ야 數聞如來ㅣ 說諸世間앳 不可樂
　　　事ᄒ습고 乞食城中홀 제 心思法門ᄒ다가 不覺路中에 毒刺傷足
　　　ᄒ야 <능엄 5:47ㄴ>
　　ㄹ. 내 처섬 發心ᄒ야 부텨 조ᄍ와 道에 드러 如來ㅣ 모든 世間앳
　　　즐겁디 아니ᄒ 일 니르샤ᄆᆞᆯ ᄌᆞᄌᆞ 듣ᄌᆞᆸ고 城中에 乞食홀 제 ᄆ
　　　ᅀ매 法門ᄋᆞᆯ ᄉ랑ᄒ다가 깁가온ᄃᆡ 毒ᄒᆞᆫ 가시 발 허료ᄆᆞᆯ 아디 몯
　　　ᄒ야 <능엄 5:48ㄱ>

위의 예에서 보이는 'ᄂ ㄴ 土ᄂ', 'ᄂ ㄴ 土ᄀ'는 15세기 국어의 '-ㄹᄉ'에 대응되는 것이다. 이 'ᄂ ㄴ 土ᄂ', 'ᄂ ㄴ 土ᄀ'는 15세기 문헌의 구결문이나 언해문에서는 '홀 제'에 대응되고 있다. 이 때문에 그동안 '土'는 'ᄌ/저' 의 음을 표기한 것으로 이른바 대표음 전용의 경우로 알려지기도 하였다.[138] 그렇지만 여기에는 몇 가지 문제가 있다. 첫째, 'ᄌ/저'를 나타낼 만한 다른 한자가 있었을텐데, 왜 '土'를 썼느냐는 것이다. 둘째, 위의 예

---

138) '土'를 'ᄌ/저'로 읽은 논의로는 대표적으로 남풍현(1995), 박성종(1996ㄴ)을 들 수가 있다.

에서 '𡈼'를 'ᄌ/저'로 본다 하여도 뒤에 'ᆨ'가 나오는 경우에는 이것이 '제'를 표기했다고 보기 곤란하다. '-ᆨ'는 '-의/의'를 표기하는 것인데, 이 때 'ᄌ/저'가 '의/의' 만나 '제'를 만든다는 것은 음운론적으로 설명하기 어렵다.

그렇다면 이것을 어떻게 판단하여야 하는가? 본고에서는 이를 15 · 6세 기 국어 '-ㄹ신'의 '신'와 관련시킬 필요가 있다고 생각한다. 이 문제의 해 결을 위해 먼저 16세기 국어의 『번역소학』을 살펴보기로 한다.

(76) ㄱ. 棄官入秦홀신 與家人訣호더 <번소 9:34ㄱ>
　　　ㄱ'. 벼슬을 ᄇ리고 秦ㅅ짜해 들어갈 제 집사ᄅᆷ ᄃ려 여휠 저긔
　　　　　　<번소 9:34ㄴ>
　　　ㄴ. 棄官入秦홀신 與家人訣호더 <소학 6:31ㄱ>
　　　ㄴ'. 벼슬을 ᄇ리고 秦으로 들어갈신 집사ᄅᆷ 더블어 여희오더
　　　　　　<소학 6:31>
(77) ㄱ. 過泗水홀신 攸以牛馬로 負妻子而逃ᄒ다가 <번소 9:70ㄴ>
　　　ㄱ'. 泗水를 디나갈 제 攸ㅣ 쇼ㅣ며 ᄆᆯ로 쳐ᄌ를 싣고 도망ᄒ야 가
　　　　　다가 <번소 9:71ㄱ>
　　　ㄴ. 過泗水홀신 攸以牛馬로 負妻子而逃ᄒ다가 <소학 6:65ㄱ>
　　　ㄴ'. 泗水를 디나갈신 攸ㅣ 쇼와 ᄆᆯ로써 妻子ᄅᆯ 싣고 도망ᄒ다가
　　　　　　<소학 6:65ㄱ>
(78) ㄱ. 入京師홀신 至泗州ᄒ야 留止러니 <번소 9:49ㄱ>
　　　ㄱ'. 셔울 드러 올 제 泗州ㅣ 짜해 와 묵더니 <번소 9:49ㄴ>
　　　ㄴ. 入京師홀신 至泗州ᄒ야 留止러니 <소학 6:44ㄴ>
　　　ㄴ'. 셔울 드러올신 泗州예 니르러셔 머믈어 잇더니 <소학 6:45ㄱ>

(76)의 예문은 음독 구결의 'ᄉ'와 관련시켜 볼 수 있는 것들이다. 특히 (76ㄱ)과 (76ㄱ')가 보여 주는 번역의 양상은 유의해서 살펴볼 필요가 있 다. 구결문인 (76ㄱ)에서는 '신'로 언해문인 (76ㄱ')에서는 '제'로 나타나고 있는데, 이것은 '신'가 '제'와 밀접하게 관련되어 있다는 것을 보여 준다.

이처럼 'ᄉᆡ'가 '제'와 대응된다는 사실은 음독 구결에서의 '-士ㅋ'를 [시간]의 뜻과 관련시킬 수 있다는 점에서 의미를 지닌다. 앞에서 언급한 바에 따르면, '士'를 'ᄌᆞ/저'에 연결시키는 것은 적지 않은 문제를 가지고 있었다. 그런데 '士'를 'ᄉᆞ'에 대응시키게 되면 이러한 문제가 해결될 수 있다. 예문 (77)와 (78)에서도 '-ㄹᄉᆡ'가 '-ㄹ 제'에 대응되는 것을 볼 수 있다.

다음은 15세기 국어의 자료이다.

(79) 모로매 五色詔書ᄅᆞᆯ 지슬ᄉᆡ 佩玉 소리 鳳池ㅅ머리로 니르러 가ᄂᆞᆺ다
(須裁五色詔佩聲歸到鳳池頭) <두시초간 6:5ㄱ~ㄴ>

(79)의 예문에서 '지슬ᄉᆡ'의 '-ㄹᄉᆡ'는 '-ㄹ(관형사형 어미)#ᄉᆞ(의존 명사)+-ᄋᆡ(처격 조사)'의 구성으로 이루어진 것이다. 이때, '-ㄹᄉᆡ'는 번역 소학에 나오는 [시간]의 의미와 관련시켜 볼 수가 있다. (79)의 예문을 대략 "모름지기 五色詔書를 지을 때 佩玉 소리가 鳳池 머리로 이르러 가는구나" 정도로 의미 해석해 볼 수 있다. 이처럼 15세기 국어에도 '-ㄹᄉᆡ'가 드물기는 하지만 시간의 의미와 관련을 가지는 예가 보인다.

다음은 '-し士＼(ㄹᄉᆡ)'가 연결 어미로 쓰인 예이다.

(80) ㄱ. 如來 訶我ソ金ム 爲畜生類<u>ソニし士＼</u> 我聞佛訶ロ 啼泣自責3 七日し 不眠ソ3 失其雙目ノヒ <송성능 5:17ㄴ>
ㄴ. 如來 訶我ソヘム 爲畜生類ㅅ <u>ソ亠ニヒ</u> 我聞佛訶ロ 啼泣自責ソ3 七日 不眠ソ3 失其雙目ノヒ <가람능 5:10ㄱ>
ㄷ. 如來 訶我ソ金 爲畜生類ソニ、大 我聞佛訶ソ3 啼泣自責ソ3 七日し 不眠ソ3 失其雙目ソヒ <일사능 5:10ㄱ>
ㄹ. 如來ㅣ 訶我ᄒᆞ샤ᄃᆡ 爲畜生類라 <u>ᄒᆞ거시ᄂᆞᆯ</u> 我聞佛訶ᄒᆞᅀᆞᆸ고 啼泣自責ᄒᆞ야 七日을 不眠ᄒᆞ야 失其雙目호니 <능엄 5:42ㄴ>
ㅁ. 如來 나ᄅᆞᆯ 구지즈샤ᄃᆡ 畜生ᄋᆡ 類라 <u>ᄒᆞ거시ᄂᆞᆯ</u> 내 부텻 구지즈샤ᄆᆞᆯ 듣ᄌᆞᆸ고 우러 나ᄅᆞᆯ 責ᄒᆞ야 七日을 ᄌᆞ오디 아니ᄒᆞ야 두 누늘 일후니 <능엄 5:43ㄱ>

(80)의 '-ㄴ±ㄴ'는 연결 어미로 보아야 한다. 이것을 연결 어미로 보지 않는다면 'ㄴ'를 제대로 처리할 수가 없다. 만약 이 위치에서 'ㄴ±ㄴ'가 연결 어미가 아니라면 'ㄴ±ㄴ'의 ㄴ가 할 수 있는 유일한 역할은 주격 조사일 것이다. 그러나 'ㄴ'가 주격 조사가 되면, 서술어를 찾을 수 없다는 점에서 문제가 생긴다.

물론 앞에서처럼 '-ㄴ±ㄴ'가 '-ㄹ싀'를 표기한 것이고, '-싀'는 'ㅅ'와 '-이(처격 조사)'의 결합이라고 보는 방법도 있을 수 있다. 그러나 의존 명사와 처격 조사의 결합으로 보기에도 적지 않은 문제가 있다. 첫째, 다른 구결문과의 대응을 들 수가 있다. 다른 구결문은 현토자들이 한결같이 연결 어미가 나와야 할 자리로 파악하고 있음을 알 수 있다. 둘째, 'ㄹㅅ'를 명사구 보문 구성으로 보고, '-이'를 원인의 의미를 가진 처격 조사로 본다면, 이것은 한 가지 해결 방안이 될 수도 있다. 그러나 'ㅅ'의 의미가 정확하게 파악되지 않은 상황에서는 이러한 것이 최선의 방안이 될 수 없다. 셋째, 처격 조사가 있다고 보았을 때, 이 처격 조사를 지배하는 동사가 보이지 않는다. 이러한 세 가지를 고려하면, 하나의 연결 어미로 보는 것이 합리적이다.

그런데 여기서 생각해 보고 넘어가야 할 것이 있다. '-ㄴ±ㄴ'가 연결 어미와 명사구 보문 구성의 두 가지로 모두 해결 가능한 것은 15세기 국어 연결 어미 '-ㄹ싀'에 대하여 시사하는 바가 있다는 것이다. 그것은 바로 연결 어미 '-ㄹ싀'는 '-ㄴ±ㄴ' 보문 구성이 문법 형태화하여 이루어졌다는 것이다. 그리고 연결 어미 '-ㄹ싀'로 해석해 볼 수 있는 어미 구조체가 음독 구결에서 'ㅅ'가 출현한 것과 궤를 같이한다는 점도 무시할 수가 없다.

그러면 '-ㄹ싀'의 문법 형태화가 대략 언제쯤 이루어졌는지가 의문일 수 있다. 음독 구결에서는 '-ㄹ싀'와 결합을 보이는 선어말 어미가 '-시-' 하나일 정도로 분포가 자유롭지 못하므로 연결 어미화하였다고 보기 어렵다. 반면에 15세기 국어에서는 문법 형태화가 완전히 이루어졌다고 볼 수 있다. 이 점에 대해서는 다음과 같은 점들을 고려할 필요가 있다. 첫째, 15세기 국어 연결 어미 '-ㄹ식'의 경우에는 기원적으로 의존 명사인 'ㅅ' 앞에 통사적 구성과 관련되었다고 보이는 '-ㅭ'이 쓰이지 않는다는 것이다.[139] 둘째, 15세기 국어의 '-ㄹ식'는 많은 연결 어미와 비교적 자유롭게 결합한다는 것이다. 이는 뒤에서 다시 논의하게 될 것이다.

7.3 후기 중세국어의 '-ㄹ식'

여기에서는 먼저 후기 중세국어의 '-ㄹ식'가 어떻게 쓰이고 있는지 관심을 가지기로 한다. 그리고 이를 바탕으로 '-ㄹ식'의 형성과 관련된 여러 가지 사실들을 하나씩 살펴가기로 한다.

후기 중세국어의 '-ㄹ식'에는 두 가지가 있다. 하나는 관형사형 어미 '-ㄹ(관형사형 어미)#ㅅ(의존 명사)+-익(처격 조사)'의 결합이다. 다른 하나는 연결 어미의 '-ㄹ식'이다. 명사구 보문 구성의 '-ㄹ식'는 앞에서 이미 언급했으므로 여기서는 연결 어미 '-ㄹ식'를 보기로 한다.

(81) ㄱ. 世俗이 오직 物을 조차 드읠씨 비록 至極히 貴호매 이셔도 ᄆᄎ매 變ᄒ야 업수믈 조ᄎ리어늘 <능엄 2:3ㄴ>
   ㄴ. 而世俗이 但隨物化호ㅣ 雖居至貴ᄒ야도 終從變滅ᄒ리어늘 <능엄 2:2ㄱ>
   ㄷ. 而世俗이 但隨物化ㅣ丷ㅈㄱ入ㅈ 雖居至貴丷ㅣㄲ 終從變滅丷ㅊ ᄉㅌ <기림능 2:2ㄱ>

---

139) 15세기 국어의 '-올뎬'은 표기로 '-옳뎬'을 보이기도 하는데 이것은 아직 문법 형태화하지 않았음을 보이는 증거가 될 수도 있다. 15세기 국어에서 '-ㅭ'은 통사적 구성에서 나타나지 완전히 하나로 문법 형태화한 것들 사이에서는 나타나지 않기 때문이다.

위의 예문은 '[[[-ㄹ]#ㅅ]+이]]'의 명사구 보문 구성이 아닌 '-ㄹ씨' 연결
문으로 보아야 한다. 그것은 다음과 같은 점들을 고려하였기 때문이다.
첫째, 이 예문들은 명사구 보문 구성으로 해석하기보다는 '-ㄹ씨' 연결 구
문으로 해석하는 것이 자연스럽다. 선행절이 후행절의 [원인]이 되고 있
다. 둘째, (81ㄷ)에서 볼 수 있는 바와 같이, 구결 자료인 기림사본 능엄경
에서 [원인]의 연결 어미로 쓰이는 '-ㄱㅅㅅ'가 대응되고 있다. 여기서 음
독 구결의 구결 기입자는 이 부분을 연결 어미가 들어가야 할 자리로 파
악하고 있음을 알 수가 있다. 대략 여기서는 "세속이 오직 물을 좇아 되
기 때문에 비록 지극히 귀함에 있어도 마침내 변하여 없음을 좇을 것이
므로" 정도로 현대어역을 해 볼 수 있다. 이처럼 후기 중세국어의 '-ㄹ씨'
는 원인의 의미를 가지고 있다.

이러한 연결 어미 '-ㄹ씨'가 어떠한 형태 통합 제약을 가지고 있는지
살펴볼 필요가 있다.

(82) ㄱ. 宮中에 行樂ᄒᆞ샤미 秘密ᄒᆞ실씨 밧긧 사ᄅᆞ미 알 리 젹더니라
　　　　　<두시초간 6:12ㄱ>
　　ㄴ. 世尊하 내 佛如來 威神力을 받ᄌᆞᆸᄒᆞᆯ씨 … 一切 業報 衆生ᄋᆞᆯ 求
　　　　ᄒᆞ샤 ᄲᅢ혀노니 <월석 21:47>
　　ㄷ. ᄀᆞᄅᆞ미 어러 고기 잡디 몯ᄒᆞ릴씨 수이 얻디 몯ᄒᆞ리니 어르믈 파
　　　　河伯의 宮을 侵逼ᄒᆞᆫ가 전노라 <두시초간 16:60ㄴ>
　　ㄹ. 부텻 ᄠᅳᆮ 아디 몯ᄒᆞᅀᆞ오릴씨 이럴씨 聖人ㅅ ᄠᅳ들 사겨
　　　　<금강 서:6>
　　ㅁ. 이믜셔 主人의 도라보몰 니버실씨 놀개ᄅᆞᆯ 드러 외ᄅᆞ왼 亭子애
　　　　우놋다 <두시초간 19:34ㄱ>

위의 예문에서 보면, '-ㄹ씨'는 '-시-, -ᅀᆞᆸ-, -리-, -ᅀᆞᆸ-+-리-' 등 다양한
선어말어미와 결합하고 있다. 이처럼 선어말어미와 결합하는 양상이 다
양해진 것은 후기 중세국어 들어서 '-ㄹ씨'가 하나의 문법 형태로 확실하

게 자리매김했다는 것과 관련지을 수 있다. 음독 구결 자료에서는 '-시-'만 결합하는 양상을 보였던 것이다. 어떤 문법 형태가 문법 형태화 초기에는 제한된 영역의 선어말어미와 결합하다가 문법 형태화하면서 다양한 선어말어미와 결합하는 양상을 보이는 것은 다른 예에서도 발견할 수 있다.

다음의 예문은 문법 형태화와 관련하여 볼 때 중요하다.

(83) 부텻 뜯 아디 몯ᄒᆞᅌᅩ릴씨 이럴씨 聖人ㅅ 뜨들 사겨 <금강 서:6>

위와 같은 예문에서의 '-ㄹ시'는 이제까지 [원인]의 의미와 관련하여 논의되어 왔지 [시간]의 의미와 관련하여 논의되지는 않았던 것으로 생각된다. 물론 (83)의 '-ㄹ시'는 [원인]의 의미로 해석이 된다. 그러나 한편으로는 [시간]의 의미와도 관련시켜 볼 수 있다. (83)의 예문을 '부처의 뜻을 알지 못할 때는 성인의 뜻을 새겨' 정도로 해석할 수 있는데 [시간]의 의미를 가지는 것으로 생각해 볼 수 있다. 이처럼 명사구 보문 구성으로도 연결 어미로도 해석이 가능한 것은 문법 형태화와 관련하여 중요한 의미를 지닌다. 이를 앞에서 '분화의 원리'로 설명한 바가 있다. 기원적인 통사적 구성과 그것의 결과물과의 중간적인 모습을 보이는 것들은 문법 형태화의 결정적인 증거가 되기 때문이다. 이를 통하여 '-ㄹ시'는 [[[-ㄹ]#ㅅ]+-이]의 통사적 구성이 문법 형태화하여 하나의 형성소가 된 것으로 생각해 볼 수 있다.

7.4 근대국어의 '-ㄹ시'

'-ㄹ시'는 근대국어에 들어서면서부터 그 분포가 줄어들기 시작한다. 17세기, 18세기, 19세기 각각의 시대마다 그 쓰임과 분포가 달라지는데, 시대별로 살펴보면 다음과 같다.

(84) ㄱ. 갑즈의 대비를 존하야 명녈 대왕 대비라 ㅎ옵고 경덕궁의셔 딘
　　　하진풍 뎡ㅎ올신 쏘호 모비롤 밧드와 샹슈ㅎ시다 <인조행:7ㄴ>
　　ㄴ. 샹이 챵경궁의 시어ㅎ오실신 어침과 금뎡이 호 곳도 조혼 고디
　　　업손디라 <인조행:547>

위의 (84)는 17세기 국어에서 보이는 '-ㄹ신'의 분포 양상이다. 17세기
에 들어서면, '-ㄹ신'는 매우 제한된 결합 양상을 보인다. '-숩-', '-시-' 와만
결합하는 양상이 나타나기 때문이다. 이처럼 그 결합이 제한된 양상을 보
이는 것은 '-ㄹ신'의 쓰임이 그만큼 축소되었음을 입증한다. 여기에는 연
결 어미 '-매'의 등장이 관련되어 있는 것으로 볼 수 있다. 17세기 들어서
면 '명사형 어미+원인의 처격 조사'인 '-오매'가 '오'의 소멸을 경험하면
서 연결 어미 '-매'로 굳어지기 때문이다.140)

　이러한 것은 문헌을 통해서 볼 수 있다.

(85) ㄱ. 내 혼 버디 쩌디여 올신 <번노걸상:1ㄴ>
　　ㄴ. 내 혼 벗이 이셔 쩌뎌 오매 <노언상:1ㄴ>
(86) ㄱ. 이러홀신 모든 사ㄹ미 노의여 말디 아니홀신 <번노걸상:149ㄱ>
　　ㄴ. 이런 젼ᄎ로 모든 사롬이 다시 말리디 아니ㅎ니 <노언상:144ㄴ>

위의 예는 전정례(1995:137)에서도 언급한 것으로, (85)에서는 두 문헌
의 비교에 의해서 16세기 국어의 '-ㄹ신'가 '-매'로 대치되어 있음을 알
수가 있다. (86)에서는 '이러홀신'가 '이런 젼ᄎ로'로 바뀌어 있다. 이처럼
'-ㄹ신'는 그 세력이 위축되고 다른 것으로 대치되어 쓰이게 된다.

　19세기에 들어서면, '-ㄹ신'는 의미가 [원인]보다는 [설명] 정도로 바뀌
게 되고, 그 쓰임도 급격히 줄어들게 된다. 다음은 '-ㄹ신'의 예이다.

---

140) 명사형 어미 '-옴'이 처격 조사 '-애' 결합한 것이 문법 형태화하여 연결 어미
　　'-매'가 형성되는데 이는 3. 8에서 자세히 살펴보게 될 것이다.

(87) ㄱ. 충이 옥에 잇셔 음식을 먹지 아니ᄒ고 <u>죽을시</u> 상셔ᄒ야 굴오디
　　　 <유필 1:31>
　　 ㄴ. 영묘겨오셔 이통망극ᄒ오시나 만브득이 그 쳐분을 ᄒ오시니 경
　　　 모궁 겨오셔도 <u>본실이오실시</u> 참 허물이 되오시지 <한중 6:542>

'-ㄹ시'는 19세기에 들어서면 '-ㄹ새', '-ㄹ세' 등으로 표기되기도 하는
데 '-ㄹ시'는 선어말 어미와의 결합이 급격히 줄어들게 된다. (87ㄴ)에서
볼 수 있는 '-오시-'가 유일한 예이다. 이처럼 결합하는 선어말 어미가 줄
어든 것은 연결 어미 '-ㄹ시'의 세력이 줄어든 데 그 원인이 있는 것으로
보인다.

그런데 무엇 때문에 연결 어미 '-ㄹ시'가 19세기에 급격히 감소했는지
를 생각해 보기로 한다. 이러한 감소를 무엇과 관련지어 설명해 볼 수 있
을까? 그 원인은 크게 두 가지로 나누어 볼 수 있을 것 같다. 하나는 '-ㄹ
ㅅ' 명사구 보문 구성의 소멸이다. 이 '-ㄹ ㅅ' 명사구 보문 구성은 이미 16
세기에 들어서면 그 세력이 크게 위축되기 시작한다. 그런데 이것은 '-ㄹ
시'의 세력이 급격히 취축하게 되는 것과 밀접한 관련을 지니는 것으로
볼 수 있다. 이처럼 '-ㄹ ㅅ' 명사구 보문 구성이 쇠퇴하는 것과 시기를
맞추어 '-옴' 명사형 어미가 발달하게 되고, 결정적으로 '-기' 명사형 어미
가 생기게 됨에 따라 '-ㄹ ㅅ'는 그 세력이 매우 약해지게 된다. 그리고
원인의 처격 조사 '-에'는 그 의미적 특수성 때문에 각각의 명사형 어미
와 결합하여 연결 어미를 생성해 내게 된다. '-매'와 '-기에'가 그것이다.
이처럼 '-매'와 '-기에'가 생성되자 '-ㄹ시'의 영역과 겹치게 되고 '-ㄹ시'는
그 영역이 이전과는 비교할 수 없을 정도로 축소된다. 이 점에 있어서는 '-
ㄴ데'가 현대국어에서도 살아남은 것과는 대조가 된다. 그런데 이 '-ㄴ데'
는 왜 소멸하지 않고 이제까지도 살아남을 수 있었는가? 이는 [배경]이나
[전제]라는 의미를 가진 때문으로 보인다. '-ㄴ데'가 [원인]을 주된 의미로
가지고 있었다면, '-ㄴ데'도 소멸하고 말았을지 모른다. 의미 영역이 겹친

다는 사실은 그런 점에서 연결 어미의 감소 또는 소멸과 밀접한 관련을 지닌다고 하겠다. 원인이나 이유에 해당하는 '-관대', '-란대' 등도 모두 의미의 겹침 때문에 소멸하지 않았는가 생각해 볼 수 있기 때문이다. 이 점에 있어서 '-옳뎬'처럼 가정의 의미를 가지는 연결 어미가 소멸한 원인을 추정해 볼 수 있을 것이다. 그러므로 어떤 신형이 생겨나고 그 신형이 의미의 영역이 겹치는 구형을 밀어내는 것은 언어의 생성 소멸과 관련하여 볼 때 관심을 가질 만하다. 체계 지배적인 유형의 강력한 지원을 받는 신형의 힘이 구형을 능가하고 있는 것이다.[141]

이는 '층위화의 원리'와 '특정화의 원리'에 관련시켜 볼 수 있다. [원인]의 의미를 가진 형태들이 '-ㄹ시, -매, 기에' 등 다양하게 공존하는 것은 층위화의 원리에 따른 것이다. 반면 같은 기능을 가진 것들이 특정 형태들만 남기고 사라지는데 이를 특정화의 원리에 적용시켜 볼 수 있다. 현대국어에서는 '-기에'가 주로 쓰이고 있다. 이러한 특정화의 원리에 의해 '-ㄹ시'는 그 세력이 약화되는 것이다.

7.5 향가의 '-ㄹ시'에 대한 반성

그동안 향가에 대한 논의에서 '-ㄹ시'가 존재한다고 보는 경우가 있었다. 김완진(1981), 서태룡(1997)이 대표적이라고 할 수 있다.

(88) 窟理叱大月兮 生以支所音物生[142] <안민가 4>

---

141) 여기서 말하는 '체계 지배적인 유형'은 공시적인 체계 속에서 지배적인 유형이 되는 것을 말한다.
142) 이에 대한 해독들을 살펴보면 다음과 같다.
    <김완진>   구릿 하눌 살이기 바라물쎄
    <小倉進平>   굴ㅅ댈 生으로 괼 바인 物生
    <양주동>   구믈ㅅ다히 살손 物生

위의 (88)에 대하여 김완진(1981:75)에서는 '所音物生'을 '바라몰씬'로 읽고 '-ㄹ씬'를 [이유]를 나타내는 연결 어미로 보았다. 그리고 서태룡 (1997:685)에서는 이를 근거로 [이유]의 연결 어미 '-ㄹ신'가 향가부터 현대국어까지 쓰이고 있다고 하였다.

그런데 이것은 다음과 같은 점을 고려한다면 문제가 있다. 첫째, 앞에서 살펴보았다시피, '-ㄹ신'는 음독 구결에 가서야 비로소 연결 어미라고 볼 수 있는 예가 나오는데, 석독 구결 시기의 공백을 설명하기가 곤란하다.143) 둘째, 연결 어미 '-ㄹ신'는 [[-ㄹ#ㅅ]+-이]의 명사구 보문 구성이 문법 형태화한 것인데, 원래의 기원적인 명사구 보문 구성이라 할 수 있는 '-ㄹ ㅅ'는 음독 구결 시대에 들어야 비로소 보인다.144) 그 이전이라고 할 수 있는 석독 구결 시대에는 '-ㄹ ㅅ' 구성이 보이지 않고 '-ㄴ ᄃᆞ', 'ㄹ ᄃᆞ' 구성만이 보인다는 점도 염두에 두어야 할 것이다. 그러므로 이와 같

<지헌영>   구슰ᄂ 잇실돌ᄂ
<김선기>   구린 깐 깔 나리디슘 믈생
<서재극>   구릿대홀 내히슘 믈生
<김준영>   구무릿더홀 사닝손 物生

143) 이 점에 관해서는 다소의 이견이 있을 수 있다. 학자에 따라서는 석독 구결 표기가 오히려 향가의 표기보다 고어를 반영하고 있다고 주장하기 때문이다. 이에 관해서는 앞으로 많은 고찰이 있어야 하리라고 본다.

144) 최남희(1996:177~180)에서는 향가에 의존 명사 'ㅅ'가 존재하는 것으로 보았다. 여기서 'ㅅ'를 표기한다고 보는 예는 모두 '孫'자가 쓰인 것이다. 이에 대하여 최남희(1996)는 '손'을 'ㅅ+오+ㄴ'으로 분석하고 의존 명사 'ㅅ'가 쓰인 것으로 보았다. 그러나 여기에는 문제가 있다. 우선 '오'를 설명할 수가 없다는 것이다. 이에 대하여 그는 "「ㅅ」는 매인이름씨가 확실하나 「오」는 형태소가 애매하다"고 하여 스스로도 형태 분석하기가 어려움을 실토하고 있다. 그러나 사실은 뒤에 나오는 'ㄴ'이 더 문제이다. 이 'ㄴ'은 보조사나 관형사형 어미로 보아야 하는데, 둘다 이상하다. 먼저 보조사로 보게 되면, 국어 문법사에서 보조사 앞에 '오'가 결합된 예가 찾아지지 않는다. 다음으로 관형사형 어미로 보는 것은 더욱 이상하다. 관형사형 어미 앞에 동사나 형용사가 오지 않고 명사가 오는 예는 국어 문법사에서 발견할 수 없기 때문이다.

은 문제가 해결되지 않으면 향가에 [이유]의 연결 어미 '-ㄹ싀'가 있다고
보기 어렵다.

여기에서는 연결 어미 '-ㄹ싀'가 형성되는 과정을 살펴보았다. 그 내용
을 대략 정리해 보면 다음과 같다.

첫째, '-ㄹ싀'가 처음 보이는 것은 음독 구결 자료인데, 이 자료에는 명
사구 보문 구성의 '-ㄹ싀'와 연결 어미 '-ㄹ싀' 둘다 나온다. 음독 구결의
명사구 보문 'ㅅㄴ土ㅋ'의 '土'에 대하여 기존의 연구에서 'ㅈ/져'로 보기도
하였는데, 이에 대하여 때를 나타내는 'ㅅ'가 15세기 국어부터 근대국어
자료에 발견되는 것에 힘입어 'ㅅ'로 읽어야 합리적이라고 설명하였다.

둘째, [[[-ㄹ]# ㅅ]+-의]의 명사구 보문 구성이 연결 어미화한 형성소
'-ㄹ싀'가 15세기 국어에서는 매우 활발하게 쓰이는 것을 살펴보았다. '-
시-', '-어시-', '-ᅀᆸ-', '-리-', '-ᅀᆸ-+-리-' 등 다양한 선어말어미와 결합하고
있었다. 이것은 '-ㄹ싀'가 15세기 국어에서는 하나의 연결 어미로 완전히
굳어져 있음을 보인다.

셋째, 근대국어에 들어서면서부터 '-ㄹ싀'는 그 쓰임이 급격히 줄어들
게 된다. 이처럼 세력이 줄어드는 것에 대하여 '-매', '-기에' 등 [이유]나
[원인]을 나타내는 다른 연결 어미가 발달한 데서 그 원인을 찾았다.

8. '-매'의 형성

8.1 문제 개괄

이 절에서는 연결 어미 '-매'가 형성되는 과정을 살펴보고, 이러한 '-매'
의 형성 과정이 국어 문법사에서 어떤 의의를 가질 수 있는지 생각해 보
기로 한다. 연결 어미 '-매'에 대해 기존의 연구에서는 대개 향가부터 존

재한 것으로 인식하였다. 그러나 이러한 견해의 타당성에 대해서는 문법 사적 입장에서 재고해 볼 필요가 있다. 연결 어미 '-매'의 형성 과정을 살펴보면 향가부터 '-매'가 존재했다고 보기 어렵기 때문이다.

이에 대한 고찰을 위해 여기에서는 우선 후기 중세국어나 근대국어의 문헌 자료를 정리하는 데 충실하기로 한다. 이를 바탕으로 연결 어미 '-매'의 형성과 관련된 여러 가지 사실들을 고찰하기로 한다. 그리고 이와 관련하여 차자 표기 자료에도 관심을 기울이게 된다. 이러한 작업은 '-매'의 형성 과정과 관련된 몇 가지 문법사적 의문들에 대한 해결의 토대를 제공할 것이다.

먼저 '-매'의 형성에 대해서 논의하기 전에 기존의 연구들을 두루 살펴보기로 한다. 이는 두 가지로 나누어 정리해 볼 수 있다. 하나는 향가의 '米'를 연결 어미 '-매'에 관련시켜 해독하는 태도에 관한 것이다. 다른 하나는 후기 중세국어 또는 근대국어에 대한 연구에서 '-매'를 어떻게 다루고 있는가 하는 것이다. 사실 이 두 가지가 깊이 연구된 적은 없다. 그러나 부분적으로 지적한 바가 있으므로, 이를 먼저 살펴보기로 한다.

우선 향가의 '米'에 대해서는 양주동(1965) 이래 '-매'로 보는 것이 일반화되었다. 양주동(1965)에서는 15세기 국어에 대한 지식을 바탕으로 향가의 '米'를 연결 어미 '-매'에 연결시켰다. 15세기 국어에 '-매'가 존재한다고 보고, 이는 향가에서부터 이어지는 것으로 판단한 것이다. 그리고 이러한 태도는 계속해서 후대의 향가 연구자들에게 영향을 미쳤다. 한편, 이기문(1972:77)에서는 향가의 '米'(-매)를 원인을 나타내는 부동사 어미로서 동명사 어미 '-ㅁ'과 처격 어미가 화석화한 것으로 보고 있다. 그리고 이러한 견해는 최근의 서태룡(1997:675)까지 널리 받아들여져 왔다. 그러나 여기서 의문이 남는 것은 15세기 국어에서는 '-오매'가 보일 뿐 '-매'는 17세기 국어에 들어서야 비로소 보인다는 사실이다. 향가에서 원인의 연결 어미 '-매'를 인정한다면, 결과적으로 '-매>-오매>-매'의 문법사적 변화를 인정해야 한다는 점에서 문제가 생긴다. 이러한 변화의 틀에서는 '오'가 결합되었다가 소멸되는 과정에 대한 설명이 어렵기 때문이다.

'-매'의 형성 과정이나 문법사적 의의에 대하여 본격적으로 논의한 것은 아니지만 향가의 '米'를 연결 어미 '-매'로 보는 것에 대하여 문제를 제기한 논의로는 박창원(1995), 이현희(1996), 유창균(1997) 등을 들 수가 있다. 박창원(1995)에서는 '제망매가'에 나오는 '米'를 연결 어미 '-매'가 아니라 부사 '매'로 보고 있다. 15세기 국어에서는 반드시 '-오매'로 나타난다는 것에 초점을 맞춘 결과이다. 이현희(1996)에서는 '-매'는 근대국어에 들어야 비로소 어미가 되는 것으로 파악하고 '제망매가'의 '米'를 '-ㅁ+-애' 구성으로 파악하였다. 유창균(1997)에서는 그 당시 '米'의 한자음을 근거로 들어 '-매'로 읽을 수 없음을 밝히고 '-며'로 해독해야 할 것으로 보고 있다.

15세기 공시적인 틀 속에서 '-오매'를 연결 어미로 분석한 것으로는 대표적으로 리의도(1990:30)를 들 수 있다. 여기에서는 '-오매'를 명사형 어미 「-오+ㅁ」에 처격 조사 「-애」가 녹아붙어 이루어진 것으로 보고 있다. '-오매'의 형성을 '-옴+-애'로 보았다는 점에서 '-ㅁ+-애'로 본 이기문 (1972)과는 다르다. '-매'는 '-오매'에서 '오'가 소멸해서 생긴 것으로 파악하고 있다.

그리고 이와 관련하여 살펴볼 것으로는 명사형 어미 '-옴'의 기원에 관한 것이다. 이에 대한 연구는 그동안 치밀하게 이루어진 바가 없다고 하여도 과언이 아니다. 이기문(1972), 홍종선(1986) 등에서는 '-ㅁ'을 원시 국어에서부터 보이는 것으로 파악하였다. 그러나 이는 기능에 대한 정확한 파악을 토대로 한 것이 아니라 언어의 형식인 음성에 이끌린 결과로 보인다. 사실 엄밀한 의미에서의 명사형 어미는 15세기 문헌 자료에 가서야 처음 발견되기 때문이다. 명사형 어미 '-ㅁ'이 실제 문헌에서는 언제부터 보이는가도 고찰의 대상이 된다.

그렇다면, '-매'가 '-옴+-애'의 결합형에서 왔다는 사실이 문법사적으로 어떤 의미를 가질 수 있는지 생각해 볼 필요가 있다. '-매'가 15세기 국어의 '-옴+-애'가 문법 형태화한 '-오매'에서 왔다고 본다면, 향가에 존재한다고 본 '-매'는 잘못된 해독이 될 것이기 때문이다. '-옴'은 향가에서는 보이지 않는데 '-옴'이 형성되지 않은 상태에서 '-매'가 존재한다는 것은 있을 수 없는 일이라고 하겠다. 그러므로 '-옴'이 어느 시기부터 보이는가는 중요한 의미를 지닌다고 하겠다.

본고에서는 이러한 사실에 유의하여 다음과 같은 두 가지에 관심을 가지기로 한다. 첫째, 연결 어미 '-매'가 어느 시기에 어떠한 과정을 거쳐서 형성되었는가 하는 점이다. 이 연결 어미가 명사형 어미와 처격 조사의 결합이 문법 형태화하여 이루어졌다고 보는 점에서는 기존의 논의에서 벗어나지 않는다. 그런데 이와 관련해서는 어미화의 시기에 관심을 갖는다. 아직까지 어미화의 시기에 관해서는 본격적으로 다루어진 바가 없는 것으로 보인다.[145] 둘째, 이러한 '-매'의 형성 시기가 국어 문법사에서 어떤 의미를 가지는가 하는 점이다. 이는 '-매'의 형성 시기와 밀접한 관련을 지니고 있다. '-매'가 연결 어미로 확실하게 굳어진 것이 후기 중세국어나 근대국어라고 한다면, 향가에서 그동안 연결 어미 '-매'로 해독되었던 것들이 타당성을 가질 수 있는지 다시 생각해 보아야 한다.

그런데 이에 대해서는 우선 다음의 두 가지를 살펴볼 필요가 있다. 첫째, 향가를 제외한 이두나 구결 자료에도 '-매'를 표기한다고 보이는 다른

---

145) 그런데 여기서 시기 문제는 매우 중요하다. 이기문(1972:77)처럼 향가의 '米'를 이미 어미화가 이루어진 것으로 보면 국어에서 '-매'는 향가 이전에 이미 문법 형태화를 경험한 것으로 파악해야 한다. 그리고 이 형태는 '-ㅁ+-애'에서 온 것으로 보아야 한다. 이 경우 후기 중세국어에 보이는 '-오매'의 '오'는 향가 이후에 결합한 것으로 해석해야 할 것이다. 후기 중세국어나 근대국어의 시기에 어미화가 일어났다고 보는 입장에서는 이 '-매'를 '-옴+-애'에서 온 것으로 본다. '오'를 필수적으로 요구하는 '-옴'에 처격 조사 '-애'가 결합했다고 보는 것이다. 이 경우 '-오매'는 '오'의 소멸 과정을 거치고 '-매'가 된다.

예가 존재하느냐는 것이다. 이는 문법사의 연속성과 관련된 것이다. 문법 사에서는 어떤 문법 형태가 서서히 생성되거나 소멸될 뿐 어느 시기에 갑자기 생겨난다든가 사라진다든가 하지는 않는다. 둘째, 후기 중세국어 이전의 문헌에 명사형 어미 '-옴'과 관련지어 볼 수 있는 예가 존재하는 가 하는 점이다. 본고에서는 이러한 것들에 대한 논의를 바탕으로 향가에 '-매'가 존재한다고 보기 어려운 이유를 제시하기로 한다.

8.2 '-오매'의 형성

8.2.1 후기 중세국어의 '-오매'

후기 중세국어의 '-오매'에는 엄밀하게 보면 두 가지가 있다. 하나는 명사형 어미 '-옴'+처격 조사 '-애'의 결합이 그것이고, 다른 하나는 연결 어미처럼 해석이 가능한 '-오매'이다. 논의의 편의상 먼저 전자를 살펴보 기로 한다.

(89) ᄀᆞᄅ미 어위니 雲霧ㅣ 조차 잇고/樓ㅣ 외ᄅ외니 나죗 <u>개요매</u> 브텃 도다 <두시초 14:14ㄱ~ㄴ>

(90) ㄱ. 意識은 <u>ᄉᆞ랑호매</u> 나고 意根은 法塵에 나ᄂᆞ니 <능엄 3:57ㄴ>
ㄴ. 意識ㄱ 發於所思ㅁ 意根ㄱ 生於法塵ᄼᄂᆞ ᄒ <기림능 3:25ㄱ>

(89)의 예문은 명사형 어미 '-함'+처격 조사 '-애'의 결합으로 보는 것 이 좋다. 여기서의 '-애'가 처격 조사 '-애'로 해석될 수 있는 중요한 이유 는 뒤에 오는 동사 '븥-'에 있다. '븥-'은 처격을 지배할 수 있는 동사이기 때문이다. 또한 연결 어미라면 두 개의 주어 서술어 관계를 요구해야 하 는데도 이러한 관계를 발견할 수 없다는 점도 고려해야 할 것이다. 만약 '-오매'를 연결 어미로 본다면, 동사 '개-'가 서술어가 되어야 하는데, 동 사 '개-'의 주어를 찾을 수가 없을 것이기 때문이다.[146)]

(90)의 예문도 (89)와 같은 구성을 가지는 예이다. 여기에서는 조선초기

음독 구결 자료인 기림사본 능엄경과의 비교를 통하여 그 구성을 더욱 확실히 알 수 있다. '發於所思'의 '於'는 '-에', '-에서', '-보다'의 뜻을 가진 어조사라는 점을 염두에 둘 필요가 있다. 예문 (90)의 동사 '나-' 역시도 처격을 지배할 수 있는 동사이다.

이처럼 명사형 어미 '-옴'+처격 조사 '-애'의 결합으로 보이는 '-오매'는 본고에서 논의하고자 하는 것과는 다소 거리가 있다. 본고에서 다루고자 하는 것은 아래와 같은 예문의 '-오매'이다.

> (91) ㄱ. 祥瑞 아닌 氣分이 <u>現호매</u> 오직 災異 잇는 짜히사 보민
>   <간경도감본 능엄경 2:86ㄴ>
> ㄴ. <u>不祥氣現亠入ㄱ</u> 唯災地氵 見之ソヒヒ
>   <기림사본 능엄경 2:36ㄱ:6>

예문 (91)은 "(땅에서) 상서롭지 않은 기운이 나타나(나타남에) (그 나라 중생이) 오직 재앙이 있는 땅만 봄은" 정도로 해석해 볼 수 있다. 여기서의 '-오매'는 원인의 연결 어미처럼 해석될 가능성이 없지 않다. '-오매'를 연결 어미처럼 해석해 볼 수 근거로는 다음과 같은 것들이 있다. 첫째, (3ㄴ)에서는 '-오매'에 해당하는 구결자로 '-亠入ㄱ'이 대응되어 있다.[147] 이 '-亠入ㄱ'의 '-入ㄱ'은 음독 구결에서 연결 어미로 쓰이는 것으로, 이 구결을 단 사람은 이 부분을 연결 어미가 와야 할 자리로 파악했다는 것을 알 수 있다. 둘째, 여기서의 '-오매'는 [원인]의 의미를 가지고 있다. 셋째, 두 개의 주어-서술어 관계를 이루고 있다.

이러한 세 가지 이유 때문에 이 문장에서의 '-오매'는 연결 어미로 해석 받을 가능성을 지니게 된다고 하겠다. 여기서의 '-오매'를 하나의 형성소로 설정하기는 어렵다. 첫째, '-오매'에 해당하는 구결자로 '-亠入ㄱ'이

---

146) 이 경우는 물론 주어가 생략되는 경우와는 다르다.

147) 음독 구결의 '-亠入ㄱ'은 '-亠-'와 '-入ㄱ'으로 분석된다.

대응되어 있다고 해서 그것이 연결 어미로 해석해야 할 절대적인 근거가 될 수 없다. 둘째, 현대국어와 마찬가지로 15세기 국어의 처격 조사 '-애'도 [원인]의 의미를 가지고 있으므로,[148] '-오매'를 하나의 연결 어미로 설정할 근거가 될 수 없다. 셋째, 두 개의 서술어 관계는 내포문을 가진 '-오매(-옴+-애)'에서도 발견되는 것이다.[149]

그러나 '-오매'가 연결 어미처럼 해석 받을 가능성을 지니고 있다는 사실은 중요한 의미를 지닌다. 이러한 사실은 '-오매'가 연결 어미로 발달할 수 있는 소성(素性)을 지니고 있다는 사실을 잘 보여 주고 있기 때문이다. 이처럼 연결 어미로 해석 받을 가능성을 지니고 있었기 때문에 언중에게 하나의 문법 단위로 인식되고 이것이 어미화하게 된 것으로 생각해 볼 수 있다.[150]

다음에서는 음운론적 교체를 반영하는 '-우메'의 예를 들어보기로 한다.

(92) 훈번 브서(브어) 머구메 즈믄 시르미 흗느다 <두시초 10:16ㄴ>

위의 예문은 "한번 부어서 마시니(마심에) 천 가지 시름이 흩어진다(사라진다)" 정도로 해석해 볼 수 있을 것이다. 이때 '-우메'도 연결 어미처럼 해석해 볼 수 있다. (92)를 연결 어미처럼 해석할 수 있는 근거는 (91)과 유사하므로 반복하지 않기로 한다. 결과적으로 '-오매'와 '-우메'가 모두 연결 어미처럼 해석될 가능성을 지니고 있다.

그러나 앞에서도 언급했지만, 후기 중세국어에서 '-오매'가 언중들에게 확연하게 연결 어미로 인식되었던 것으로는 보이지 않는다. 그것은 앞의

---

148) 처격 조사 '애'가 원인의 의미를 가지는 것을 보여 주는 대표적인 예문으로는 '불휘 기픈 남근 바르매 아니 뮐써<용가 2장>'를 들 수 있다.

149) 이 세 가지 논의는 전적으로 장윤희(1999:60)에 의존한 것이다.

150) 이를 앞에서 논의한 분화의 원리와 관련시키기는 어렵다. 분화의 원리는 이미 문법 형태화한 것들과 관련된 원리인데, '-오매'는 문법 형태화한 것으로 보기 어려운 것이기 때문이다.

'-오매'에 대한 논의 이외에도 다음과 같은 두 가지를 고려한 때문이다. 첫째, 선어말 어미와 결합하는 양상이 매우 제한되어 있다. 둘째, '-오매'는 '-우메'와 음운론적 교체를 보인다.

먼저 15세기 국어에서 '-오매'가 선어말 어미와 결합하는 양상을 살펴보기로 한다.

(93) ㄱ. 훈 구룺 비예 大千이 너비 흐웍호ᄆᆞ 훈 소리로 秘密히 불기샤매
     大小ㅣ 골오 닙ᄉ봇몰 가줄비시니라 <월석 13:46>
   ㄴ. 부텻 知見 여르샤 一大事 불기샤매 體 셰시논 法이 ᄒᆞ마 ᄀᆞᆺ
     실ᄊᆡ <法華經 6:118>

15세기 국어의 '-오매'와 결합하는 선어말 어미로는 유일하게 주체 존대의 '-샤'가 있을 뿐이다.151) 이처럼 '-오매'와 결합할 수 있는 선어말 어미의 분포가 적은 것은 '-오매'가 '-옴+-애'로 인식되었을 뿐 하나의 문법 형태로 인식되지 않았음을 잘 보여 준다. 이것은 후대의 '-매'와 비교될 수 있는데, 후대의 '-매'는 비교적 다양한 선어말 어미와의 결합을 보여 주게 된다.

둘째, '-오매'는 '-우메'로도 나타나는데 이처럼 음운론적 교체를 반영하는 것은 아직도 처격 조사의 기능이 살아 있음을 보이는 것이다. 이것

---

151) '어시'와의 결합도 보인다. 이 경우에 '시'는 '-오/우-'와 만나 '쇼/슈'로 축약된다. 그러나 여기서는 '-어시-'를 하나의 문법 형태로 설정해야 하는지가 문제가 된다. 15세기 국어의 '-어시-'를 하나의 형태소로 설정해야 하는지는 통사적, 의미적으로 적지 않은 문제가 있다고 본다. 여기서의 '-어시-'는 기원적으로 완결의 '-어'와 존재의 '시-'가 결합하여 이루어진 것이다. 이 '-어시-'는 '-어 잇-', '-엣-' 등 현대국어의 '-었-'과 관련이 있는 형태들과 관련하여 다루어질 필요가 있는데, 아직까지 깊이 논의된 바가 없었다. 이에 대한 자세한 연구는 후고를 기대해 본다. 만약 '-어시-'를 과거를 나타내는 하나의 문법 형태로 설정할 수만 있다면, '-오매'와 결합 양상을 보이는 문법 형태에 넣을 수 있을 것이다.

도 후대의 경향과 관련하여 논의될 필요가 있다. 17세기에 들면, '-매'는 모음조화를 반영하지 않는다. '-매'와 '-메'로 교체를 보이는 법이 없다. '-매'로 통일되어 가는 것이다. 이것은 처격 조사가 '-에'로 통일되어 가는 것과 대비된다. 이는 '-매'를 하나의 연결 어미로 인식하려는 언중의 태도와 관련된다고 하겠다. 그럼에도 불구하고 연결 어미처럼 쓰이는 '-오매'의 예들을 어떻게 처리해야 하는지는 여전히 문제가 된다.

그런데 부사격 조사 '-애'가 그 쓰임을 확대하여 원인의 의미도 가진다는 것을 생각하면 사정이 달라질 수 있다. 이를 고려하면 '-오매'를 연결 어미로 보지 않고 명사형 어미 '-옴'에 원인의 부사격조사 '-애'가 합한 것으로 처리할 수 있기 때문이다. 15세기 문헌에 나오는 '-오매'가 모두 이러한 방법으로 처리 가능하기도 하다. 그러므로 15세기의 공시적인 체계를 고려할 때는 '-오매'를 모두 형성소 '-옴'+ 형성소 '-애'로 보는 것이 무난하다.

사실 여기에서 관심을 가져야 할 것은 무엇 때문에 '명사형 어미+처격 조사'의 결합인 '-오매'가 연결 어미처럼 해석이 가능한가 하는 점이다. 이에 대해 본고에서는 이러한 것들이 문법 형태화의 양상을 설명해 준다고 본다. 문법 형태화의 초기 단계에서는 범주 구분의 문제가 생기는 것이 일반적이기 때문이다.[152] 이러한 사실들은 '-옴'+'-애'가 문법 형태화할 가능성을 가지고 있었다는 것을 설명하는 데 도움을 준다는 점에서 의미가 있다. 많은 학자들이 15세기 국어에서 '-오매'를 하나의 연결 어미로 설정하지 않은 것은 이를 고려한 때문으로 보인다. 리의도(1990)처럼

---

152) 여기에 속하는 가장 대표적인 예로는 '-어 잇-'>'-엣-'>'-엇-'의 변화를 들 수 가 있다. 후기 중세국어 시기에 보이는 '-엣-'이 많은 논란의 여지를 제공했다. '-엣-'을 과거의 문법 형태로 보아야 할 것인가가 국어 문법사에서 논란의 초점이었다. 이는 문법사에서 하나의 형태는 순간에 이루어지는 것이 아니라 일정 시기 동안 과도기를 거치면서 이루어지는 것이라는 사실을 잘 보여 주고 있다.

'-오매'를 연결 어미로 설정한 경우에도 다른 설명이 필요한 것은 이때문
일 것이다. 리의도(1990:30)에서는 "「-오매」는 이름법의 씨끝 형식 「-오+
ㅁ」에 위치 자리토씨 「-애」가 녹아붙어 이루어진 것이다. 그러므로 보기
에 따라서는 아직도 그러한 뜻으로 해석해도 큰 무리는 없어 보인다"고
하고 있다. 이러한 사실들은 모두가 아직 '-오매'가 하나의 연결 어미로
굳어지지는 않았지만 하나의 연결 어미가 될 수 있는 소성을 지녔기 때
문에 생기는 과도기적 성격에서 그 원인을 찾을 수 있는 것으로 보인
다.153)

8.2.2 근대국어의 '-매'

그러면 '-오매'가 확실하게 하나의 형성소인 연결 어미로서 자리를 잡
은 것은 언제인가? 이 점에 있어서 논증이 가능한 시기는 17세기로 생각
해 볼 수 있다. 17세기에 들면, '-오매'의 '오'는 소멸하고 '-매'만이 남게
된다.154)

---

153) 그런데 '-옴'의 형태 분석에 대해서 생각해 볼 필요가 있다. '-오-'와 '-ㅁ'으
로 형태 분석해 볼 수 있느냐는 것이다. 이에 대해서는 두 가지 입장이 존재
한다. 하나는 분석할 수 있다는 입장이고, 다른 하나는 분석할 수 없다는 입
장이다. 전자의 입장을 취하는 대표적인 논의로는 전정례(1995)가 있다. 여기
에서는 15세기 국어 '-옴'의 '-오-'가 '명사구 내포문 표지'의 기능을 가지고
있으므로, '-오-'와 '-ㅁ'으로 분석해 볼 수 있다고 하였다. 그러나 15세기 국
어의 '-오-'가 '명사구 내포문 표지'의 기능을 가지고 있는지는 의문이다. '-
기'나 '-디' 등 같은 통사적 기능을 수행하는 것들에서는 '-오-'와 결합하지
않고 있기 때문이다. 이에 대한 설명을 할 수 없다면 전자는 타당성을 가지
기 어렵다. 후자에 속하는 논의로는 고영근(1987=1997), 김영욱(1995)가 있
다. 이 논의들에서는 계열 관계와 통합 관계를 고려하여 '-옴'을 하나의 형태
소로 본다. 15세기 국어 공시태에서 '오'가 결여된 '홈'이 나타나지 않기 때
문이다. 또한 선어말 어미로 나타나는 '-오-'와 '-옴-'의 '오'가 그 기능이 같
지 않다는 점도 고려한 것이다. 본고의 논의에 따르면, '-옴'은 하나의 형성소
로 구성소의 영역에서는 '-오'와 '-ㅁ'으로 나뉘게 된다. 구성소의 영역에서 '-
오-'를 분석하게 되는 것은 음운론적 실현 방식과 관련이 있다.

다음은 '-오매'의 '오'가 소멸했음을 보여 주는 예들이다.

(94) ㄱ. 술도 잘 홀 쑨 아니라 글 잘 ㅎ매 朝廷으로셔도 書契마다 보시
고 <첩신 3:12>
ㄴ. 하 두려 울매 쓰디 아니ㅎ고 침만 주워 이시니 <현풍 곽씨 언간
72>
ㄷ. 病中의 귀ㅎ 약을 만히 주시매 덕분의 먹습고 <첩신 3:3>
ㄹ. 손님네 홈끠 가쟈 ㅎ고 잡고 노치 아니호매 몬 가니
<현풍 곽씨 언간 112>

(94)의 예문에서는, 17세기 국어에 들어서면서, '-오매'의 '오'가 거의
소멸된 것을 볼 수가 있다. '오'가 소멸되지 않았다면, (94ㄱ, ㄴ, ㄷ)은 각
각 '호매', 우로매, 주사매'로 실현되었을 예들이다. 다만 '호매'의 경우에
는 '오'가 남아 있는 예들이 적은 수이지만 발견되기도 한다.[155] 그렇지
만 이처럼 (94ㄹ)처럼 '호매'로 실현되는 예를 빼고는 '오매'의 '오'가 남
아 있는 것으로 볼 수 있는 예는 발견되지 않는 것으로 생각된다.
다음과 같은 예는 17세기에 들어서면서 '-매'가 하나의 연결 어미로 자
리를 잡아가고 있음을 잘 보여 주고 있다.

(95) ㄱ. 내 훈 버디 뻐디여 올시 내 길 조차 날회여 녀 기들워 오노라 ㅎ
니 <번노걸상:1ㄴ>
ㄴ. 내 훈 벗이 이셔 뻐뎌 오매 내 길흘 조차 날호여 녜여 기드려 오
노라ㅎ니 <노언상:1ㄴ>

---

154) '-오매'에서 '오'가 소멸하는 것은 '오'가 공구성소가 되기 때문이다. 앞에서
도 논의했지만 공구성소는 소멸하게 된다. '-오매'에서 '오'가 소멸하는 것에
대해서는 큰 의미를 두지 않는다. '오'의 손실은 '-오매'에서만 일어나는 것
이 아니기 때문이다.
155) 선어말 어미 '-오-'의 전반적인 변화 양상에 대해서는 정재영(1997ㄴ)을 참조

위의 예는 전정례(1995:137)에서도 언급한 것으로, 두 문헌의 비교에 의해서 '-매'가 하나의 연결 어미로 기능함을 잘 알 수 있다. '-매'는 '-ㄹ시'처럼 [원인]을 나타내는 어미로 기능하고 있는 것이다. 그러나 이처럼 문헌들을 단순 비교함에 의해서 원인의 '-ㄹ시'가 나타나는 자리에 '-매'가 나타났다고 하여 '-매'를 연결 어미라고 결론을 내리는 것은 성급하다. 이보다는 몇 가지 증거들에 의해서 논증을 하는 작업이 필요하다. 선어말 어미와의 결합 양상이나 형태적 특징 등을 고려해 볼 필요가 있다.

이에 대해서는 다음과 같은 세 가지를 문법 형태화의 근거로 들어볼 수가 있다. 첫째, '-매'는 비교적 다양한 선어말 어미들과 결합하는 양상을 보이게 된다. 둘째, '-매'는 모음조화에서 완전히 벗어나 있다. 셋째, 처격 조사가 후대에 '-에'로 통일되어 가는 일반적인 경향과 달리 '-매'로 통일되어 쓰이게 된다.156)

다음은 '-매'가 다른 선어말 어미들과 결합을 보이는 예들이다.

(96) ㄱ. 밧쯔로셔 연구 잇다 <u>호시매</u> 몰 가오니 우연 흐운히 너기옵시링 쌰 <현풍 곽씨 언간 154>
   ㄴ. 쇼인네는 본디 못 먹습건마는 감격호<u>오매</u> 먹기를 과히 호엿ᄉ오 니 그만호야 마르쇼셔 <첩신 2:6>
   ㄷ. 광히 적의 원뢰 덕업과 위망이 놉ᄉ<u>오시매</u> 싀긔호미 심혼 디라 <인조행 3ㄱ>

위의 예문에서 보면, 17세기 국어의 '-매'는 선어말 어미 '-시-', '-습-' 등과의 결합 양상을 보여 주고 있다. 후기 중세국어의 문헌에서는 '-시-' 와 결합하는 예만을 보였는데, 17세기 국어 문헌에서는 비교적 다양한 선어

---

156) '-오매'에서 '오'의 소멸은 16세기부터 일어나기 시작한다. 이것이 연결 어미 '-매'의 형성과 관련이 있는지의 여부는 본고에서 밝히기 어렵다. 이것은 '오' 를 필수적으로 요구하는 '-오디, -옴, '-오려, -오마' 등의 어미와 같이 연구되 어야 할 것이기 때문이다. 이는 후일의 과제로 미룬다.

말 어미와의 결합을 보여 주고 있는 것이다. 특히 (96ㄷ)은 '-습시-'가 '-매'와 결합한 예인데, 이는 '-매'가 연결 어미로 확실히 굳어졌음을 잘 보여 주고 있다. 15세기 국어의 '-옴'이 '-습-', '-습시-'와 결합한 예는 발견되지 않기 때문이다.

다음의 예에서는 '-매'가 모음조화를 반영하지 않는다는 것을 볼 수 있다.

> (97) ㄱ. 대임이는 오늘 쓰려 쓰는 냥반을 다 청ᄒ여 왓더니 하 두려 울매 쓰디 아니ᄒ고 침만 주워 이시니 <현풍 곽씨 언간 72>
>
> ㄴ. 나리 하 치우매 바회 어믈 바ᄃ러 갓습다가 오더 아무것도 업더라 <현풍 곽씨 언간 84>
>
> ㄷ. 몸애 <현풍 곽씨 언간 6>, 유무에 <현풍 곽씨 언간 88>, 진지예 <현풍 곽씨 언간 86>

(97ㄱ, ㄴ)에서 보면, 후기 중세국어와는 달리 '-매'는 앞 음절의 모음이 양성, 음성인 것을 가리지 않고, 모두 '-매'로 실현되고 있다. 후기 중세국어에서는 '-메'로 실현되기도 하였던 것과는 그 양상이 사뭇 다르다. (97ㄷ)의 예는 17세기 국어의 처격 조사가 양성, 음성, ㅣ 모음에 따른 모음조화의 양상을 반영하고 있는 예이다. 이처럼 '-매'로 통일되어 가는 과정은 '-매'가 언중들에게 하나의 문법 형태로 인식되었음을 반영하는 것이라고 하겠다.

다음은 18세기 국어의 예이다.

> (98) ㄱ. 인셩이 이에 니르매 엇지 불샹치 아니리오 <윤음호서:3>
>
> ㄴ. 대비의 념불 공뷔 하 거룩ᄒ시매 극낙국에 가 나시미로쇠다 <염불홍:26ㄱ>
>
> ㄷ. 경신록이라 홈은 … 말ᄉᆞᆷ과 일을 긔록ᄒᆫ 췩이오매 공경ᄒ고 미드라 ᄒ미니 <경신 서:1ㄱ>
>
> ㄹ. 내 中國人 사ᄅᆞᆷ의게 글을 빈화시매 이러므로 져기 한말을 아노라 <중노해:2ㄱ>

ㅁ. 졍토엔 <염불홍:7ㄴ>, 나죠앤 <염불홍:8ㄱ>, 이엔 <염불홍:4ㄴ>

(98)에서 보면, 18세기의 '-매'는 17세기의 '-매'와 크게 다르지 않은 것으로 보인다. '-시-', '-습-' 등 선어말 어미와 결합하는 양상이 17세기와 크게 다르지 않다. 다만 '-습-', '-시-'가 17세기와는 달리 '-매'와 동시에 결합하는 경우는 보이지 않는다. 또한 (98ㅁ)에서 볼 수 있듯이 처격 조사는 음운론적 조건에 따라 '-에, 애, 예'로 나타나고 있다. 이도 17세기의 상황과 크게 다르지 않다.

근대국어에서는 '-에, 애, 예'가 '-에'가 통일되어 가는 양상을 보인다. 다음은 19세기 국어 자료인 『셩경직히』의 예이다.

(99) 바람에 <1:2>, 구유에 <1:5>, 이에 <1:16>, 곳에 <1:20>

이처럼 19세기 국어의 문헌 자료에서 보면, 양성, 음성, ㅣ모음에 상관없이 처격 조사는 '-에'로 통일되었음을 알 수가 있다. 이것은 '-메/매'가 '매'로 통일되어 나가는 것과는 그 방향이 다르다. 이도 또한 '-매'의 문법 형태화에 대한 언중들의 인식을 반영한다고 하겠다.

이를 바탕으로 17세기에는 '-매'가 연결 어미로 굳어졌을 것이라고 추측해 볼 수가 있다. 그런데 여기서 한 가지 확실히 해 두고 넘어가야 할 것이 있다. 연결 어미 '-매'가 형성된 시기를 언제로 볼 수 있느냐는 것이다. 이는 앞의 결과를 정리해 볼 때, 대략 15세기 중엽부터 17세기초에 이르는 사이라고 할 수 있을 것이다. 기실 언어의 변화는 점진적인 것이기 때문에 천천히 일어나는 것이다.

그런데 본고에서 이러한 사실을 새삼 강조하는 것은 다음에서 논의할 것과 관련을 지닌다. 이는 향가의 해독과 관련된 것이다. 많은 해독에서 우리는 향가의 '米'를 '매'로 읽고, 이 중의 몇을 연결 어미 '-매'에 연관시킨다는 것을 잘 알고 있기 때문이다.

8.3 15세기 이전의 자료에 나타나는 '-매'에 대한 반성

앞에서 연결 어미 '-매'는 '-오매'에서 '오'가 소멸하여 이루어졌다는 것을 살펴보았다. 그리고 연결 어미 '-매'는 대략 17세기초에 연결 어미로 굳어졌을 것이라고 추측해 보았다. 그렇다면 향가에 나오는 '米'를 연결 어미 '-매'로 해독하는 것은 문제가 있을 것이다.

8.3.1 구결 자료에 나타나는 '-음-'

구결 자료에서는 '-매'를 표기하는 것으로 보이는 구결자가 현재 발견된 고려시대 석독 구결과 음독 구결 자료에서는 발견되지 않는다. 이러한 상황에서 향가에 '-매'가 존재한다고 생각하기는 어렵다. 전기 중세국어 시기에 보이는 공백기를 설명하기 어렵기 때문이다. 한때 존재하던 문법 형태가 수 세기 동안 발견되지 않다가 갑자기 보인다는 것은 문법사에서 이상하다. 더욱이 엄격한 의미에서의 명사형 어미 '-옴'은 15세기에 처음으로 보인다는 사실을 주목해야 한다. 이것을 표기했다고 보이는 예가 향가나 석독 구결에는 보이지 않는다는 사실도 유의할 필요가 있다. 또한 이두 자료에도 명사형 어미 '-옴'을 표기한 예는 보이지 않는다.

아래의 예들은 구결에서 명사형 어미 '-옴-'과 관련이 있을 것으로 언급되었던 예이다.

(100) ㄱ. 唯ハ 佛人 與七 佛人リ二氵 乃氵 斯リ 事乚 <u>知二立七丨</u> <구인 11:23~24>

ㄴ. 菩薩リ 成佛ソ厶𠃍ヒ七 時十 煩惱乚 以3 菩提 <u>爲氵ナ立七丨</u> <구인 15:18~19>

ㄷ. 吾𠃍 今ソ𠃍 先3 諸𠃍 菩薩 爲氵立 佛果乚 護ノ令七 因緣⺀ 十地七 行乚 護ノ令七 因緣⺀ノ乚 <u>說白ろ立七丨</u> <구인 3:18~19>

ㄹ. 一切菩薩𠃍 阿耨多羅三藐三菩提3十𠃍 退 <u>不冬ソヒ立七丨</u>

<금광 13:23>

위의 예문들에는 '-ㅎㅌ-'이 나타나고 있다. 여기서의 'ㅎ'은 '-음'으로 읽히기 때문에 명사형 어미 '-옴-'과의 관련성이 언급되기도 하였다.[157] 그러나 이것은 선어말 어미의 일부로 보아야 합리적이다. '-ㅎㅌ-'의 '-ㅎ'은 반드시 'ㅌ'과 같이 나타나야 할 뿐만 아니라, '-ㅎㅌ-'의 앞에는 동사 어간이나 선어말 어미가 나오고 뒤에는 어말 어미가 나오기 때문이다. 위에서 보면, '-ㅎㅌ-'의 앞에 올 수 있는 선어말 어미로는 '-ナ-', '-ㅌ-', '-ろ-' 등이 다양하게 존재한다. 그리고 '-ㅎㅌ-'이 '-ろ-'와 통합할 때에는 1인칭 주어와 일치한다는 점에서 후기 중세국어 '-옴'의 '오'와는 차이가 있다. 이때의 '오'는 일치의 기능을 가지고 있지 않기 때문이다. 그러므로 'ㅎ'은 명사형 어미가 아니라, 당위나 가망의 선어말 어미 '-ㅎㅌ-'의 일부로 보아야 합리적일 것이다.

다음은 다른 예들이다.

(101) ㄱ. 復ソ1 他方セ 量ノㅎ {可}セソ1 不矢リㅌセ 衆 有セナ今 <구인 2:1~2>

ㄴ. 若セ 言ニ尸 無セ丨ソニろ矛尸の1{者} 智1 二リㅎ {應}セソ1 不矢リロしか 若セ 言ニ尸 有セ丨ソニロ矛尸の1{者} 智1 一リㅎ應セソ1 不矢ろ丨 <구인 14:18~19>

(101)은 일련의 논의에서 후기 중세국어 명사형 어미 '-옴-'과 관련성이 있을 것으로 추측되었던 예들이다.[158] 이승재(1995ㄱ)에서는 다음과 같은

---

157) 남풍현(1993)에서는 이 '-ㅎㅌ-'과 '-ㅎ[應]ㅌ-'은 둘 다 '마땅하-'와 관계가 있는 것으로 파악하였다. '-ㅎ[應]ㅌ-'의 '應'을 부독자(不讀字)로 처리함으로써 두 의미가 같다고 보았기 때문이다. 본고에서는 석독 구결 전반을 고려할 때, 남풍현(1993)의 견해가 매우 근거가 있다고 본다.

158) 이 견해를 취하는 논의에서는 대부분 'ノㅎ[可(應)]セソ'는 15세기 국어의 '-

이유를 들어 명사형 어미로 볼 수 있다고 하였다.159) 우선 (101ㄴ)의 '應ᄒᆞᄂᆞ-'를 '맞#ᄒ-' 정도로 읽고 이것이 중세국어의 '맛당ᄒ-'에 대응되는 것으로 보았다. 그렇기 때문에 '맛당ᄒ-'의 앞에 오는 것은 일반적으로 주어이어야 하므로, '-ᇹ'을 명사형 어미라고 본 것이다.

그러나 명사형 어미로 보기 위해서는 다음의 세 가지를 유의할 필요가 있다. 첫째, 명사형 어미 '-ᇹ'이 '可ᄒᆞᄂᆞ-'와 '應ᄒᆞᄂᆞ-' 두 동사 앞에만 오는 것은 너무 제한적이라는 것이다. 둘째, 이 명사형 어미 뒤에는 조사가 결합된 예가 현재까지의 자료에서는 발견되지 않았다는 사실이다. 셋째, (101ㄱ, ㄴ)에서 볼 수 있는 것처럼 '오'는 들어가기도 하고 들어가지 않기도 한다. 이러한 것은 후기 중세국어의 명사형 어미 '-옴'과 다른 것이다. 후기 중세국어에서는 반드시 '오'를 요구하기 때문이다.160)

그러나 이것은 명사형 어미 '-옴'이 생성되는 초기 단계이기 때문에 생기는 현상이라고 보면 설명이 가능할 수도 있다. 어떤 형태가 처음에는 제한된 분포를 보이다가 이것이 발달하면서 점점 분포를 확대해 나가는 것은 문법사에서 일어날 수 있는 일이기 때문이다.161) 그리고 '오'는 나중에 결합한 것으로 설명해 볼 수 있을 것이다.162) 그 결과 명사형 어미

엄직ᄒ다'에 이어지는 것으로 파악하여, '가망법' 또는 '가능법' 정도로 부르고 있다.

159) 정확하게 말하면, 동명사 어미라고 하였다. 그러나 본고에서는 이를 명사형 어미로 고쳐서 쓰기로 한다. 동명사 어미라는 것은 부동사, 정동사와 묶어 분류하는 것으로 고대국어에서는 명사형과 관형사형이 미분화된 상태에 있으므로 이것을 설명하기 편하기에 끌어들인 것이다. 우리가 명사형 어미라고 할 때에는 관형사형 어미, 연결어미, 종결어미 등이 같이 묶인다.

160) 이 세 가지를 다 갖춘 명사형 어미는 후기 중세국어에 들어서 비로소 문헌 자료로 확인된다. 그 결합이 문법 형태화할 수 있으려면 이러한 세 가지 조건을 다 갖춘 후기 중세국어 이후에나 가능할 것이다. 명사형 어미가 처격 조사와 결합해서 연결 어미 '-매'가 만들어지려면 명사형 어미가 처격 조사와 결합을 보이는 이후여야 할 것이다.

161) 여기에 속하는 형태소로는 '-었-', '-겠-', '-을 것-' 등이 있다.

'-ㅁ'에 '오'가 반드시 붙어 나타나는 것은 후기 중세국어에 들어서라고
생각해 볼 수 있다.

그렇지만 현재 상황으로는 우리가 이를 증명할 방법이 없다고 해도 과
언이 아니다. 석독 구결과 후기 중세국어의 중간 단계라고 할 수 있는 음
독 구결 자료에서는 아직까지 명사형 어미 '-ㅁ'과 관련지어 논의할 수
있는 예가 발견되지 않았기 때문이다. 다만 예문 (100)에서 제시한 예들을
근거로 명사형 어미 '-ㅁ'의 출현을 추측만 해 볼 수 있는 상황에 처해 있
다고 하겠다. 15세기 국어 문헌 자료에 명사형 어미 '-옴'이 많이 보인다
는 점으로 미루어 볼 때, 그 이전에 명사형 어미 '-ㅁ'의 쓰임이 활발해지
기 시작했다고 생각해 볼 수 있을 것이다. (101)의 예문들을 명사형 어미
가 생성되는 초기 단계의 예들로 인정한다면, 대략 음독 구결 시기가 명
사형 어미 '-ㅁ'이 활발하게 쓰이기 시작한 시기였을 것이라고 추측해 볼
수 있을 것이다.

그러므로 우리가 석독 구결의 시기에 명사형 어미 '-ㅁ'이 있다는 주장
을 받아들이더라도 명사형 어미가 생성되는 초기 단계라는 사실은 부정
하기 어려울 것이다.[163] 이때는 명사형 어미의 분포가 극히 제한되어 있
다고 할 수밖에 없을 것이다. 이러한 상황이 향가라고 해서 다를 것 같지
는 않다. 그런데 이와 관련하여 보면 아직까지 향가에 명사형 어미 '-ㅁ'
의 존재 여부에 대하여 면밀히 살펴본 논의는 없는 것 같다. 또한 '명사
형 어미+처격 조사'가 17세기초에 들어서야 비로소 연결 어미로 굳어지
는 '-매'가 이미 향가에 존재힌다고 본 논의가 대부분이다. 그런 점에서
향가에 명사형 어미 '-ㅁ'과 연결 어미 '-매'가 실제로 존재하는지를 살펴

---

162) '오'와 결합하는 양상은 문헌 자료로 논증하는 것이 불가능하다. 음독 구결
　　자료에는 명사형 어미 '-옴'과 관련된 것으로 보이는 자료가 이제까지 발견
　　되지 않았다는 것이 결정적인 이유이다.
163) 본고에서는 내심 '-ㅎ[應(可)]ㄴ-'의 '-ㅎ'을 명사형 어미로 보는 것 자체에 대
　　하여 부정적인 견해를 가지고 있다.

볼 필요가 있다.164)

8.3.2 향가의 '-매' 해독에 대한 반성

향가의 용례를 보면, 15세기 국어의 명사형 어미 '-옴'과 관련이 있을 것으로 보이는 '音'이 30번 나온다. 그 중에 석독 구결 자료의 '-ㅎㅌ'과 관련된 예가 나온다는 점이 관심을 끈다.

(102) ㄱ. 爲內尸等焉國惡大平恨音叱如 <安民歌 9>
      ㄴ. 花肹折叱可獻乎理音如 <獻花歌 3>
      ㄷ. 吾焉頓部叱逐好友伊音叱多 <常隨佛學歌 4>

위의 예들은 구결 자료에서는 '-ㅎㅌ'으로 표기되었던 것들이다. 'ㅎ'이 '音'에서 오고, 'ㅌ'이 '叱'에서 왔다는 사실은 익히 알려진 바이다. 이처럼 향가에는 석독 구결에 나오는 예들이 등장하고 있다. 이는 향가와 석독 구결의 표기가 크게 다르지 않음을 잘 보여 주는 예라고 하겠다. 그리고 나머지 '音'들도 모두가 15세기 국어의 명사형 어미 '-옴'과 관련을 지녔다고 보기 어려운 것들이다.165) 이외에 다른 표기들도 명사형 어미 '-옴'

---

164 사실은 향가에 '-기'가 보인다는 종래의 주장들도 의심스럽다. '-기'는 근대국어에 들어서야 그 세력을 얻는데 이것이 향가부터 보인다는 것은 받아들이기 힘들다.

165) 향가에 '-音'의 용례는 모두 30번이 나온다. 이들 용례를 본고에서 하나하나 살펴서 기술하기란 쉽지 않은 일이다. 다만 이승재(1995)에서 '-ㅁ' 명사형 어미로 확신할 수 있는 유일한 예로 『請轉法輪歌』에 나오는 '潤只沙音也'의 '音'을 들고 있는데 이를 살펴볼 필요가 있다. 본고에서는 이 예도 결코 '-ㅁ' 명사형 어미로 확신하기 쉽지 않다고 판단한다. 분포가 확대되었다고 볼 수 있는 15세기 국어에서도 어말어미 앞에서 '옴'이 발견되지 않기 때문이다. 앞에서 설명한 것처럼 석독 구결의 시기가 명사형 어미 '音'의 생성 단계였다면, 향가에서 이처럼 분포가 자유로운 것은 설명하기가 어렵기 때문이다. 그리고 여기서의 '音'을 명사형 어미로 설정한 많은 많은 학자들이 앞에 나오는 '沙'와 연관하여 그 당시의 명사형 어미로 '-암'을 설정하기도 하는데

과 관련되었다고 보기 어렵다.

이러한 상황에서 향가의 '米'를 연결 어미 '-매'로 해독하는 것은 문제가 있다. 첫째, 연결 어미 '-매'의 형성은 15세기에서 17세기초에 이르는 사이에 이루어졌는데, 형성되지도 않은 연결 어미가 향가에 존재한다는 점은 이상하다. 둘째, 앞에서 우리는 '-오매'가 명사형 어미 '-옴'과 처격 조사 '-애'의 결합으로부터 이루어졌다는 점을 살펴보았다. 그런데 향가에는 명사형 어미 '-옴'이 보이지 않는데, 연결 어미 '-매'가 존재한다는 것은 논리적으로 성립이 되지 않는다는 것이다.

또한 '米'를 명사형 어미 '-매'로 해독하고 '-ㅁ'+'-애'로 분석하는 것도 논리적으로 설득력이 없다. 첫째, 향가에는 '米'를 제외하고는 명사형 어미와 관련시킬 다른 표기가 없다는 것이다. 이러한 상황에서는 '米'를 '매'가 아닌 다른 것과 관련시키게 되면 명사형 어미가 존재한다고 본 견해는 무너지게 될 것이다. 둘째, 앞에서 살펴보았지만, 우리가 석독 구결에서 '-ㅁ' 명사형 어미를 인정하더라도 그 분포가 극히 제한되어 있다는 것이다. 여기에서는 명사형 어미 '-ㅁ'이 두 동사 앞에서만 올 수 있었고, 뒤에 어떤 조사도 취할 수가 없었다. 그러므로 '米'를 명사형 어미와 처격 조사의 결합으로 보기는 어렵다.

그런 점에서 '-매'로 해독했던 것들을 다시 살펴볼 필요가 있다.

(103) 去隱春皆理米 // 毛冬居叱沙哭屋尸以憂音
    <慕竹旨郎歌 1, 2>
    <김완진> 간 봄 몯 오리매 // 모둘 기스샤 우롤 이 시름
    <유창균> 간 봄 그리며 // 모둘 거슬사 울올로 시름

이도 다시 생각해 볼 여지가 있다. 이는 아무래도 주제 존대의 '-시-'가 '오'를 만나면 '-샤+ø'로 바뀐다는 것을 염두에 둔 것같이 보이기 때문이다. '시'가 '샤'로 바뀌는 것은 주체 존대 '-시-'에서만 일어나는 교체이다.

(103)의 예문에서 '-米'는 이제까지 아무런 의심 없이 '-매'로 해독되어 왔다. 이를 '-매'로 해독한 연구 중 가장 대표적인 것으로는 김완진(1980)을 들 수가 있을 것이다. 그러나 이 경우에 있어서 현대어역이 논리적으로 타당한지 따져 보아야 한다. 여기서는 현대어역을 '지나간 봄 돌아오지 못하니 살아 계시지 못하여 우올 이 시름' 정도로 하고 있다. 현대국어에도 '-매'가 존재하고 이 '-매'는 [원인]의 연결 어미로 보는 것이 일반적이다. 그렇다면, 현대어역으로도 '-매'를 살려서 번역을 하는 것이 좋을 것이다. 여기서의 '-니'는 이러한 의미를 살려서 현대어역을 한 것이라고 생각해 볼 수 있다. 그런데 의문이 남는 것은 여기서 선행절과 후행절이 원인으로 맺어질 수 있는 것인가 하는 점이다. '살아 계시지 못한 것'이 '간 봄이 오지 않은 것'이 원인이 되어 일어난 일이라고는 보기 어렵다. 물론 시적으로 해석을 하는 다른 방법이 있을지는 모르지만 일반적인 문장 해석으로는 적당하지 않을 것이다.

오히려 이의 해독을 위해서는 유창균(1994)처럼 '-며'로 보는 것이 하나의 방법이 될 수도 있을 것이다. 유창균(1994)에서는 '지나간 봄을 원망하며 (자연의 섭리를) 거역하지 못하고 울음으로 (지내는) 시름이여' 정도로 현대어역을 하고 있다.[166)

다음은 균여 향가에 나오는 예이다.

(104) 身靡只碎良只塵伊去米 // 命乙施好尸歲史中置/然叱皆好尸卜下里
　　　<常隨佛學歌 5, 6, 7>
　　　<김완진> 모민 ᄇ삭 드틀며 가매 // 命을 施홀 ᄉ싀히도/그럿 모

---

166) 유창균(1994)은 향가의 해독에 있어서 '-米'를 '-매'로 보지 않는 유일한 경우라고 하겠다. 그는 '-米'를 '-매'로 보기 어려운 가장 큰 이유를 한자음의 재구를 통해서 볼 때 '-米'는 절대로 '-매'로 읽힐 수 없음을 들고 있다. 그리고 본고와 마찬가지로 15세기에는 '-매'가 반드시 '오'를 필요로 해서 '-오매'로 나타난다는 사실도 설명하고 있다.

돈 홀디녀리
<유창균> 모미 오직 붓아디락 드트리 가면 // 목숨을 ᄆ츌 스시
히두/그럿 다ᄅ홀 ᄇ라리

위의 예문은 '米'를 '-매'로 해독했을 때, 의미적인 면에서 어떤 문제점
이 생기는가를 잘 보여 주고 있다. 김완진(1980=1995)에서는 여기서의
'米'를 연결 어미 '-매'로 파악하여 현대어역을 하고 있다. '몸이 부서져
티끌 되어 가매 命을 施할 사이에도 그리 모든 것 하는 일 지니리' 정도
로 파악하고 있다. 그러나 여기에서는 '-매'를 원인이나 이유로 보았을 때
선행절과 후행절의 관계가 제대로 규명되지 않는다. '목숨을 바칠 동안에
도 그렇게 모든 것을 하는 일을 지니는 것'이 '몸이 부서져 먼지가 되어
가는 것'이 원인이나 이유가 되어 일어나는 것인지는 의문이다. 이렇게
하는 것보다는 유창균(1994)처럼 '米'를 '-며'로 파악하는 것이 문맥에 훨
씬 자연스럽다.[167]

(105) 如此裟婆世界 毘盧遮那如來 從初發心 精進不退 以不可設不可設
      身命 而爲布施 剝皮爲紙 析骨爲筆 刺血爲墨 書寫經典 積如須彌
      爲重法故 不惜身命//저 사바세계의 비로자나 여래는 처음 깨달음
      의 뜻을 내면서부터 물러서지 않고 정진하여 이루 말할 수 없는 몸
      과 목숨으로 보시하여 살갗을 벗겨 종이를 삼고 뼈를 쪼개 붓을 삼
      으며 피를 뽑아 먹을 삼아 경전을 베껴 써서 수미산처럼 쌓았지만
      법을 무겁게 여기므로 자신의 몸과 목숨을 아끼지 않았다.[168]

---

167) 유창균(1994:117)에서는 '米'의 음을 다음과 같이 재구하고 있다.

	상고	전한	후한	위진	남북	중고
米	mid	miəd	miəi	miəi	miei	miei
	밀	믈	ᄆ	며	메/미	메/미

168) 이 번역은 법성연의(1992:29)에서 가져온 것이다.

(105)는 보현행원품[169]의 수학분(隨學分)에 나오는 것이다. 이것은 (104)의 예문을 해독하는 데 필요한 배경을 제시해 준다. 여기서 보면, 비로자나 여래는 몸과 목숨을 보시하기를 살갗을 벗기고, 뼈를 쪼개고, 피를 뽑아서 수 없이 해서 경전을 수미산처럼 쌓았지만 그래도 계속해서 그러한 수행을 한 인물이라는 것을 알 수 있다. 이러한 비로자나 여래의 고사가 (104)예문의 배경이 된다고 할 수 있다. 유창균(1994)처럼 "몸은 비록 부수어져 티끌이 되며 목숨을 버리려 하는 순간에도 그와 같이 다할 것을 기약하겠나이다" 정도가 이 고사에는 맞는 해석이 된다고 하겠다.[170]

국어의 연결 어미 '-매'는 15세기 중엽부터 17세기초 사이에 형성된 것이다. 15세기의 자료에 나타나는 '-오매'가 문법 형태화를 거치면서 '오'

---

169) 『대방광불화엄경 입부사의해탈 경계보현행원품』의 약칭. 당나라 반야가 번역한 『華嚴經』으로 고역(古譯)의 입법품계에 해당.

170) 다음은 기존의 연구에서 '-매'로 해독되었던 다른 예문들이다. 이에 대한 연구는 다음으로 미룬다.
   秋察尸不冬爾屋支墮米 // 汝於多支行齊敎因隱 <怨歌 2, 3>
   <김완진>ᄀ술 안둘곰 ᄆᆞᄅ디매 // 너를 하니져 ᄒᆞ시ᄆᆞ론
   <유창균>ᄀ술 모둘 이오기 디며 // 너 어다기 니져 ᄒᆞ시ᄂᆞᆫ
   生死路隱 // 此矣有阿米次肹伊遣 <祭亡妹歌 2, 3>
   <김완진>生死 길흔 // 이에 이샤매 머믓그리고
   <유창균>生死 길은 // 이디 잇ᄋᆞ며 즈흘이고
   咽嗚爾處米 // 露曉邪隱月羅理 <讚耆婆郎歌 1, 2>
   <김완진>늣겨곰 ᄇᆞ라매 // 이슬 볼갼 ᄃᆞ라리
   <유창균>목며울 이즈며 // 나담 사란 ᄃᆞ라리
   伊知皆矣爲米 // 道尸迷反群良哀呂舌 <請佛住世歌 7, 8>
   <김완진>뎌 알기 ᄃᆞᄇᆡ매 // 길 이ᄫᅡᆫ 물아 셜ᄫᅳ리여
   <유창균>이 알기 ᄃᆞ비며 // 길 이본 무리라 셜브리혀
   煩惱熱留煎將來出米 // 善芽毛冬長乙隱 <청전법류가 6, 7>
   <김완진>煩惱熱로 다려내매 // 善芽 모둘 기른
   <유창균>煩惱熱로 달히려 내며 // 善芽 모둘 길은

의 소멸을 경험하여 '-매'가 된 것이다. 그리고 이 '-매'는 17세기초에 들어서서 연결 어미로 확실하게 굳어지게 되었다.

본고에서는 그 근거로 다음과 같은 세 가지를 들었다. 첫째, '-매'는 17세기초에 들어서면 비교적 다양한 선어말 어미들과 결합하는 양상을 보이게 된다. 둘째, '-매'는 모음조화의 양상에서 완전히 벗어난다. 셋째, 처격 조사가 후대에 '-에'로 통일되어 가는 일반적인 경향과 달리 '-매'로 통일되어 쓰이게 된다.

그리고 이를 바탕으로 기존 향가의 연구에서 연결 어미 '-매'로 보았던 것들에 대해서 의문을 제기하였다. 17세기에야 보이는 연결 어미 '-매'가 향가에 보인다는 것은 논리적 설명이 가능하지 않았기 때문이다. 이를 위해서 먼저 석독 구결 자료를 바탕으로 구결 자료에 명사형 어미 '-ㅁ'이 나오는가를 살펴보았다. 그 결과 석독 구결 시기는 '-옴' 명사형 어미의 초기 생성 단계임을 추측해 볼 수 있었다.

마지막으로 향가의 예에서 골라 '米'를 연결 어미 '-매'로 보았을 때 어떠한 문제점이 생기는가를 살펴보고 이에 대한 대안으로 다른 해독을 시도해 보았다.

그러나 이 글에서는 해결되지 않은 채 남은 문제들도 많다. 무엇보다도 명사형 어미 '-ㅁ'의 발달 과정에 대한 전체적인 조망이 필요하다. 그리고 향가 '-곱'이나 '米' 등의 용법에 대한 자세한 고찰도 필요하다.

9. '-므로'의 형성

9.1 문제 개괄

이 절에서는 연결 어미 '-므로'가 형성되는 과정을 살펴보고, 이러한 '-므로'의 형성 과정이 국어 문법사에서 가질 수 있는 의의에 대하여 생각해 보기로 한다. 연결 어미 '-므로'는 16세기부터 보이기 시작하는데, 이는 다양한 표기로 실현된다. 여기에서는 이러한 표기법을 중심으로 '동명사 어미+조사'가 문법 형태화하여 연결 어미가 되는 유형 중 하나인 '-므로'를 살펴보기로 한다.

이의 고찰을 위해 여기에서는 먼저 기존의 연구를 살펴보기로 한다. 이는 두 가지로 나누어 볼 수 있을 것 같다. 하나는 향가의 '-因隱'을 연결 어미 '-므로'에 연결시키는 것이고, 다른 하나는 16세기 국어부터 연결 어미 '-므로'가 생겼다고 보는 것이다. 이때 전자와 후자 사이에는 형성 시기에 많은 차이가 나는데 실제로 형성된 시기가 언제인지에 관심을 기울이기로 한다.

'-므로'를 향가의 '-因隱'에 연결시킨 논의로는 김완진(1980)과 서태룡(1997)을 들 수가 있다. 김완진(1980)에서는 '-因隱'을 『서경별곡(西京別曲)』의 "여히므론 질삼뵈 브리시고…"의 '-므론'에 대비시켜 어미로 본 바가 있다. 서태룡(1997)에서도 이때의 '-因隱'을 '-므로'에 연결시킨 바가 있다. 그러나 앞에서 '-매'의 형성을 살펴보면서도 언급했지만, 향가에는 동명사 어미 '-옴'이 존재하지 않는다는 점에서 동명사 어미 '-옴'과 도구격 조사 '-으로'의 결합이 문법 형태화한 '-므로'가 존재했다고 보는 것은 문제가 있다.

다음으로 리의도(1990)에서는 16세기에 이르러 새롭게 형성된 연결 어미로 '-오모로'를 설정하고 있다. 명사형 어미 '-옴'에 조사 '-오로'가 녹아붙음으로써 이루어진 것으로 보고 있다. 여기서 '-모로'가 하나의 연결 어미로 굳어지면서 '오'의 흔적이 사라지는 것으로 파악하였다. 사실 16세기에는 '-므로'와 관련된 표기가 '-오모로, -으모로, -으므로'로 다양하게 나타나는데 이것들이 각각 어떠한 관계를 가졌는지 주목하기로 한다.

이상에서 살펴본 바에 의하면, '-므로'의 형성과 관련해서는 두 가지에

주의를 기울일 필요가 있다. 첫째, '-므로'의 형성이 어느 시기에 이루어
졌는가 하는 점이다. 향가에 이미 '-므로'가 있었는지 아니면 16세기에 새
롭게 형성된 것인지 살펴보아야 한다. 둘째, '-므로'와 관련된 표기가 어
떠한 양상으로 전개되는지 그리고 이러한 것들이 '-므로'의 형성과 어떠
한 관련을 지니는지를 살펴보아야 한다.

9.2 연결 어미 '-므로'의 형성

9.2.1 후기 중세국어의 '-오모로'

16세기 국어에는 '-오모로'에는 두 가지가 있다. 하나는 명사형 어미 '-
옴'+구격 조사 '-오로'의 결합이 그것이고, 다른 하나는 연결 어미 '-므
로'와 관련지을 수 있는 것이다.

먼저 전자를 살펴보기로 한다.

(106) 仁홀 사룸온 가문이 셩흐며 쇠호모로 졀개를 곧티디 아니흐고
　　　(仁者는 不以盛衰로 改節흐고) <번소 9:63ㄴ>

(106)의 예문은 명사형 어미 '-옴'+구격 조사 '-오로'의 결합으로 보는
것이 좋다. 여기서의 동사 '곧티-'는 '무엇으로 무엇을 고치다'처럼 현대
어에서도 구격 조사와 대격 조사를 가지고 쓰일 수 있다는 점을 고려하
면 명사형 어미와 구격 조사의 결합으로 볼 수 있다.

그러나 다음의 예는 명사형 어미 '-옴'+구격 조사 '-오로'의 결합보다
는 연결 어미로 볼 가능성이 큰 것들이다.

(107) ㄱ. 아릭는 그저 세 돈애 흔 근시기러니 이제는 풀 리 업수모로 닷
　　　　 돈애 흔 근시기라도 쏘 어들 듸 업스니라 <노번 하:2ㄴ>
　　　ㄴ. 焦先生이 어딘 일로 혀가미 이러트시 두터우모로 公의 유덕흔

器量이 이러 샹녯 사룸두곤 ᄀ장 다ᄅᆞ더시다 <번소 9:5ㄱ>

먼저 (107ㄱ)은 "전에는 그저 세 돈에 한 근씩이더니 이제는 팔 사람이 없으므로 다섯 돈에 한 근씩이라도 또 얻을 데가 없다" 정도로 해석할 수 있는 문장이다. 이때 '업수모로'의 '-오모로'는 [원인]의 의미로 보아야 자연스럽다. 그렇다면 '-오모로'가 연결 어미일 가능성을 생각해 볼 수 있다. 또한 (107ㄱ)이 두 개의 주어-서술어의 관계를 가졌다는 사실도 그 근거로 들어 볼 수 있다. (107ㄴ)의 경우도 (107ㄱ)처럼 연결 어미로 생각해 볼 수 있는 예문이다.

그러나 이 문장들에서의 '-오모로'를 연결 어미로 인정하기는 곤란한 점이 없지 않다. 첫째, [원인]의 의미는 구격 조사 '-오로'가 15세기 국어에서도 현대국어와 마찬가지로 [원인]의 의미를 가지고 있다. 둘째, 두 개의 주어-서술어 관계는 내포문을 가진 '-오모로(-옴+-오로)에서도 발견되는 것이다.

이와 달리 리의도(1990:70)에서는 '-모로'가 독립된 연결 어미로 확립되면서 '오'의 흔적이 사라지는 것을 연결 어미 형성의 증거로 들고 있다.171)

(108) ㄱ. 녀이ᄂᆞᆫ … 아기도 힌 져즐 여듧 셤 너말 머그모로 검고 가븨여
　　　　우니라<은중-구:3ㄴ>
　　　ㄴ. 안동 사ᄅᆞ미 … 나믄 곡셔ᄀᆞ로 존졀ᄒᆞ야 머그므로 녀름지이예

---

171) 리의도(1990:690~70)에서는 '-오모로'가 형성·변천되는 과정을 다음과 같이 보았다.
　　　　-오+ㅁ+오로>①-오모로>②-으모로>③-으므로
　　그리고 ①은 명사형 어미 앞에 오는 '-오-'의 흔적이 아직도 남아 있는 형태이고, ②는 '-모로'가 독립된 연결 어미로 확립되면서 그 '-오-'의 흔적이 사라지고 매개모음 '으'가 다시 끼어든 형태로 보았다. 16세기 국어에는 ①, ②, ③의 형태가 공존하는데, ①이 가장 우세한 것으로 보았다.

소어블 일티 아니ᄒ며 <경민·중:13ㄴ>172)

위의 예들에서는 '오'가 보이지 않고 (108ㄱ)에서는 '-모로', (108ㄴ)에서는 '-ᄆ로'만 보이고 있다. 이 경우 리의도(1990)처럼 '-모로, -ᄆ로'가 하나의 연결 어미로 확립되면서 '오'가 사라졌다고 볼 수도 있다. 그러나 이에 대해서는 16세기 국어 전반에 걸쳐서 일어나는 '오'의 변화에 대해서 관심을 기울일 필요가 있다. 16세기는 정재영(1997ㄴ)에서 말하는 바 '-오-'의 제1단계 소멸이 일어나는 시기라는 점이다.173) 이때 '-옴'의 '오'도 소멸하는 현상이 일어나는데 이것은 '-모로'가 하나의 연결 어미로 확립되면서 '-오모로'의 '오'가 사라졌다는 주장에 대한 반증이 될 수 있다. 제1단계 소멸을 반영한다면 '-오모로'를 '-옴+-오로'의 구성으로 보아도 '오'가 사라지는 것에 대하여 설명하지 못할 이유가 없기 때문이다. 그러므로 16세기 국어에서 '-오모로'를 하나의 연결 어미로 설정할 근거는 발견되지 않는다.

그러나 '-오모로'가 이처럼 하나의 연결 어미로 해석될 가능성을 가지고 있다는 사실은 나름대로 의미를 지닌다. 이러한 사실은 '-오모로'가 하나의 연결 어미로 발달할 수 있는 素性을 지니고 있다는 것을 잘 보여 주고 있기 때문이다. 이 때문에 言衆에게 하나의 문법 단위로 인식되고 이것이 어미화하게 된 것으로 추론해 볼 수 있다.

이처럼 '명사형 어미+구격 조사'의 결합이 하나의 연결 어미로 발달할 가능성을 지닌 것은 구격 조사와 결합한 명사구 보문 구싱이 연결 어미처럼 해석되는 석독 구결 자료를 통해서도 볼 수 있다.

---

172) 리의도(1990:70)에서 재인용.

173) 정재영(1997ㄴ)에서는 '-오-'의 소멸을 두 단계로 나누어 설명하였다. 제1단계 소멸은 16세기에 일어는데 주로 관형 구성에서의 -오와 소멸과 명사형 어미 '-옴/움'의 '오'가 그것이다. 제2단계 소멸은 17세기 이후 근대국어 시기에 일어나는데 화자 일치소로 기능하는 선어말 어미 '-오-'의 소멸이 그것이다.

다음은 석독 구결의 예이다.

(109) ㄱ. 常刂 諸7 衆生乙 利樂ソ㢱 國土乙 莊嚴ソ㢱 佛乙 供養ソ白㢱 正法乙 受持ソ氵尔 諸7 智乙 修㢱 菩提乙 證ソ㢱ソ[欲]人ソ尸入灬 故支 而灬 發心ソナ7刂㢱 <華嚴14; 9:14~15> // 항상 모든 衆生을 이롭고 즐겁게 하고 國土를 莊嚴하며 부처를 供養하여 正法을 받아 지녀서 모든 智慧를 닦으며 菩提를 證得하려고 함으로써 (짐짓) 발심한 것이며

ㄴ. 第二發心7 譬入7 大地刂 一切法事亠ノ尸乙 持尸 如支ソ厶7入灬 故ノ 是乙 名下 尸波羅蜜因亠ノ禾㢱 <금광 2:1> // 제2 發心은 譬喩하자면 大地가 一切 법의 일이라 하는 것을 지닌 것과 같으므로 이를 이름하여 尸波羅蜜因이라 할 것이며

(109)의 예문은 석독 구결에서 구격 조사 '-灬'와 결합한 명사구 보문 구성이 [원인]의 의미를 가지고 쓰인 예이다. (109ㄱ)은 '-ㄹ' 관형사형이 있는 명사구 보문 구성이고 (109ㄴ)은 '-ㄴ' 관형사형이 있는 명사구 보문 구성이다. 이러한 명사구 보문 구성은 석독 구결에서 매우 활발하게 쓰였다. 그러나 15세기 국어 들어서 명사형 어미 '-옴'이 활발하게 쓰이면서 쇠퇴하게 되자 이러한 '-ㄴ ᄃᆞ로'나 '-ㄹ ᄃᆞ로' 구성도 쇠퇴하게 되고, 결국 '이런ᄃᆞ로', '그런ᄃᆞ로' 정도만 남게 된다.[174] 이처럼 '-ㄴ ᄃᆞ로'와 '-ㄹ ᄃᆞ로'의 쓰임이 쇠퇴하게 되면서 '-오모로'가 그 자리를 차지한 것으로 보인다.

174) 석독 구결 시대에 매우 활발하게 쓰였던 의존 명사 'ᄃᆞ'가 음독 구결 시대에 들어서면서 '亽'의 출현과 더불어 그 세력이 약해지게 된다. 또한 15세기에 들어서면서 명사형 어미 '-옴'이 활발하게 쓰이게 되자 의존 명사 'ᄃᆞ'가 매우 쇠퇴하게 된다. 이러한 양상은 명사구 보문 구성의 변천을 보여 준다는 점에서 주의를 기울일 만하다.

9.2.2 근대국어의 '-므로'

근대국어는 시기별로 살펴볼 필요가 있다. 먼저 17세기를 살펴볼 필요가 있는데, 16세기 국어와 비교하면 '-오모로'는 거의 없고 '-으모로'로 표기된다.

> (110) ㄱ. 남은 곡셕으로 존졀ᄒᆞ야 머그모로 농븨 소업을 일티 아니ᄒᆞ야
>   <경민 신:137>
>   ㄴ. 往年은 그저 서 돈에 ᄒᆞᆫ 근식이러니 이제 풀 리 업슴으로 닷
>   돈에 ᄒᆞᆫ 근식이라도 어들 더 업스니라 <노해-초 하:2ㄴ>
>   ㄷ. 내 효심은 일즉 가마괴만도 ᄀᆞᆮ디 몯ᄒᆞᄆᆞ로 이에 므러 가며 니
>   ᄅᆞ도다 <동신 효 1:23ㄴ>
>   ㄹ. 또 古今의 맛당ᄒᆞᆫ 거스로ᄡᅥ 通ᄒᆞᆼ시모로 관녜(冠禮)ᄂᆞᆫ 만히 司
>   馬氏ᄅᆞᆯ 取ᄒᆞ시고 <가례 범:5>

위의 예문 (110)에서 '으모로'는 (110ㄴ)처럼 '-음으로'로 (110ㄷ)처럼 'ᄋᆞᄆᆞ로'로 표기되기도 하는 것을 볼 수가 있다. 이것은 앞에서도 언급한 바 있듯이 '오'의 제1단계 소실과 관련이 있는 것이다. 17세기에 들어서면 '오'의 제1단계 소실이 전면화하게 되므로 이러한 일반적인 경향을 따르게 된다. (110ㄹ)은 주체 존대 '-시-'와 결합하는 예를 보여 준다.

한편으로는 연결 어미로서의 '-모로'를 명사형 어미 '-ㅁ'+구격 조사의 결합으로 이루어진 것과 구별하려는 경향도 있었던 것으로 보인다.

> (111) ㄱ. 말ᄉᆞᆷ을 어딜이 아니홈이 업시ᄒᆞ야 곧ᄋᆞ며 믿브모로ᄡᅥ 고(告)ᄒᆞ
>   ᄆᆞ <소학 2:48>
>   ㄴ. 이경(愛敬)을 슝(崇)샹호모로ᄡᅥ 본(本)을 삼고 <가례 범:4>

(111)의 예문에서 보면 명사형 어미 '-ㅁ'+구격 조사와의 결합은 '으모로ᄡᅥ'로 나타나는 예가 보이지만 [원인]의 '-으모로'는 'ᄡᅥ'와 같이 나타나지 않는다. 이를 보면 17세기 국어에는 [원인]의 '-으모로'를 명사형 어

미 '-ㅁ'+구격 조사의 '-으모로'와 구별하려는 의식이 존재했던 것으로 볼 수 있다.175)

이를 바탕으로 한다면, '-모로'는 대략 17세기쯤에 연결 어미로 굳어졌을 것이라고 추측해 볼 수 있다. 즉, '-모로'의 형성은 16세기에서 17세기 사이에 일어났다고 볼 수 있다. 그리고 이처럼 하나의 연결 어미가 된 '-으모로'는 18세기에 들면 '-으므로'로도 실현되는데, '-으모로'와 '-으므로'의 세력은 1 : 1 정도가 된다.176)

9.3 향가의 '-므로' 해독에 대한 반성

앞에서 '-매'의 형성을 살펴보면서 명사형 어미 '-옴'은 대략 음독 구결 시기가 활발하게 쓰이기 시작한 시기임을 언급한 바가 있다. 그리고 이를 바탕으로 향가에 연결 어미 '-매'가 있다고 보는 견해에 대하여 비판을 한 바 있다. 이와 같은 논지로 여기에서는 향가에 '-므로'가 있다고 보는데 대하여 비판을 하고자 한다. 김완진(1980)과 서태룡(1997)에서는 신라 향가인 『怨歌』에 나오는 '-因隱'을 '-므로'에 연결시킨 바가 있다.

다음은 '-因隱'이 등장하는 예문이다.

(112) 汝於多支行齊教因隱 // 仰頓面矣改衣賜乎隱冬矣也
      <원가 3, 4>

(112)의 예문에 나오는 '汝於多支行齊教因隱'는 대략 세 부분이나 네 부분으로 끊고 있지만, '教因隱'을 하나의 단위로 보는 데는 의견이 일치하

---

175) 『번역소학』에도 '오모로뻐'가 존재한다. 그런데 이 문헌에서는 '-로'가 [원인]의 의미를 가질 때나 [도구]의 의미를 가질 때 모두 '-로뻐'로 나타나므로, 이 때는 '-오모로'를 하나의 연결 어미로 인식하지는 않았던 것으로 보인다.
176) 이에 대해서는 리의도(1990:139)를 참조

고 있다.[177] 대부분의 학자가 '教因隱'을 '이신'이나 'ᄒ신'으로 보는 데
비하여 김완진(1980:140)에서는 '이시ᄆ론'으로 보았다. '教'를 '이시'에
대응시키고 '因隱'은 '-ᄆ론'에 대응시킨 것이다. '因隱'을 더 세밀하게 나
누면 '因'은 'ᄆ로'에 대응시키고 '隱'은 '-ㄴ'에 대응시킨 셈이 된다. 그런
데 여기에는 문제가 있다. '因'을 '-ᄆ로'에 대응시키기 위해서는 향가에
[원인]의 연결 어미 '-ᄆ로'가 존재해야 하는데, 향가에는 '-ᄆ로'가 존재
하지 않는다는 것이다. 본고에서는 앞에서 연결 어미 '-므로'는 16세기 국
어의 명사화 구성 '-오모로'가 문법 형태화하여 이루어진 것으로 보았는
데, 김완진(1980)처럼 향가에 이미 [원인]의 '-므로'가 있었다고 보기는 어
렵다. 그러므로 '因'을 '-ᄆ로'에 대응시키는 것은 문제가 있다.[178]

이 절에서는 먼저 연결 어미 '-므로'가 형성되는 과정을 살펴보고, 이
러한 '-므로'의 형성 과정이 국어 문법사에서 가질 수 있는 의의에 대하
여 생각해 보았다. 그 결과를 정리해 보면 다음과 같다.

첫째, 연결 어미 '-므로'는 16세기 국어의 명사형 어미 '-옴'과 구격 조
사 '-오로'의 결합이 문법 형태화하여 이루어진 것이다. '-오모로'는 17세
기에는 대개 '-모로'로 실현되는데, 이때는 하나의 연결 어미로 완성된 것
으로 볼 수 있다. 그 근거로는 명사형 어미와 구격 조사의 결합에는 '모

---

177) 김완진 : 너를 하니져 ᄒ시ᄆ론 // 울월던 ᄂ치 가시시온 겨스레여
　　　小倉進平: 너 어듸 녀제이신 // 울워 조을은 늦에 고티샤온들로
　　　양주동 : 니 엇네 니저 이 // 울월던 ᄂ치 겨샤온더
　　　지헌영 : 너 어돗니져이신 // 울월던ᄂ칙 고티샤온 겨을여
　　　김선기 : 나 오다기 니져시 // 울올돈 낯이 고띠샤온 겨슬이라
　　　서재극 : 너다히 녀져 힉신 // 울월돈 ᄂ치 가시시온 ᄃ리야
　　　김준영 : 너 어됴 니져이신 // 울월던 낯의 고티샤온 돌이여
178) 여기서는 문제점을 지적할 뿐이고 새로운 해독은 시도하지 않는다. 본고에서
　　는 아직 이전의 연구를 뛰어넘을 만한 해독을 제시할 자신은 가지고 있지 못
　　하기 때문이다.

로써'가 보이는데 연결 어미인 경우에는 '모로써'가 보이지 않는다는 것을 들었다.

둘째, 이를 바탕으로 기존에 향가의 '因隱'을 '-ᄆ론'에 대응시킨 논의에 비판을 해 보았다. '-ᄆ로'는 17세기에 들어서야 비로소 하나의 연결어미가 되므로 향가의 시기에서 '因'을 '-ᄆ로'에 대응시키는 것은 문제가 있다.

10. 연결 어미 형성의 시기

지금까지 우리는 명사구 보문 구성이나 명사화 구성이 단어 및 형태소 경계가 소멸하면서 하나의 연결 어미로 굳어지는 과정을 살펴보았다. 이제는 각각의 연결 어미가 형성된 시기에 초점을 맞추어 본문의 순서대로 기술하기로 한다. 각각의 연결 어미가 형성된 시기를 논의하는 것은 향가의 해독이나 차자 표기 자료를 다룸에 있어서 중요하다.

3.2에서 다룬 '-거늘'의 형성은 두 가지로 나눌 수 있다. 하나는 '-늘'의 형성이고, 다른 하나는 '-거늘'의 형성이다. '-늘'은 향가나 석독 구결 자료에 이미 하나의 연결 어미로 쓰이는 예가 나타나므로, 역사가 오래 되었음을 알 수 있다. 그런데 '의미 분화의 원리'에 적용되는 예가 석독 구결에도 보이므로, 향가나 석독 구결 자료 훨씬 이전에 형성된 것으로는 보기 힘들다. '-거늘'의 형성은 음독 구결 시기로 파악하는 것이 합리적이다. 그 이전까지는 다양한 선어말 어미와 결합하였던 '-늘'이 음독 구결 시기에 들어서면 주로 '-거-'와 결합하는 양상을 보인다.

3.3에서 다룬 연결 어미 '-ㄴ디'의 형성이 완료된 시기는 고려시대로 볼 수 있다. 균여 향가인 『廣修供養歌』에 나타나고, 석독 구결에서는 [배경]이나 [전제]의 'ノ 1 厶'와 관련지을 수 있다. 이처럼 고려시대 자료에

는 나타나지만 고려시대 이전의 자료에는 나타나지 않으므로, 고려시대
를 형성이 완성된 시기로 생각할 수 있다.

3.4에서는 연결 어미 '-ㄴ딘'과 '-ㄴ댄'을 다루었다. 이 둘은 각각 [[[[-
ㄴ]#ㄷ]+이]+ㄴ], [[[[-ㄴ]#ㄷ]+에]+ㄴ]의 명사구 보문 구성이 문법 형
태화하여 형성되었다. 전자는 그 기원적인 구성이 석독 구결 자료에 나타
나고 후자는 석독 구결 자료에 나타나지 않으므로 전자가 좀더 일찍 문
법 형태화한 것으로 예측할 수 있다. 이 둘이 완전히 하나의 연결 어미로
기능하는 예는 음독 구결 시기에 발견된다. 음독 구결 시기에는 완전히
문법 형태화한 것으로 파악해도 무리가 없다.

3.5에서는 연결 어미 '-거든'의 형성에 대하여 다루었다. '-거든'의 형성
은 두 가지로 나눌 수 있다. 하나는 '-든'의 형성이고, 다른 하나는 '-거든'
의 형성이다. '-든'은 향가나 석독 구결 자료에 이미 하나의 연결 어미로
쓰이는 예가 나타난다. 이와 더불어 '-ㄹ든'도 언급해야 한다. '-든'은 '-ㄹ
든'에서 공구성소 'ㄹ'이 소멸한 것이다. 공구성소 'ㄹ'의 소멸은 음독 구
결 시기에 완전히 끝난다. 음독 구결 자료에는 연결 어미로 기능하는 '-ㄹ
든'의 예가 발견되지 않는다. 그러나 '-ㄹ든'과 '-든'을 표기하는 것들이
향가, 고려시대 이두 자료, 석독 구결 자료에 섞여 나오므로, 연결 어미 '-ㄹ
든'의 역사는 꽤 오랜 것으로 생각할 수 있다. 그러나 '의미 분화의 원리'
에 적용되는 예가 석독 구결에도 보이므로, 향가나 석독 구결 자료 훨씬
이전에 형성된 것으로는 보기 힘들다. '-거늘'의 형성은 음독 구결 시기로
파악하는 것이 합리적이다. 그 이전까지는 다양한 선어말 어미와 결합하
였던 '-늘'이 음독 구결 시기에 들어서면 주로 '-거-'와 결합하는 양상을
보인다.

3.6에서는 연결 어미 '-오딘'의 형성에 대하여 다루었다. 연결 어미 '-오
딘'는 고려시대 석독 구결에 나오는 'ノ尸ム', 'ノㄱム'와 관련지을 수 있
다. 특히 'ノ尸ム'는 '-오딘'와 직접적으로 연결지어 볼 수 있다. 그 의미

나 구문상의 특징을 볼 때, '-오딕'는 'ノ尸厶'에 연결짓는 것이 합리적이다. 그리고 석독 구결에서는 'ノ尸厶'를 하나의 연결 어미로 설정할 수 있다. 고려시대 이두에는 '-乎矣'가 나타나는데 이것도 '-오딕'와 연결된다. 이를 바탕으로, '-오딕'의 선대형이 '올딕'일 가능성이 높고 '-올딕'는 이미 고려시대 석독 구결 자료에서는 하나의 연결 어미로 쓰이고 있음을 알 수 있다. '-올딕'에서 '-오딕'로의 변화는 석독 구결 시대에서 음독 구결 시대에 이르는 시기에 일어난다. 'ㄹ'의 소멸은 'ㄹ'이 공구성소이기 때문에 일어난다.

3.7에서는 연결 어미 '-ㄹ식'가 형성되는 과정을 살펴보았다. 명사구 보문 구성의 '-ㄹ식'와 연결 어미 '-ㄹ식'가 모두 음독 구결의 시기에 처음 나타난다. 그러므로 연결 어미 '-ㄹ식'의 형성은 음독 구결 시기에 일어났다고 판단할 수 있다.

3.8에서는 연결 어미 '-매'가 형성에 대하여 다루었다. '-매'는 15세기 중엽부터 17세기초 사이에 형성된 것이다. 15세기의 자료에 나타나는 '-오매'가 문법화를 거치면서 '오'의 소멸을 경험하여 '-매'가 된 것이다. 그리고 이 '-매'는 17세기초에 들어서 연결어미로 확실하게 굳어지게 되었다. 그 근거는 다음의 세 가지다. 첫째, '-매'는 17세기초에 들어서면 비교적 다양한 선어말 어미들과 결합하는 양상을 보이게 된다. 둘째, '-매'는 모음조화의 양상에서 완전히 벗어난다. 셋째, 처격 조사가 후대에 '-에'로 통일되어 가는 일반적인 경향과 달리 '-매'로 통일되어 쓰이게 된다.

3.9에서는 연결 어미 '-므로'의 형성에 대하여 다루었다. 연결 어미 '-므로'는 16세기 국어의 명사형 어미 '-옴'과 구격 조사 '-오로'의 결합이 문법 형태화하여 이루어진 것이다. '-오모로'는 17세기에는 대개 '-모로'로 실현되는데, 이때는 하나의 연결 어미로 완성된 것으로 볼 수 있다. 그 근거로는 명사형 어미와 구격 조사의 결합에는 '-모로뻐'가 보이는데 연결 어미인 경우에는 '모로뻐'가 보이지 않는다는 것을 들 수 있다.

제4장

결 론

1. 논의의 요약

본고에서는 언어의 변화 측면을 보여 주는 연결 어미의 형성에 대하여 살펴보았다. 국어 문법사에서 보면, '-ㄴ', '-ㄹ', '-ㅁ'의 명사구 보문 구성 또는 명사화 구성이 문법 형태화하면서 연결 어미가 형성되는데, 이러한 것들 중 문헌을 통해 관찰 가능한 것을 논의의 대상으로 하였다.

이를 위하여 고대국어를 반영하는 향가에서부터 근대국어의 문헌에 이르기까지 통시적 고찰을 해 보았다. 이러한 연구는 석독 구결과 음독 구결의 계속적인 발견을 통해 전기 중세국어의 자료들이 풍부하게 되었기 때문에 가능할 수 있었다. 그리고 이를 바탕으로 차자 표기 전반을 고려해 볼 수 있었다. 차자 표기 전반을 고찰한 결과 이제까지 밝혀지지 않은 부분들을 새로이 조명하기도 하였다.

연결 어미의 형성에 관한 연구는 공시와 통시를 아울러야 하는데, 이를 위해서 기존의 형태소의 개념에 대신하여 형성소와 구성소로 나누었다. 이러한 작업의 일환으로 2장에서는 먼저 기존에 있었던 형태소의 개념에 대해서 다시 살펴보았다. 그리고 이를 바탕으로 형성소와 구성소를 나누어 보았다.

본고에서 사용한 문장 형성소와 문장 구성소의 개념은 다음과 같다.

> 문장 형성소 : 어미부에 홀로 위치하며 다른 어휘적 요소나 문법적 요소처럼 문장을 형성할 때 직접 참여하는 것이다. 모두 어미부에 위치하며 분석이 쉽다는 특징을 가지고 있다. 어휘부에서는 활성 어휘부에 위치하고 있다.
>
> 문장 구성소 : 분리적인 성격을 지니고, 형성을 하는 데 쓰인 문장 형성소와 대조적인 위치에 있는 것으로, 여기에 속하는 것들은 반드시 다른 어미를 뒤에 세우거나 앞세워야만 문장 구성에 참여할 수 있는 것이다. 어휘부에서는 비활성 어휘부에 위치하고 있다.
>
> 공구성소 : 구성소에 속하는 것으로 음상은 있지만 의미는 지니지 못하는 것이다. 나중에 소멸하게 되는 부류이다.

구성소의 분석은 무엇보다도 음운론적 실현 방식의 동일성에 초점을 맞춘 것이다. 이를 만족시키면, 의미가 없는 구성소도 가능하다. 이처럼 의미 없는 구성소를 공구성소라고 이름을 붙였다. 그런데 문법사에서 보면, '형성소>구성소>공구성소>소멸'의 변화가 일어난다. 이러한 것은 연결 어미 '-거든', '-거늘', '-오디' 등의 형성 과정을 통해 살펴볼 수 있다.

다음으로 형태와 기능의 변화가 어떤 관련을 가지고 있는지를 살펴보았다. 그 결과 다음과 같은 세 가지 양상으로 나눌 수 있다.

(1) 기능의 변화⇒형태의 변화
(2) 형태의 변화⇒기능의 변화
(3) 기능의 변화⇒형태의 변화

그런데 국어 문법사의 연구에서 (3)이 중요한 역할을 한다. 이 때문에 불연속 형태가 발생하게 되는데, 이것은 기능의 변화를 형태의 변화가 따르지 못하는 데서 생기는 과도기적인 것이라고 할 수 있다. 이러한 과도기적인 표기는 불안하므로, 곧 안정된 상태를 찾으려고 하기 마련이다. 그러한 까닭에 국어 문법 형태에 변화가 일어나게 된다.

그리고 마지막으로 문법 형태의 변화 원리에 대해서 생각해 보았다. 본고에서는 대략 다섯 가지의 원리를 설정하였다. 첫째, '인접성의 원리'이다. 문법 형태화는 모두 인접한 형태들 사이에서 일어난다. 둘째, '통합의 원리'이다. 이 통합의 원리는 세 가지의 원칙을 준수하여 이루어진다. 첫째는 '일방향성의 원칙'이다. 둘째는 '형태미복구의 원칙'이다. 셋째는 '축소의 원칙'이다. 셋째, '분화의 원리'이다. 이 원리에 따르면 문법 형태화하기 이전의 구성과 문법 형태화한 결과가 같은 시기의 자료에서도 동시에 나타나는 이유에 대해서 설명해 볼 수가 있다. 넷째, '층위화의 원리'이다. 문법사에서 보면, 공시적으로 같은 기능을 가지는 여러 표현들이 공존하는 현상이 일어나는데 이것이 층위화의 원리이다. 이처럼 공존하던 것들은 '특정화의 원리'에 의해 특정 문법 형태들만 남기고 사라지게 된다. 다섯째, '의미 지속의 원리'이다. 일단 문법 형태화가 된 이후에도 기원적인 의미의 흔적이 남아서 문법적 분포에 제약을 주는 것을 '의미 지속(persystency)의 원리'라고 한다. 여섯째, '안정 상태 회귀의 원리'이다. 대표적으로 불연속 형태는 안정 회귀 원리에 의해 사라지게 된다.

제3장에서는 각 연결 어미의 형성에 대하여 통시적으로 살펴보았다. 이는 주로 문헌 자료에서 확인할 수 있는 것을 대상으로 하였다.

3.1에서는 어미가 형성되는 유형을 기원에 따른 것과 선어말 어미의 결합 여부에 따라 분류해 보았다.

기원에 따른 분류

┌─ 동명사 어미 유형 : -거늘, -매, -므로 …

└─ 명사구 보문 구성 유형 ┬ '-ㄴ' 관형사형 어미 유형 : -ㄴ디, -ㄴ딘, -ㄴ댄…

　　　　　　　　　　　　 └ '-ㄹ' 관형사형 어미 유형 : -거든, -오디, -ㄹ싀…

선어말 어미와의 결합 여부에 따른 분류

┌─선어말 어미 결합 유형 : -거늘, -거든, -오디 …

└─선어말 어미 비결합 유형 : -ㄴ디, -ㄴ딘, -ㄴ댄, -매, -므로 …

3.2에서는 '-거늘'의 형성에 대하여 살펴보았다. '-거늘'은 확인법 선어말 어미 '-거-'와 연결 어미 '*-늘'의 결합으로 이루어진 것으로 향가에서는 '-乙'로 표기된 것이다. 석독구결에서는 '-ㄱㄴ'로 음독구결에서는 '-ㅌ', '-乙', '-ㄱㄴ'의 세 가지로 다양하게 나타나 이두나 구결의 표기에도 관심을 기울였다.

첫째, 향가에서 '-乙'이 대격 조사나 동명사형 어미로 설명되지 않는 예가 나오는데, 의미나 문법적인 면을 고려하여 이를 후기 중세국어의 '-거늘' 정도에 대응되는 것으로 파악하였다. 그리고 이를 바탕으로『處容歌』에 나오는 '-良乙'의 '-乙'과『恒順衆生歌』에 나오는 '隱乙'의 '-乙'도 새로이 연결 어미에 관련시켜 해석하였다. 또한 고려시대 이두의 '-乙'에 대해서도 의미적인 면과 문법적인 면을 고려했을 때, 연결 어미로 사용되는 예가 있음을 밝혔다. 둘째, 석독 구결에서는 연결 어미 '*-늘'이 '-ㄱㄴ'로 표기되고 있다. 석독 구결의 연결 어미 '-ㄱㄴ'은『舊譯仁王經』,『華嚴經』,『金光明經』 등에서 골고루 나타나는데, 이때 '-ㄱㄴ'은 '-ㅿ-', '-ㅁ-', '-ナ-' 등 다양한 문법 형태와 결합을 보여주고 있다. 음독 구결인『기림사본 능엄경』에서는 향가나 이두의 연결 어미 '-乙'에 해당하는 형태의 표기가 다양해진다. '-ㅌ', '-乙', '-ㄱㄴ'의 세 가지로 나타난다. 이들 표기는 주로 확인법 선어말 어미 '-ㅿ/氵-'와 결합하는 것으로 보인다.

본고에서의 연구 결과를 바탕으로 '-거늘'의 형성 과정을 다음과 같이
정리할 수 있다.

  (1) '-늘'의 형성 [[-ㄴ]+-올]>[-늘]
  (2) '-거늘'의 형성 [[-거-]+[-늘]]>[-거늘]

  3. 3에서는 '-ㄴ디'의 형성에 대하여 살펴보았다. 15세기 국어의 연결
어미 '-ㄴ디'는 석독 구결에 나오는 [배경]이나 [전제]의 연결 어미 'ノ기
ㅅ'와 관련을 지을 수 있다. 그리고 이것을 바탕으로 『광수공양가』에 나
오는 '-良焉多衣' 한 구절에 대한 해독을 시도해 보았다.
  「廣修供養歌」의 '-良焉多衣'에 대해서는 향가에도 확인법 '-去/良'이 존
재함에 유의하여 '-良-'을 확인법 선어말 어미 '-어-'로 파악하고, '-焉多衣'
는 15세기 국어 [전제] 또는 [배경]의 연결 어미 '-ㄴ디'에 대응시켜 '-언디'
로 해독하였다. 결과적으로 「廣修供養歌」의 '-良焉多衣'에 대해서는 '-언디'
로 해독하고 '-良(확인법)+-焉多衣(전제나 배경)'으로 형태 분석해 보았다.

  3.4에서는 '-ㄴ딘, -ㄴ댄'의 형성에 대하여 다루었다. '-ㄴ딘, -ㄴ댄'은
각각 [[[[-ㄴ]#ᄃ]+이]+ᄋ], [[[[-ㄴ]#ᄃ]+에]+ᄋ]의 명사구 보문 구성이
문법 형태화한 것이다.
  첫째, 석독 구결에서는 '-ㄱㅣ+ㄱ'의 구결 통합체를 확인할 수가 있는
데, 이것은 '-ㄹ 때(경우)에는' 정도의 의미를 가지고 있다. 그리고 문맥에
따라서는 [가정]이나 [조건]으로 해석해 볼 수 있다. 이처럼 [가정]이나
[조건]으로 해석되는 것들이 문법 형태화해서 연결 어미가 된다. 둘째, '-
ㄴ딘'은 차자 표기에 존재하는 '-이/의' 계통의 처격 조사와의 통합체가
어미화한 것으로 보았다. '-이/의' 계통의 처격 조사는 향가에서는 '-矣',
석독 구결이나 음독 구결에서는 'ㆆ'로 표기되어 나타난다. 셋째, 음독 구
결에는 'ノ기ㅅ기'과 '-ㄱㅊㄱ'이 존재하는데 이 둘은 구별되어 쓰인다.

'*ノㄱㅿㄱ*'은 주어가 1인칭인 구문에서 담화 전제로 쓰이고 '-ㄱㅊㄱ'은 [가정]이나 [조건]의 의미를 가지고 있다. 15세기 국어에 들면 이러한 구별 의식이 없어지는 경향이 있다.

3.5에서는 '-거든'의 형성에 대하여 살펴보았다. 15세기 국어의 '-거든'과 '-더든'이 보이는 형태적 특성에 유의하여 '*-든'이 존재했을 가능성을 생각해 보았다. 그리고 이것을 국어 문법사에서 살펴보았다.

첫째, 향가에는 연결 어미의 기능을 수행하는 '-等', '-等隱' 등의 표기가 보인다. 이 경우에 '-尸等隱'은 [[[尸#等]+隱] 구성의 형태소 경계가 소멸하면서 하나의 어미로 굳어진다. 연결 어미 '-等'은 '-ㄹ든'을 표기하는 '-尸等隱'이 어미화하자, 공형태 'ㄹ'의 소멸이 이루어지면서 생긴 것이다. 이두에는 연결 어미 '-乙等'이 보이기도 하지만, 대체적으로 '-等'으로 표기되고 있다. 이것은 고려시대 이두에는 '-ㄹ든> -든'이 과정이 어느 정도 진행된 상태라는 것을 보인다. 그리고 '-거-'과 '-든'의 결합인 '-거든'이 많이 나타난다. 둘째, 석독 구결에는 '-ㄹ든'을 표기하는 '-尸ㅅㄱ'이 주류를 차지하고, '-든'을 표기하는 '-ㅅㄱ'은 몇몇 동사와만 나타나는 제한성을 보인다. '-尸ㅅㄱ'이 쓰인 구문의 구조가 한편으로는 향가와 연결되고, 다른 한편으로는 음독 구결과 연결된다는 점에서 관심을 끈다. 음독 구결 자료에서는 대개 '-ㅊ-'와 '-ㅅㄱ'으로 분석 가능한 '-ㅊㅅㄱ'이 쓰이고, '-ㅅㄱ'은 [가정] 또는 [조건]의 기능을 수행한다. 그러나 대개 '-ㅊㅅㄱ'으로 나타난다는 점에서 이 시기는 '-거든'으로의 문법화가 진행되는 시기라고 할 수 있다.

본고에서의 연구 결과를 바탕으로 '-거든'의 문법화 과정을 다음과 같이 정리해 보았다.

(1) '-든'의 형성 [[[리]#ㄷ]+은]>[-ㄹ든]>[-든]
(2) '-거든'의 형성 [[-거-]+[-든]]>[-거든]

3.6에서는 '-오더'의 형성에 대하여 살펴보았다. 15세기 국어에서 '-오더'는 '-오-'와 '-더'로 나뉠 가능성이 있어 관심의 대상이 되었던 것이다.

첫째, 고려 시대의 이두 자료에는 15세기 국어의 '-오더'와 관련된 것으로 '乎矣'와 '矣'가 보인다. 이때 '矣'는 '슈'과 '敎' 혹은 '敎是' 등 몇몇 이두자 뒤에서만 나오는 것으로 이 때는 '오'를 넣어서 읽는 것이 좋다고 보았다. 또한 이두 자료에는 이른바 동명사형 어미 '-ㄴ'을 표기하지 않는 경우가 존재하므로, 사실은 '-乎矣'를 '-온더'로 읽는 것이 합리적인 처리가 된다고 보았다. 그리고 '-ㄹ'도 표기되지 않으므로 '-올더'로 읽을 가능성도 생각해 보았다.

둘째, 고려 시대의 석독 구결에는 '-오더'와 관련된 표기로 'ノ尸厶'와 'ノᄀ厶'가 보인다. 그런데 의미와 구조를 생각할 때, '-오더'는 'ノᄀ厶'보다는 'ノ尸厶'와 관련이 있다. 그러므로 기존의 논의에서 '-온더>오더'의 변천은 조심스럽게 검토되어야 한다. '-온더'를 표기하는 'ノᄀ厶'는 [설명]이나 [인용]보다는 [배경]이나 [전제]에 사용되었기 때문이다. 고려 시대의 음독 구결 자료에는 'ノ厶'의 표기만이 보인다. 이때, 석독 구결 자료를 고려할 때 'ㄴ'이 탈락했을 가능성보다는 'ㄹ'이 탈락했을 가능성이 높다. 'ㄹ'이 사라지는 것은 'ㄹ'이 공구성소이기 때문이다.

3.7에서는 연결 어미 '-ㄹ시'가 형성되는 과정을 살펴보았다. 그 내용을 대략 정리해 보면 다음과 같다.

첫째, '-ㄹ시'가 처음 보이는 것은 음독 구결 자료인데, 이 자료에는 명사구 보문 구성의 '-ㄹ시'와 연결 어미 '-ㄹ시' 둘다 나온다. 음독 구결의 명사구 보문 'ノㄴ土ᄒ'의 '土'에 대해서는 때를 나타내는 것으로 파악하였다. 둘째, 연결 어미 '-ㄹ시'가 15세기 국어에서는 매우 활발하게 쓰였다. '-시-', '-어시-', '-ᄉᆞᆸ-', '-리-', '-ᄉᆞᆸ-+-리-' 등 다양한 선어말어미와 결합하고 있었다. 근대국어에 들어서면서부터 '-ㄹ시'는 그 쓰임이 급격히

줄어들게 된다. 이처럼 세력이 급격히 줄어든 것은 '-매', '-기에' 등 [이유]나 [원인]을 나타내는 다른 연결 어미가 발달한 데서 그 원인을 찾았다.

3.8에서는 '-매'의 형성에 대하여 살펴보았다. 이것을 정리하면 다음과 같다.

국어의 연결어미 '-매'는 15세기 중엽부터 17세기초 사이에 형성된 것이다. 15세기의 자료에 나타나는 '-오매'가 문법화를 거치면서 '오'의 소멸을 경험하여 '-매'가 된 것이다. 그리고 이 '-매'는 17세기초에 들어서 연결어미로 확실하게 굳어지게 되었다.

그 근거는 다음의 세 가지다. 첫째, '-매'는 17세기초에 들어서면 비교적 다양한 선어말 어미들과 결합하는 양상을 보이게 된다. 둘째, '-매'는 모음조화의 양상에서 완전히 벗어난다. 셋째, 처격 조사가 후대에 '-에'로 통일되어 가는 일반적인 경향과 달리 '-매'로 통일되어 쓰이게 된다.

그리고 이를 바탕으로 기존 향가의 연구에서 연결어미 '-매'로 보았던 것들에 대해서 의문을 제기하였다. 17세기에야 보이는 연결어미 '-매'가 향가에 보인다는 것은 논리적 설명이 가능하지 않았기 때문이다. 이를 위해서 먼저 석독구결 자료를 바탕으로 구결 자료에 명사형 어미 '-ㅁ'이 나오는가를 살펴보았다. 그 결과 석독구결 시기는 '-옴' 명사형 어미의 초기 생성 단계임을 추측하였다. 마지막으로 향가의 예에서 골라 '米'를 연결어미 '-매'로 보았을 때 어떠한 문제점이 생기는가를 살펴보고 이에 대한 대안으로 다른 해독을 시도하였다.

3.9에서는 마지막으로 '-므로'의 형성과 이러한 '-므로'의 형성 과정이 국어 문법사에서 가질 수 있는 의의에 대하여 살펴보았다.

첫째, 연결 어미 '-므로'는 16세기 국어의 명사형 어미 '-옴'과 구격 조사 '-오로'의 결합이 문법 형태화하여 이루어진 것이다. '-오모로'는 17세기에는 대개 '-모로'로 실현되는데, 이때는 하나의 연결 어미로 완성된 것으로 볼 수 있다. 그 근거로는 명사형 어미와 구격 조사의 결합에는 '모로뻐'가 보이는데 연결 어미인 경우에는 '모로뻐'가 보이지 않는다는 것을 들었다.

둘째, 이를 바탕으로 기존에 향가의 '因隱'을 '-므론'에 대응시킨 논의에 대하여 비판하였다. '-므로'는 17세기에 들어서야 비로소 하나의 연결 어미가 되므로 향가의 시기에서 '因'을 '-므로'에 대응시키는 것은 문제가 있다.

2. 남은 문제

본고에서는 처음에 국어 연결 어미의 형성에 살펴봄으로써 국어 문법 형태화 현상 전반에 관하여 밝히는 것을 목표로 삼았다. 그러나 연구가 진행되는 과정에서 이러한 목표를 제대로 달성하지 못하고 오히려 문제를 더 남겨 둔 듯하다. 실제 작업에 있어서는 국어 문헌 속에서 통사적 구성이 문법 형태화하는 현상을 남김없이 관찰하는 것도 어려웠을뿐더러 그 문법 형태화의 시기를 포착하기도 매우 어려웠다. 문법사 연구에 있어서는 역시 자료의 부족이 중요한 문제라는 종전의 생각을 다시금 확인하게 되었다. 그러나 사실 더 큰 문제는 현재 있는 자료도 제대로 검토해 보지 못했다는 데 있다. 현재 있는 자료들도 사실은 다루기 힘들 정도로 벅찬 분량이었다. 그러므로 본고에서 남겨진 많은 문제들은 새로운 자료들을 발견함에 의해서 풀릴 것들이 아니라, 오히려 현재 있는 자료들을 제대로 활용함에 의해서 풀릴 것들도 적지 않다. 이처럼 제대로 활용되지 못한 자료들을 꾸준히 보충하는 것은 본고의 일차 과제로 남는 셈이다.

본고에서 무엇보다도 미진하다고 생각되는 문제는 문법 형태화에 대한 일반화의 틀을 제대로 마련하지 못한 데 있다. 애초에 변화에 대한 일반화의 틀을 만들어 보고자 하였으나, 논의가 진행되어 가면서 이러한 의도와는 거리가 멀어졌다. 언어학의 궁극적인 목표가 언어에 대한 설명에 있다면 일반화의 틀을 만드는 것은 매우 유용한 작업임에 틀림없다. 이처럼 변화에 대한 일반적인 원리를 만들고 이러한 원리에 따라서 문법사를 설명하려는 노력은 계속적으로 이루어져야 할 것이다.

참 고 문 헌

강신항(1980), 『계림유사 고려방언 연구』, 성균관대학교 출판부.

강 영(1993), 「"대명률직해 이두의 어말어미 연구"」, 고려대학교 박사학위논문.

고경태(1999), 「국어 조사 '에'와 '로'의 의미 연구」, 고려대학교 석사학위논문.

고영근(1978), 「형태소의 분석한계」, 『언어학』 3, 언어학회.

고영근(1980), 「중세어의 어미활용에 나타나는 '-거/어-'의 교체에 대하여」, 『국어학』 9. 국어학회.

고영근(1981=1997), 『중세국어의 시상과 서법』, 탑출판사.

고영근(1982ㄱ), 「중세국어 형식명사에 대하여」, 『어학연구』 18-1.

고영근(1982ㄴ), 「관형사형어미와 서술성어미의 상관성에 관한 연구」, 『관악 어문연구』 7, 서울대학교 국어국문학과.

고영근(1985), 「처용가의 한 해석」, 『건국어문학』 9·10, 건국대.

고영근(1986), 「서법과 양태의 상관관계」, 『국어학신연구』, 탑출판사.

고영근(1987=1997), 『표준 중세국어 문법론』, 탑출판사.

고영근(1989), 『국어형태론 연구』, 서울대 출판부.

고영근(1991), 「불연속형태에 관한 논의」, 『국어학의 새로운 인식과 전개』, 민음사.

고영근(1993), 『우리말의 총체서술과 문법체계』, 일지사.

고영근(1995ㄱ), 『단어·문장·텍스트』, 한국문화사.

고영근(1995ㄴ), 「중세어의 동사형태부에 나타나는 모음동화」, 『국어사와 차 자표기』, 태학사.

고영근(1998), 「석독구결의 국어사적 가치」, 『구결연구』 3, 구결학회.

고영진(1997), 『한국어의 문법화 과정』, 국학원.

구본관(1990), 「경주방언 피동형에 대한 연구」, 『국어연구』 100.

구본관(1992), 「생성문법과 국어 조어법 연구 방법론」, 『주시경 학보』 9, 탑출판사.

구본관(1993), 「중세국어 선어말어미의 결합순서에 대하여」, 『국어학논집』 1, 서울대 국어국문학과(편).

구본관(1998), 『15세기 국어 파생법에 대한 연구』, 태학사.

권재일(1982), 「어미 체계와 통사기술」, 『언어학』 6, 언어학회.

권재일(1985), 『국어의 복합문 구성 연구』, 집문당.

권재일(1985), 「중세 한국어의 접속문 연구」, 『역사언어학』, 전예원.

권재일(1993), 「한국어 문법범주에 대한 언어유형론적인 연구」, 『학술지』 38,

권재일(1994), 『한국어 문법의 연구』, 서광학술자료사.

김방한(1988), 『역사 - 비교 언어학』, 민음사.

김방한(1993), 『한국어의 계통』, 민음사.

김성규(1987), 「어휘소 설정과 음운현상」, 『국어연구』 77, 국어연구회.

김소희(1996), 「16세기 국어의 '-거/어-' 연구」, 『국어연구』 142, 국어연구회.

김승곤(1974), 「'-(오/우)-' 삽입모음고」, 『조선학보』 21·22, 조선학회.

김양진(1999), 「국어 형태 정보 연구」, 고려대학교 박사 학위논문.

김영만(1986), 「舊譯仁王經의 釋讀表記 小考」, 『國語學新研究』, 탑출판사.

김영만(1991), 「鄕歌의 '善陵'과 '頓部叱'에 대하여」, 『동양학』 21, 단국대 동양학연구소.

김영욱(1989ㄱ), 「중세국어의 존비법에 대한 연구」, 『국어연구』 89, 국어연구회.

김영욱(1989ㄴ), 「'-쇼셔'와 형태소 분석」, 이용주 박사 화갑기념 논문집.

김영욱(1989ㄷ), 「중세국어 원칙법 '-니-'와 둘째설명법 어미 '-니라'의 설정에 따른 문제점 해결을 위하여」, 『관악어문연구』 14, 서울대학교 국어국문학과.

김영욱(1990), 「중세국어의 관형격 조사 '-이/ㅅ'의 기술과 관련된 문제 해결을 위하여」, 『주시경 학보』 6, 탑출판사.

김영욱(1995), 『문법형태의 역사적 연구』, 박이정.

김영욱(1996), 「14세기 문법형태 '-거/어-'의 교체에 대하여」, 『한글』 233, 한글학회.

김영욱(1997), 「공형태에 대하여」, 『전농어문연구』 9집, 서울시립대학교 국어국문학과.

김영욱(1997), 『문법형태의 연구방법』, 박이정.

김영욱(1999), 「통시적 형태분석의 문법사적 의미」, 『형태론』 1-1, 박이정.

김완진(1957), 「-n, -l 동명사의 통사론적 기능과 발달에 대하여」, 『국어연구』 2, 국어연구회.

김완진(1980), 『향가 해독법 연구』, 서울대학교 출판부.

김유범(1997), 「"趙溫賜牌敎旨"의 吏讀 一考」, 제17회 구결학회 공동 연구회 발표본.

김유범(1999), 「吏讀 '-是等'고」, 『구결연구』 4. 구결연구회.

김정아(1985), 「15세기 국어의 '-ㄴ가' 의문문에 대하여」, 『국어국문학』 94, 국어국문학회.

김준영(1979=1996), 『鄕歌文學』, 형설출판사.

김홍수(1990), 「내면인용구문의 해석」, 『주시경학보』 6, 탑출판사.

남권희(1994), 「고려본 大方廣佛華嚴經 권35의 서지학적 고찰」, 구결학회 여름 공동 연구회 발표본.

남권희(1995), 「고려 석독 구결 자료 "金光明經" 권3의 서지적 분석」, 구결학회 월례 강독회 발표 요지.

남권희(1996), 「고려 구결자료 『大方廣佛華嚴經』 권 제14의 서지적 분석」, 『구결연구』 1.

남기심(1989), 『국어문법의 시제문제에 관한 연구』, 탑출판사.

남성우(1986), 『十五世紀國語의 同義語 硏究』, 탑출판사.

남윤진(1989), 「15세기 국어의 접속어미에 대한 연구{-아}, {-고}, {-며}를 중심으로」, 『국어연구』 93, 국어연구회.

남풍현(1977), 「국어 부정법의 발달」, 『문법연구』 3, 탑출판사.

남풍현(1985), 「구역인왕경 석독구결의 연대」, 『동양학』 15.

남풍현(1986), 「구역인왕경의 구결에 대하여」, 『국어학신연구』, 탑출판사.

남풍현(1990), 「고려말 조선초기의 구결연구」, 『진단학보』 69.

남풍현(1993), 「고려본 유가사지론의 석독구결에 대하여」, 『동방학지』 81집, 연세대 동방학연구소.

남풍현(1994), 「高麗時代 吏讀文 解讀 二題」, 『연산 도수희선생 화갑기념논총』, 문경출판사.

남풍현(1995), 「박동섭본 능엄경 해제」, 『구결 자료 총서』 1, 태학사.

남풍현(1996ㄱ), 「고려시대 석독구결 'ㄹ/乙'에 대한 고찰」, 『구결연구』 제1집, 태학사.

남풍현(1996ㄴ), 「금광명경 권 3 석독구결에 나타난 ㄹ의 用法에 대하여」, 『이기문교수정년퇴임기념논총』.

남풍현(1996ㄷ), 「고려시대 석독구결의 동명사어미 '-ㄱ/ㄴ'에 대한 고찰」, 『국어학』 28.

남풍현·심재기(1976), 「舊譯仁王經의 口訣研究(其一)」, 『동양학』 6, 단국대 동양학연구소.

리의도(1990), 『우리말 이음씨끝의 통시적 연구』, 어문각.

민현식(1990), 「중세국어 시간부사 연구」, 서울대 박사학위 논문.

박금자(1994), 「15세기 불경언해의 협주에 관한 연구」, 서울대학교 박사학위 논문.

박성종(1996ㄱ), 「조선초기 이두 자료와 그 국어학적 연구」, 서울대학교 박사학위논문.

박성종(1996ㄴ), 「송성문본 능엄경 해제」, 『구결자료집』 3, 『한국학 자료총서』 6, 한국정신문화연구원.

박영준(1994), 『명령문의 국어사적 연구』, 국학자료원.

박진호(1994), 「통사적 결합관계와 논항구조」, 『국어연구』 123.

박진호(1995), 「현대국어 '만', '뿐', '따름'과 중세국어 '만', '뿐', '샌름'의 문법적 지위에 대하여」, 『국어학논집』 2, 태학사.

박진호(1998), 「고대 국어 문법」, 『국어의 시대별 변천 연구』 3, 국립국어연구원.

박창원(1995), 「제망매가의 해독과 고대국어의 몇 의문」, 『한일어학논총』, 국학자료원.

박형달(1968), 「15세기 국어의 관형형에 나타나는 교체 음운 '오/우'의 기능에 대하여」, 『어학연구』 4-2, 서울대 어학연구소.

법성연의(1992), 『華嚴經 보현행원품』, 큰수레.

백두현(1995ㄱ), 「고려시대 경어법 선어말어미 '-ㄷ-'와 '-ㅂ-'의 분포와 기능에관한 연구」, 『어문론총』 29호, 경북어문학회.

백두현(1995ㄴ), 「高麗本 『화엄경』의 口訣字 '十'에 관한 고찰」, 『국어사와 차자표기』, 태학사.

백두현(1996), 「고려시대 석독구결의 선어말어미 '-ᄒ-(오)'의 분포와 문법기
　　　능」, 『어문론총』 30호, 경북어문학회.

백두현(1997ㄱ), 「고려시대 석독구결의 선어말어미 '-ᄒ-'에 대한 통시적 고찰」,
　　　『진단학보』 83.

백두현(1997ㄴ), 「고려시대 구결의 문자체계와 통시적 변천」, 『아시아 제민족
　　　의 문자』, 태학사.

백두현(1997ㄷ), 「고려시대 석독구결에 나타난 선어말어미의 계열관계와 통
　　　합관계」, 『구결연구 2』, 구결연구회.

백두현(1997ㄹ), 「'현풍 곽씨 언간' 판독문」, 『어문론총』 31, 경북어문학회.

서정목(1989), 『국어 활용어미의 체계화 방법』, 애산학보 8.

서정섭(1988), 「양보의 '-ㄴ들'에 대하여」, 『한국언어문학』 26, 한국언어문학회.

서정섭(1991), 「국어양보문연구」, 전북대 박사학위논문.

서정수(1992), 『국어문법의 연구 Ⅰ』, 증보개정판, 한국문화사.

서정수(1994), 『국어문법』, 뿌리깊은나무.

서종학(1995), 『이두의 역사적 연구』, 영남대학교 출판부.

서태룡(1979ㄱ), 「국어 접속어미 연구1」, 『한글』 189, 한글학회.

서태룡(1979ㄴ), 「내포와 접속」, 『국어학』 8, 국어학회.

서태룡(1988), 『국어 활용어미의 형태와 의미』, 탑출판사.

서태룡(1997), 「어말어미의 변화」, 『국어사연구』, 국어사연구회.

서태룡(1998), 「접속어미의 형태」, 『문법 연구와 자료』, 이익섭선생 회갑기념
　　　논총.

성기철(1969), 「명사의 형태론적 구조」, 『국어교육』 15, 한국 국어교육 연구회.

성기철(1973), 「형태론」, 『국어학신강』, 개문사.

성기철(1974), 「경험의 형태 {-었-}에 대하여」, 『문법연구』 1, 문법연구회.

성기철(1985), 『국어 대우법 연구』, 개문사.

성기철(1992), 「국어 어순 연구」, 『한글』 218, 한글학회.

송원용(1998), 「활용형의 단어 형성 참여 방식에 대한 연구」, 『국어연구』 153,
　　　국어연구회.

시정곤(1994), 『국어의 단어형성 원리』, 국학자료원.

신석환(1978), 「'ᄃ'계 분화어 연구」, 계명대 석사학위논문.

심재기(1979ㄱ), 「'-ㄹ' 동명사의 통사적 기능에 대하여」, 『문법연구』 4, 문법연구회.

심재기(1979ㄴ), 「관형화의 의미 기능」, 『어학연구』 15-2, 서울대 어학연구소

심재기(1980), 「명사화의 의미 기능」, 『언어』 5-1, 언어학회.

안명철(1992), 「현대국어의 보문연구」, 서울대 박사학위논문.

안병희(1959), 「15세기 국어의 활용어간에 대한 형태론적 연구」, 『국어연구』 7, 『국어학 연구선서』 2, [탑출판사(1978)에 재수록됨]

안병희(1967), 『한국어발달사』, 고려대 민족문화 연구소, 문법사.

안병희(1977), 『중세국어 구결의 연구』, 일지사.

안병희(1985), 「대명률직해 이두의 연구」, 『규장각』 9.

안병희(1987), 『이문과 이문대사』, 탑출판사.

안주호(1997), 『한국어 명사의 문법화 현상 연구』, 한국문화사.

안효팔(1983), 「허사화 연구」, 경남대학교 석사학위논문.

양정호(1991), 「중세국어 파생 접미사 연구」, 『국어연구』 105, 국어연구회.

양정호(1999), 「선어말어미 '-오-'와 형식명사」, 『형태론』 1-1, 박이정.

양주동(1939), 「향가주석산고」, 『진단학보』 10, 진단학회.

양주동(1947), 『麗謠箋注』, 을유문화사.

양주동(1965), 『古歌研究』, 일조각, [朝鮮古歌 研究(1942)의 증보판]

오승신(1987), 「'-ㄴ지'의 통사적 기능과 의미 연구」, 『말』 12집, 연세대학교 한국어학당.

왕문용(1988), 『근대국어의 의존명사 연구』, 한샘.

유목상(1985), 『연결서술어미 연구』, 집문당.

유창돈(1962), 「허사화고구」, 『인문과학』 7, 연세대학교.

유창돈(1963), 「선행어미(先行語尾) '-가/거-, -아/어-, -나-' 고찰」, 『한글』 132.

유창돈(1964), 『이조국어사연구』, 선명문화사.

유현경(1986), 「국어 접속문의 통사적 특질에 대하여」, 『한글』 191, 한글학회.

이강로(1984), 「인칭 매김법 '-在(견)'에 대한 연구」, 『한글』 184, 한글학회.

이건식(1996), 「고려시대 석독구결의 조사에 대한 연구」, 단국대학교 박사학위논문.

이기문(1972), 『국어사 개설(개정판)』, 탑출판사.

이기백(1987), 『한국상대고문서자료집성』, 일지사.

이기동(1979), 「연결어미 '-는데'의 화용상 기능」, 『인문과학』 41, 연세대학교 인문과학 연구소.

이남순(1998), 「격조사」, 『문법 연구와 자료』, 이익섭선생 회갑기념논총.

이상태(1988), 「국어의 접속어미 연구」, 계명대학교 박사학위논문.

이숭녕(1959), 「어간형성과 활용어미에서의 '-(오/우)-'의 개재에 대하여」, 『논문집』 8, 서울대학교.

이숭녕(1960), 「Volitive form으로서의 Prefinal ending '-(o/u)-'의 개재에 대하여」 『진단학보』 2, 진단학회.

이숭녕(1976), 「15세기 국어의 쌍형어 '잇다, 시다'의 발달에 대하여」, 『국어학』 4, 국어학회.

이승욱(1973), 『국어문법체계의 사적 연구』, 일조각.

이승재(1991), 「鄕歌의 遣只賜와 舊譯仁王經 口訣의 ㅁㅅㄷ에 대하여」, 김완진선생 회갑기념논총.

이승재(1992ㄱ), 『고려시대의 이두』, 태학사.

이승재(1992ㄴ), 「융합형의 형태분석과 형태의 화석」, 『주시경학보』 10, 탑출판사.

이승재(1993), 「高麗本 華嚴經의 口訣字에 대하여」, 『국어학』 23, 국어학회.

이승재(1994), 「高麗中期 口訣資料의 形態音素論的 硏究」, 『진단학보』 78, 진단학회.

이승재(1995ㄱ), 「동명사 어미의 역사적 변화」, 『국어사와 차자표기』, 태학사.

이승재(1995ㄴ), 「鷄林類事와 借字表記 資料의 關係」, 『대동문화연구』 30, 성균관대 대동문화연구원.

이승재(1996), 「고려 중기 구결 자료의 주체 경어법 선어말 어미 '-ナ(겨)-'」, 이기문 정년기념 논총.

이승희(1996), 「중세국어 감동법 연구」, 『국어연구』 139, 국어연구회.

이 용(1992), 「18세기 국어의 시상에 관한 연구」, 서울시립대학교 석사학위논문.

이 용(1997), 「'-乙'에 대하여」, 『구결연구』 2, 구결연구회.

이 용(1998), 「연결어미 '-거든'의 문법사적 고찰」, 『구결연구』 4, 구결연구회.

이 용(1999), 「석독 구결 선어말 어미 '-ㅁ-'에 대하여」, 『형태론』 1-1, 박이정.

이은경(1990), 「국어의 접속어미 연구」, 『국어연구』 97, 국어연구회.

이은경(1996), 「국어의 연결 어미 연구」, 서울대학교 박사학위논문.

이은경(1998), 「접속어미의 통사」, 『문법 연구와 자료』, 이익섭선생 회갑기념 논총.

이익섭(1992), 『국어 표기법 연구』, 서울대 출판부.

이익섭·임홍빈(1983), 『국어문법론』, 학연사.

이지양(1993), 「국어의 융합현상과 융합형식」, 서울대학교 박사학위논문.

이지양(1998), 「문법화」, 『문법 연구와 자료』, 이익섭선생 회갑기념논총.

이태영(1988), 『국어 동사의 문법화 연구』, 한신문화사.

이필영(1995), 『국어의 인용구문 연구』, 탑출판사.

이필영(1998), 「명사절과 관형사절」, 『문법 연구와 자료』, 이익섭선생 회갑기 념논총.

이현규(1995), 『국어 형태 변화의 원리』, 영남대학교 출판부.

이현희(1988), 「소학의 언해에 대한 비교연구」, 『한신논문집』 5, 한신대학교.

이현희(1989), 「국어 문법사 연구 30년(1959-1989)」, 『국어학』 19, 국어학회.

이현희(1991), 「중세국어 명사문의 성격」, 『국어학의 새로운 인식과 전개』, 민 음사.

이현희(1994ㄱ), 『중세국어구문연구』, 신구문화사.

이현희(1994ㄴ), 「"樂學軌範"의 國語學的 考察」, 『진단학보』 77, 진단학회.

이현희(1995), 「'-아져'와 '-良結'」, 『國語史와 借字表記』, 태학사.

이현희(1996), 「향가의 언어학적 해독」, 『새국어생활』 6권 1호, 국립국어연구원.

임홍빈(1983), 「동명사 구문의 해석 방법에 대하여」, 『정병욱선생 환갑기념논 총』, 신구문화사.

임홍빈(1997), 「국어 굴절의 원리적 성격과 재구조화」, 『관악어문연구』 22, 서 울대학교 국어국문학과.

장병기·김현권 편역(1998), 『소쉬르의 현대적 이해를 위하여』, 박이정.

장윤희(1991), 「중세국어 조건 접속어미에 대한 연구」, 『국어연구』 104.

장윤희(1995), 「吏讀에 나타난 국어 활용어미의 체계와 성격」, 『전농어문』 7, 서울시립대학교 국어국문학과.

장윤희(1998), 「중세국어 종결어미에 대한 통시적 연구」, 서울대학교 박사학위논문.

장윤희(1999), 「공형태 분석의 타당성」, 『형태론』 1-2, 박이정.

전병용(1995), 「중세국어의 어미 '-니'에 대한 연구」, 단국대학교 박사학위논문.

전상범(1995), 『형태론』, 한신문화사.

전정례(1991ㄱ), 「중세국어 명사구 내포문에서의 '-오-'의 기능과 변천」, 서울대학교 언어학과 박사학위논문.

전정례(1991ㄴ), 「국어 통사변화의 한 양상」, 『주시경학보』 8.

전정례(1995), 『새로운 '-오-' 연구』, 한국문화사.

정재영(1992), 「통합형어미 '-ㄴ둔'과 '-ㄴ뎌'에 대한 고찰」, 『국어학』 22, 국어학회.

정재영(1995ㄱ), 「전기중세국어의 의문법」, 『국어학』 25, 국어학회.

정재영(1995ㄴ), 「'ᄭ'형 부사와 'ᄯ'형 부사」, 『국어사와 차자표기』, 태학사.

정재영(1996), 「의존명사 'ᄃ'의 문법화」, 태학사.

정재영(1997ㄱ), 「名詞의 문법화」, 『규장각』 20, 서울대학교 규장각.

정재영(1997ㄴ), 「'-오-'의 변화」, 『국어사연구』, 국어사연구회.

정정덕(1986), 「국어접속어미의 통사 의미론적 연구」, 한양대학교 박사학위논문.

정호완(1983), 「의존명사의 굴곡어미 형성고」, 『국어국문학』 90, 국어국문학회.

정희정(1998), 「국어 명사의 연구 -의미에 따른 통사적 특성을 중심으로-」, 연세대학교 박사학위논문.

채연강(1985), 「현대 한국어 연결어미에 대한 연구」, 성균관대학교 박사학위논문.

채현식(1994), 「국어 어휘부의 등재소에 관한 연구」, 『국어연구』 120, 국어연구회.

채현식(1999), 「조어론의 규칙과 표시」, 『형태론』 1-1, 박이정.

최남희(1987), 「선어말 '-오/우-'의 통어 기능」, 『동의어문논집』 3, 동의대학교.

최남희(1996), 『고대국어 형태론』, 박이정.

최동주(1995), 「국어 시상체계의 통시적 변화에 관한 연구」, 서울대학교 박사학위논문.

최명옥(1991), 「어미의 재구조화에 대하여」, 『국어학의 새로운 인식과 전개』, 민음사.

최웅환(1995), 「기능소로서의 접사에 대한 통사적 해석」, 『국어학』 25, 국어학회.

최재희(1991), 『국어의 접속문 구성 연구』, 탑출판사.

최현배(1983), 『우리말본』, 정음문화사.

최형용(1997ㄱ), 「형식명사・보조사・접미사의 상관관계」, 『국어연구』 148, 국어연구회.

최형용(1997ㄴ), 「문법화의 한 양상에 대하여」, 『관악어문연구』 22, 서울대학교 국어국문학과.

최형용(1999), "Wolfgang U. Wruzel, Flexionmorphologie und Naütlichkeit", 『형태론』 1-1, 박이정.

최호철(1995), 「의소(義素)와 이의(異義)에 대하여」, 『국어학』 25, 국어학회.

한동완(1986), 「과거 시제 '-었-'의 통시론적 고찰」, 『국어학』 15, 국어학회.

한동완(1991), 「국어의 시제 연구」, 서강대학교 박사 학위논문.

한상화(1994), 「기림사본 능엄경 구결의 연구」, 성심여자대학교 석사학위 논문.

한현종(1990), 「현대국어의 시제체계의 수립과 그 제약조건」, 『국어연구』 99, 국어연구회.

홍기문(1956), 『향가해석』, 평양 : 과학원.

홍기문(1957), 『리두연구』, 평양 : 과학원출판사.

홍종선(1986), 「국어 체언화구문의 연구」, 고려대학교 박사 학위논문.

황선엽(1995), 「15세기 국어 '-으니'의 용법과 그 기원」, 『국어연구』 135, 국어연구회.

황재건(1992), 「중세국어의 가정·조건 접속어미 연구」, 단국대학교 석사학위논문.

허 웅(1958), 「삽입모음고」, 『논문집』 7, 서울대학교.

허 웅(1959), 「삽입모음재고」, 『한글』 125, 한글학회.

허 웅(1973), 「15세기 국어의 주체-대상법 활용」, 『한글』 152, 한글학회.

허 웅(1975), 『우리옛말본』, 샘문화사.

허 웅・이강로(1962), 『注解月印千江之曲』, 신구문화사.

허홍식(1988), 「1262년 尙書都官貼의 분석 (상), (하)」, 『한국학보』 27, 29, 일지사.

홍기문(1956), 『향가해석』, 대제각.

홍기문(1957), 『리두 연구』, 과학원 출판사.

홍윤표(1993), 『국어사 문헌자료 연구(근대편1)』, 태학사.

황선엽(1995), 「15세기 국어 '-으니'의 용법과 그 기원」, 『국어연구』 135, 국어
　　연구회.

황선엽(1996), 「一衰文庫本 "大方廣圓覺略疏注經"」, 『구결연구』 1, 구결학회.

Aronoff, M.(1976), Word formation in Generative Grammar, MIT press.

Beard(1998), "Derivation", *The Hand Book of Morphology*, ed by Spencer, A and
　　Zwicky, A. M., Blackwell Publishers Ltd.

Brown, E. K. and J. E. Miller(1980), *Syntax: A Linguistic Introduction to Sentence
　　Structure*, Hutchinson.

Bybee, J. N.(1985), Morphology, John Benjamin Publishing company.

Bynon, t.(1979), *Historical Linguistis*, Cambridge University Press.

Hopper, P. J. and Traugott, E. C.(1993), *Grammaticalization*, Cambridge University
　　Press.

Keller, R(1994), Sprachwandel[이기숙 역(1994), 언어변화, 서광학술자료사].

Matthew, P. H.(1974), *Morphology*, Cambridge University Press.

Nida, E. H.(1949), Morphology, University of Michigan Press.

Radford, A.(1981), *Transformational Syntax*, Cambridge University Press.

Ramstedt, G. J.(1928), *"Remarks on the Korean language"*, Memoires de la Societe
　　Finno-ougrienne 57[역대문법대계 2부 5책(탑출판사) 수록].

Ramstedt, G. J.(1939), *A Korean Grammar*, Helshinki[역대문법대계 2부 5책(탑출
　　판사) 수록].

Traugott, E. C. and Bernd Heine(1991), *Approaches to Grammaticalization*, John
　　Benjamin Publishing company.

Wurzel, W. U.(1989), *Inflectional Morphology and Naturalness*, Kluwer Academic
　　Publishers.

사·항 색·인

인 · 명 색 · 인

문법형태 색·인

저|자|소|개

이 용(李 勇)

1966년 경기도 파주 출생
서울시립대학교 국어국문학과 졸업
동 대학교 대학원에서 석사(1992), 박사학위(2000)
헝가리 무역대학 파견교수
현재 서울대학교 한국문화연구소 선임연구원

주요논저

「18세기 국어의 시상에 관한 연구」(1992)
「연결어미 '-거든'의 문법사적 고찰」(1998)
「석독 구결의 선어말어미 '-ㅁ-'에 대하여」(1999)
「釋讀口訣에 나타난 否定辭의 機能에 대하여」(2003)
「前期 中世國語에 나타난 'ㅣ-'의 성격」(2003)

연결 어미의 형성에 관한 연구

인 쇄	2003년 9월 5일
발 행	2003년 9월 20일
저 자	이 용
펴낸이	이대현
편 집	조혜진
펴낸곳	도서출판 **역락** / 서울 성동구 성수2가 3동 301-80
	(주)지시코 별관 3층(우133-835)

Tel 대표·영업 3409-2058 편집부 3409-2060 FAX 3409-2059
E-mail yk3888@kornet.net / youkrack@hanmail.net
등 록 1999년 4월 19일 제2-2803호

정가 13,000원
ISBN 89-5556-252-7-93710
* 잘못된 책은 교환해 드립니다.